Schriftenreihe

Gesundheitsmanagement und Medizinökonomie

Band 37

ISSN 1864-2926

Verlag Dr. Kovač

Anja Gärtig-Daugs

Evidenzbasierte Leitlinien – ein Instrument zur Steigerung der Qualität im Gesundheitswesen?

Ein interaktionstheoretischer Beitrag zur Versorgungsforschung

Verlag Dr. Kovač

Hamburg
2014

VERLAG DR. KOVAČ GMBH
FACHVERLAG FÜR WISSENSCHAFTLICHE LITERATUR

Leverkusenstr. 13 · 22761 Hamburg · Tel. 040 - 39 88 80-0 · Fax 040 - 39 88 80-55

E-Mail info@verlagdrkovac.de · Internet www.verlagdrkovac.de

Bibliografische Information der Deutschen Nationalbibliothek
Die Deutsche Nationalbibliothek verzeichnet diese Publikation
in der Deutschen Nationalbibliografie;
detaillierte bibliografische Daten sind im Internet
über http://dnb.d-nb.de abrufbar.

ISSN: 1864-2926

ISBN: 978-3-8300-8023-7

Zugl.: Dissertation, Universität Bayreuth, 2014

Gedruckt auf holz-, chlor- und säurefreiem, alterungsbeständigem Papier. Archivbeständig nach ANSI 3948 und ISO 9706.

Vorwort

Die Fertigstellung der vorliegenden Arbeit gibt Anlass, mehreren Personen für ihre Unterstützung und Begleitung zu danken.

Ein besonderer Dank gilt meinem Doktorvater, Herrn Prof. Dr. Dr. h. c. Peter Oberender, für die Annahme des Themas sowie die Betreuung der vorliegenden Arbeit. Durch seine konstruktive Kritik trug er entscheidend zur Konkretisierung der Fragestellung und Realisierung dieser Arbeit bei. Bei allen auftretenden Fragen stand er mir stets als geschätzter Ansprechpartner zur Verfügung und vermochte, durch seinen Rat den Fortgang der Arbeit zu gewährleisten. Er hielt mich stets dazu an, die zentralen Fragen der Arbeit nicht aus dem Blick zu verlieren, und brachte mich des Öfteren wieder auf den rechten Weg zurück, wenn ich mich in Detailfragen zu verlieren drohte. Besonders sei ihm auch für sein Verständnis gedankt, wenn sich aufgrund privater Veränderungen das Voranschreiten der Arbeit nicht so schnell gestaltete als geplant.

Herrn Prof. Dr. Jörg Schlüchtermann danke ich herzlich für die Übernahme der Zweitkorrektur und seine wohlwollende Begleitung der Arbeit.

Ebenso gilt mein Dank Herrn Prof. Klaus Nagels für die freundliche Übernahme des Vorsitzes beim Kolloquium.

Die Idee zur vorliegenden Arbeit entstand während meiner beruflichen Tätigkeit am Bevölkerungsbezogenen Krebsregister Bayern. Dem Leiter des Krebsregisters, Herrn Dr. Martin Meyer, sowie den Professorinnen der Otto-Friedrich-Universität Bamberg, Frau Prof. Dr. Henriette Engelhardt-Wölfler und Frau Prof. Dr. Ute Schmid, möchte ich für die Freiräume, mich neben meinen Aufgaben in Lehre und Forschung mit Fragestellungen von persönlichem Interesse zu beschäftigen, sowie die Förderung meiner Freude am wissenschaftlichen Arbeiten danken.

Gedankt sei außerdem meinen Freunden, Kollegen und akademischen Wegbegleitern, die durch ihr Nachfragen nach dem Stand der Arbeit und ihre ermutigenden Worte zum Abschluss dieser Arbeit beigetragen haben und immer für einen fachlichen und privaten Austausch zur Verfügung standen.

Herzlich danken möchte ich auch meinen Eltern, die mich stets bei meinem Studium und Promotionsvorhaben unterstützt und den Fortgang mit ihrer Liebe und ihrem Interesse begleitet haben. Meinem Mann danke ich besonders für sein liebevolles Zurückbeordern an den Schreibtisch, wenn ich mich von anderen Dingen von der Arbeit abhalten ließ, sowie für das sorgfältige Korrekturlesen der Arbeit und seine konstruktiven Anmerkungen.

Schließlich gebührt mein Dank meinen Kindern, die für willkommene Abwechslung zur geistigen Tätigkeit sowie den nötigen Abstand zur Arbeit sorgten und mir durch ihr zeitiges Zubettgehen Zeit für die Fertigstellung der vorliegenden Arbeit einräumten.

Bamberg, den 01. April 2014 Anja Gärtig-Daugs

Inhaltsverzeichnis

Darstellungsverzeichnis ... XI

Abkürzungsverzeichnis ... XIII

1 Einführung, Problemstellung und Gang der Untersuchung ... 1

1.1 Einführung und Problemstellung ... 1

1.2 Gang der Untersuchung ... 3

2 Methodische Grundlagen ... 5

2.1 Erkenntnisgewinnung durch Komplexitätsreduktion ... 5

2.2 Handlungstheoretische Grundlagen ... 7

2.2.1 Methodologischer Individualismus ... 7

2.2.2 Methode der Situationsanalyse ... 8

2.2.3 Ökonomisches Verhaltensmodell ... 9

2.3 Interaktionstheoretischer Erklärungsansatz ... 13

2.3.1 Erweiterung der individuellen Handlungsmöglichkeiten durch Interaktion ... 13

2.3.2 Dilemmastrukturen und strategische Interdependenz in Interaktionsbeziehungen ... 14

2.3.3 Interaktionsprobleme angesichts von Informations- und Anreizproblemen ... 15

2.4 Überwindung von dilemmastrukturbedingten Interaktionsproblemen durch Institutionen ... 17

2.4.1 Begriff und Wirkungsweise von Institutionen ... 17

2.4.2 Anforderungen an die Ausgestaltung von Institutionen ... 17

2.5 Beschreibung von Interaktionsbeziehungen anhand der Principal-Agent-Theorie ... 20

2.5.1 Arbeitsteilige Spezialisierung und Tausch als Form der Generierung von Kooperationsgewinnen ... 20

2.5.2 Merkmale von Principal-Agent-Beziehungen ... 21

2.5.3 Arten von Informationsasymmetrien und resultierende Interaktionsprobleme ... 22

2.5.4 Institutionelle Lösungsansätze ... 24

2.6 Paretokriterium als Referenzkriterium der Interaktionstheorie ... 29

3 Gesundheitsökonomischer Hintergrund der Untersuchung ... 31

3.1 Gesundheit und Gesundheitsleistungen ... 31

3.1.1 Gesundheitsbegriff ... 31

3.1.2 Begriff und Inanspruchnahme von Gesundheitsleistungen ... 32

3.1.3 Bedeutung der Gesundheit ... 34

3.1.4 Gesundheit als meritorisches Gut ... 34

3.1.5 Informationelle Besonderheiten von Gesundheitsleistungen ... 36

3.2 Rahmenbedingungen der Gesundheitsversorgung ... 40

3.2.1 Struktur des Systems der Gesetzlichen Krankenversicherung ... 40

3.2.2 Gestaltungsprinzipien der Gesetzlichen Krankenversicherung ... 44

3.2.3 Knappheit als konstituierendes Merkmal ... 49

3.3 Qualität im Gesundheitswesen ... 50

3.3.1 Erforderlichkeit qualitätssteuernder Maßnahmen ... 50

3.3.2 Prozess- vs. ordnungspolitische Maßnahmen der Qualitätssteuerung ... 54

3.3.3 Operationalisierung des Qualitätsbegriffs ... 56

3.3.4 Teildimensionen der Gesamtqualität ... 60

3.3.5 Berücksichtigung der Patientenpräferenzen als notwendige Bedingung ... 62

3.3.6 Qualitätsbegriff der vorliegenden Arbeit ... 64

3.3.7 Methoden und Instrumente der Qualitätssicherung ... 64

3.4 Begriff und qualitätsbezogene Zielsetzungen von Leitlinien ... 68

3.4.1 Begriffsdefinition ... 68

3.4.1.1 Evidenzbasierte Leitlinien ... 68

3.4.1.2 Nationale Versorgungsleitlinien ... 68

3.4.2 Abgrenzung zu Richtlinien und klinischen Behandlungspfaden ... 70

3.4.2.1 Richtlinien ... 70

3.4.2.2 Klinische Behandlungspfade ... 71

3.4.3 Qualitätsbezogene Zielsetzungen von Leitlinien ... 71

3.4.3.1 Effektivität und Bedarfsgerechtigkeit des Versorgungsgeschehens ... 71

3.4.3.2 Effizienz des Versorgungsgeschehens ... 74

3.5 Einbeziehung des Patienten in den medizinischen Entscheidungsfindungsprozess ... 75

3.5.1 Zum Wandel des Arzt-Patienten-Verhältnisses ... 75

3.5.2 Partizipative Entscheidungsfindung ... 75

Darstellungsverzeichnis

Darst. 1: Methode der Komplexitätsreduktion ... 7

Darst. 2: Rationalitätsannahmen in Entscheidungssituationen ... 12

Darst. 3: Arten von Informationsasymmetrien, resultierende Interaktionsprobleme und Lösungsansätze ... 28

Darst. 4: Systematik von Gesundheitsleistungen ... 33

Darst. 5: Informationsökonomische Eigenschaften von Gütern ... 40

Darst. 6: Grundstruktur des Systems der Gesetzlichen Krankenversicherung ... 41

Darst. 7: Magisches Dreieck von Versorgung, Wirtschaftlichkeit und angemessener Vergütung ... 50

Darst. 8: Prozess- vs. ordnungspolitische Ansätze der Qualitätssteuerung ... 54

Darst. 9: Donabedian`s 7 Säulen der Qualität ... 56

Darst. 10: Über-, Unter- und Fehlversorgung ... 59

Darst. 11: Struktur-, Prozess- und Ergebnisqualität ... 60

Darst. 12: Kontinuierlicher Verbesserungszyklus der Qualitätssicherung ... 66

Darst. 13: Methoden der Qualitätssicherung ... 67

Darst. 14: Arbeitsteilige Versorgungsstruktur in Deutschland ... 69

Darst. 15: Komponenten einer evidenzbasierten, patientenorientierten Entscheidungsfindung ... 74

Darst. 16: Merkmale der paternalistischen, partizipativen und souveränen Entscheidungsfindung ... 78

Darst. 17: Zweistufige Beauftragung des Arztes als Agent ... 91

Darst. 18: Dilemmastruktur zwischen Patient, Leistungserbringer und Krankenkasse ... 100

Darst. 19: Schematische Darstellung des Zusammenhangs zwischen Leistungsintensität und Versorgungsqualität ... 103

Darst. 20: Idealtypische Wirkung von Leitlinien auf die Prozessqualität ... 111

Darst. 21: Idealtypische Wirkung von Leitlinien zum Abbau von Über-, Unter- und Fehlversorgung ... 116

Darst. 22: Anwendungshindernisse von Leitlinien ... 126

Darst. 23: Ergebnis- vs. Kostenorientierung von Leitlinien 128

Darst. 24: Voraussetzungen, Prozess und Evaluation der Leitlinienimplementierung 141

Darst. 25: Bestandteile von evidenzbasierten Gesundheitsinformationen 151

Darst. 26: Patientenrelevante Endpunkte 159

Darst. 27: Qualitätsvergleich anhand von Benchmark-Diagrammen 166

Abkürzungsverzeichnis

AQUA-Institut	Institut für angewandte Qualitätsförderung und Forschung im Gesundheitswesen
ÄZQ	Ärztliches Zentrum für Qualität in der Medizin
BMG	Bundesministerium für Gesundheit
BMGS	Bundesministerium für Gesundheit und soziale Sicherung
BQS	Bundesgeschäftsstelle Qualitätssicherung/Institut für Qualität und Patientensicherheit
Darst.	Darstellung
DELBI	Deutsches Leitlinien-Bewertungs-Instrument
DGU	Deutsche Gesellschaft für Unfallchirurgie
DIN	Deutsches Institut für Normung
DRG	Diagnosis related groups (diagnose-bezogene Fallgruppen)
EbM	Evidenzbasierte Medizin
EBM	Einheitlicher Bewertungsmaßstab
EFQM	European Foundation for Quality Management
G-BA	Gemeinsamer Bundesausschuss
GKV	Gesetzliche Krankenversicherung
GOÄ	Gebührenordnung für Ärzte
HTA	Health Technology Assessment
IGeL	Individuelle Gesundheitsleistungen
i. V. m.	in Verbindung mit
IC-NHS	Health and Social Care Information Center - National Health Service
IHA	Integrated Healthcare Association
KBV	Kassenärztliche Bundesvereinigung

KHEntgG	Gesetz über die Entgelte für voll- und teilstationäre Krankenhausleistungen
KHG	Gesetz zur wirtschaftlichen Sicherung der Krankenhäuser und zur Regelung der Krankenhauspflegesätze
KTQ	Kooperation für Transparenz und Qualität im Gesundheitswesen
KV	Kassenärztliche Vereinigung
MBO	Musterberufsordnung für die deutschen Ärztinnen und Ärzte
NIÖ	Neue Institutionenökonomik
o. J.	ohne Jahr
o. S.	ohne Seite
SGB	Sozialgesetzbuch
StBA	Statistisches Bundesamt
SVR-KAiG	Sachverständigenrat für die Konzertiere Aktion im Gesundheitswesen
Univ.	Universität
USG	Urteilssammlung für die Gesetzliche Krankenversicherung
WHO	Weltgesundheitsorganisation
zugl.	zugleich

1 Einführung, Problemstellung und Gang der Untersuchung

1.1 Einführung und Problemstellung

Evidenzbasierte Leitlinien nehmen in der gesundheitspolitischen Diskussion um die Weiterentwicklung des Gesundheitswesens bereits seit den 1990er Jahren eine zentrale Stellung ein.[1] Die Notwendigkeit für die Standardisierung der medizinischen Leistungserstellung wird in der Tatsache gesehen, dass bei der Versorgung vergleichbarer Behandlungsfälle unterschiedliche Maßnahmen mit differierendem Ressourcenverbrauch und Therapieerfolg zum Einsatz kommen.[2] Die Erstellung und Umsetzung von evidenzbasierten Leitlinien soll die Varianz in der Behandlung auf ein Maß reduzieren, das in der Individualität des Patienten begründet liegt, und folglich zu einer Steigerung der Qualität der medizinischen Versorgung beitragen.[3]
Dass die Diskussion um die Vermeidung von Variabilität im medizinischen Leistungserstellungsprozess nach wie vor von großer Aktualität ist, zeigt der Krankenhaus-Report 2012 zu regionalen Unterschieden bei der Leistungserbringung.[4] Diese sind insbesondere bei operativen Eingriffen zu verzeichnen. So weist in Deutschland beim künstlichen Kniegelenkersatz der Kreis mit der höchsten Operationsrate beispielsweise eine 4,3 fach höhere Rate auf als der Kreis, in dem die Indikation zur operativen Behandlung des Kniegelenkverschleißes nur vergleichsweise selten gestellt wird.[5] Diese Unterschiede lassen sich nicht alleine durch die Altersstruktur der Bevölkerung und damit einhergehend einer unterschiedlich hohen Morbidität erklären. Als weitere Ursachen sind deshalb unterschiedliche Angebotsstrukturen und das damit verbundene wirtschaftliche Interesse an einer Leistungserbringung, von Region zu Region variierende Versorgungsroutinen und die hohe Erwartungshaltung der Patienten in Betracht zu ziehen.[6]

---

1 Vgl. Ollenschläger et al. (2002), S. 513.
2 Vgl. Szathmary (1999), S. 212 sowie Behrens (2010), S. 622.
3 Vgl. Sinioris/Najafi (1995), S. 151, Neuffer (1997), S. 136 sowie Ollenschläger et al. (1998), S. 273 f.
4 Vgl. Klauber et al. (2012), S. V.
5 Vgl. Schäfer et al. (2012), S. 56.
6 Vgl. ebd., S. 57 f.

Angesichts dieser Befunde scheint der bisherige Effekt der bestehenden Leitlinie „Endoprothese bei Gonarthrose“[7] im Hinblick auf das Ziel einer Vermeidung von Varianzen gering zu sein. Dies kann auf die niedrige Entwicklungsstufe der Leitlinie, einen geringen Bekanntheitsgrad und damit einhergehend einer nur wenig standardisierten Indikationsstellung[8] zurückzuführen sein. Gleichzeitig legen die angeführten Erklärungsansätze die Vermutung nahe, dass regionale Versorgungsunterschiede auch durch Informationsprobleme und fehlsteuernde Anreize verursacht sein könnten.[9] Damit sind bereits wesentliche Aspekte angesprochen, mit denen sich die vorliegende Arbeit auseinandersetzt.

Ausgangspunkt der Arbeit bildet die Frage, welche Qualitätsprobleme im System der Gesetzlichen Krankenversicherung zu verzeichnen sind. Qualitätsdefizite werden hierbei als dilemmastrukturbedingte Interaktionsprobleme betrachtet, die aus der Interaktion von Patient, Leistungserbringer und Krankenkasse resultieren. Kennzeichnend für Interaktionsbeziehungen ist das gleichzeitige Auftreten von gemeinsamen und konfligierenden Interessen. Als gemeinsames Interesse aller Akteure lässt sich hierbei das Erzielen einer hohen Versorgungsqualität unterstellen. Durch das Bestehen von Informations- und Anreizdefiziten eröffnen sich für die Interaktionspartner jedoch diskretionäre Handlungsspielräume, die es ihnen ermöglichen, konfligierende Interessen zu Lasten des gemeinsamen Zieles zu verfolgen. In der Folge ist die Gesundheitsversorgung von zahlreichen Qualitätsdefiziten geprägt.

In diesem Zusammenhang stellt sich die Frage, inwieweit evidenzbasierte Leitlinien geeignet sind, die dilemmastrukturbedingten Interaktionsprobleme zu überwinden und die konträren Interessen der Interaktionspartner im Hinblick auf das Erreichen des gemeinsamen Zieles zu koordinieren. Darüber hinaus ist zu betrachten, welche Risiken mit dem (falsch verstandenen) Einsatz von Leitlinien für die Qualität im Gesundheitswesen verbunden sein können.

Anhand der Anwendungshindernisse von Leitlinien ist ersichtlich, dass mit der Existenz von Leitlinien alleine noch keine Qualitätsverbesserung erzielt werden kann. Es ist deshalb der Frage nachzugehen, durch welche Maßnahmen Leitlinien zielführend implementiert werden können und welche ergänzenden bzw. weiterführenden Qualitätssicherungsinstrumente in Betracht zu ziehen sind, um eine hohe Qualität im Gesundheitswesen zu erreichen.

---

7 Vgl. DGU (2009).

8 Vgl. hierzu auch Schäfer et al. (2012), S. 58.

9 Vgl. hierzu auch Cabana et. al. (1999), S. 1459, SVR-KAiG (2000), S. 69 oder Hasenbein et al. (2003), S. 365.

1.2 Gang der Untersuchung

In Kapitel 2 erfolgt zunächst eine Darlegung der methodischen Vorgehensweise, anhand derer im Rahmen dieser Arbeit Erkenntnisse gewonnen werden sollen. Zur Beschreibung und Analyse der Austauschbeziehungen zwischen Patient, Leistungserbringer und Krankenkasse wird ein interaktionstheoretischer Erklärungsansatz gewählt. Dieser berücksichtigt in Erweiterung der handlungstheoretischen Sichtweise, dass die Akteure nicht isoliert voneinander handeln und durch das Eingehen von Interaktionsbeziehungen die Chance auf Kooperationsgewinne haben.[10] Kernstück der Interaktionstheorie ist das Konzept der Dilemmastruktur, das zusammen mit den Interaktionsproblemen, die sich aus der Existenz gegensätzlicher Interessen und dem Auftreten von Informations- und Anreizdefiziten ergeben, erläutert wird. Zur Überwindung der dilemmastrukturbedingten Interaktionsprobleme wird der Einsatz von Institutionen erörtert.

In Kapitel 3 gilt es, die Gründe für die Erforderlichkeit einer Qualitätsdiskussion und die Einführung qualitätssteuernder Maßnahmen im Gesundheitswesen darzulegen. Eine Qualitätsdiskussion lässt sich jedoch nicht führen, ohne den dieser Arbeit zugrunde liegenden Qualitätsbegriff zu spezifizieren. Ferner gilt es, die Kriterien, anhand derer die Qualität im Gesundheitswesen bemessen wird, darzulegen. Als notwendige Bedingung wird hierbei die Ausrichtung der Versorgung an den Präferenzen des Patienten erachtet und entsprechend die Erforderlichkeit einer souveränen Entscheidungsfindung des Patienten postuliert. Aus der Vielzahl der bestehenden Qualitätssicherungsinstrumente werden die evidenzbasierten Leitlinien herausgegriffen und mit ihren qualitätsbezogenen Zielsetzungen in Abgrenzung zu Richtlinien und klinischen Behandlungspfaden vorgestellt.

In Kapitel 4 gilt es, die Dilemmastrukturen sowie die Informations- und Anreizdefizite, die den Basisbeziehungen des Gesundheitssystems inhärent sind, mit den hieraus resultierenden Qualitätsdefiziten zu betrachten.

Evidenzbasierte Leitlinien werden sodann in Kapitel 5 einer detaillierten Analyse im Hinblick auf ihre Eignung zur Überwindung der dilemmastrukturbedingten Interaktionsprobleme unterzogen. Es wird diskutiert, welche Chancen und Risiken sich infolge der Implementierung von evidenzbasierten Leitlinien für die Qualität im Gesundheitswesen ergeben. Zugleich werden Hindernisse und Grenzen des Leitlinieneinsatzes aufgezeigt.

---

[10] Vgl. Homann/Suchanek (2005), S. 4 f.

Hierauf aufbauend werden in Kapitel 6 Handlungsempfehlungen zur zielgerichteten Ausgestaltung, Implementierung und Evaluation von Leitlinien abgeleitet Da Leitlinien kein Allheilmittel zur Erzielung einer hohen Qualität im Gesundheitswesen darstellen, wird ferner betrachtet, welche Instrumente ergänzend zum Einsatz von Leitlinien bzw. aufbauend auf die erarbeiteten Handlungsempfehlungen zur Förderung der Versorgungsqualität in Betracht zu ziehen sind.

Kapitel 7 fasst die wichtigsten Ergebnisse der vorliegenden Arbeit zusammen. Abschließend wird ein Ausblick auf neue Ansätze aus dem Bereich e-Health gegeben, die zu einer verbesserten Entscheidungsfindung und infolgedessen zu einer weiteren Steigerung der Qualität der Leistungserbringung beitragen können

2 Methodische Grundlagen

2.1 Erkenntnisgewinnung durch Komplexitätsreduktion

Wie alle Sozialwissenschaften strebt die Ökonomik eine Erklärung des menschlichen Verhaltens und Zusammenlebens an.[11] Sie will gegebene Zusammenhänge aufzeigen und Prognosen über das zu erwartende Verhalten mit und ohne äußere Eingriffe ableiten.[12] Die Ökonomik unterscheidet sich von anderen Sozialwissenschaften jedoch dadurch, dass sie die Analyse menschlichen Handelns vor dem Hintergrund von Knappheitssituationen in den Mittelpunkt ihrer Betrachtung stellt.[13] Bei der Erklärung des menschlichen Verhaltens setzt die Ökonomik somit bei dem Sachverhalt an, dass für die Befriedigung der prinzipiell unerschöpflichen Bedürfnisse des Menschen nur begrenzte Mittel zur Verfügung stehen.[14]

Ökonomische Analysen zielen jedoch nicht allein auf eine Erklärung des menschlichen Handelns, sondern streben häufig auch eine „Erklärung zwecks Gestaltung"[15] an. So will die Ökonomik auch zur gesellschaftlichen Zielfestlegung beitragen und aufzeigen, welche Mittel zur Erreichung dieser Ziele in Frage kommen, welche voraussichtlichen gewollten und ungewollten Folgen die verschiedenen Handlungswege nach sich ziehen und welche Mittel unter Abwägung der Folgen zur Zielerreichung am besten geeignet sind.[16] Hierzu werden verschiedene Zustände oder Maßnahmen mit ihren Auswirkungen verglichen und relativ zueinander bewertet, um auf diese Weise Handlungsempfehlungen abzugeben.[17]

Aufgrund der Komplexität der Realität ist eine detaillierte Beschreibung und Analyse des menschlichen Verhaltens nicht möglich. Um soziale Phänomene, d. h. die Ergebnisse menschlichen Handelns, überhaupt einer wissenschaftlichen Betrachtung zugänglich zu machen, ist deshalb eine Komplexitätsreduk-

---

11 Vgl. Kirchgässner (1991), S. 3 sowie Brinkmann (1989), S. 2.

12 Vgl. Kirchgässner (1991), S. 3 ff, Erlei et al. (1999), S. 17 sowie Homann/Suchanek (2005), S. 24.

13 Vgl. Erlei et al. (1999), S. 2.

14 Vgl. Fehl/Oberender (1999), S. 1.

15 Suchanek (1999), S. 102.

16 Vgl. Pies (1993), S. 4 ff.

17 Vgl. Erlei et al. (1999), S. 16 f.

tion erforderlich.[18] Dies bedeutet, dass in Abhängigkeit von der Problemstellung systematisch Teilaspekte der Realität ausgeblendet, Vereinfachungen vorgenommen sowie Theorien und Modelle aufgestellt werden.[19] Basierend auf der zugrunde liegenden Theorie lassen sich sodann Aussagen über das zu erwartende, repräsentative Verhalten der Individuen treffen.[20] Diese Musteraussagen liefern wichtige Orientierungshilfen für die Ableitung von Gestaltungsempfehlungen, da sie herausstellen, „unter welchen allgemeinen Bedingungen sich ein Muster bestimmter Art herausbildet"[21]. Bei der Formulierung von Gestaltungsempfehlungen ist jedoch zu berücksichtigen, dass die theoretischen Resultate auf stark abstrahierenden Annahmen beruhen. Es muss also bedacht werden, welche Zusammenhänge der Realität bislang ausgeblendet wurden.[22] Nur so ist es möglich, sog. „normativistische Kurzschlüsse"[23] zu verhindern, die daraus resultieren, dass auf Probleme mit scheinbar einleuchtenden Maßnahmen reagiert wird, ohne jedoch die strukturellen Zusammenhänge zu berücksichtigen. Dies führt oftmals dazu, dass die gegenteilige Wirkung von dem eintritt, was ursprünglich mit einem Lösungsansatz intendiert war.[24] Im Sinne des von Karl R. Popper begründeten Kritischen Rationalismus sind Gestaltungsempfehlungen so zu formulieren, dass sie einer kritischen Diskussion und empirischen Falsifikation zugänglich sind. Auf diese Weise wird der „allgemeine[n] Fehlbarkeit der menschlichen Erkenntnis"[25] Rechnung getragen und der Weg für Erkenntnisfortschritte geebnet.[26]

Die Methode der Komplexitätsreduktion ist für den weiteren Gang dieser Untersuchung kennzeichnend und wird anhand von Darstellung 1 zusammengefasst und veranschaulicht.

---

18 Vgl. Homann/Suchanek (2005), S. 340.
19 Vgl. ebd., S. 340 f sowie Suchanek (1993), S. 4.
20 Vgl. Erlei et al. (1999), S. 6 f und S. 53.
21 Hayek (1967, 1996), S. 298.
22 Vgl. Homann/Suchanek (2005), S. 341 f.
23 Suchanek (1999), S. 91.
24 Vgl. ebd., S. 85 und 91 ff.
25 Popper (1953/1974, 1995), S. 88.
26 Vgl. Popper (1934, 1995), S. 120 f, Popper (1960a, 1995), S. 163, Popper (1960b, 1995), S. 174, Popper (1994), S. 5 f sowie Pies (1993), S. 21.

Darst. 1: Methode der Komplexitätsreduktion

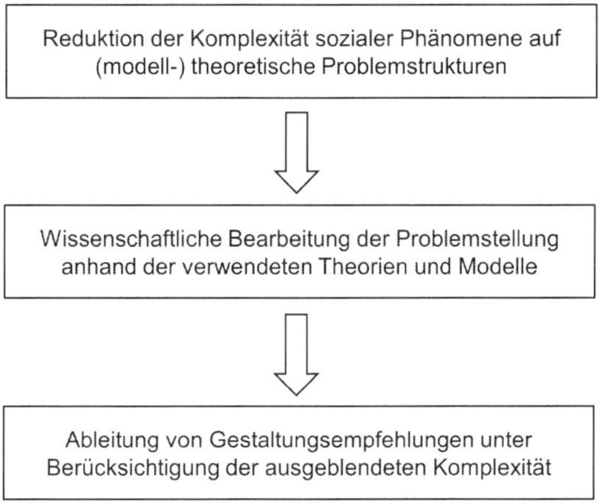

Quelle: Eigene Darstellung in Anlehnung an Homann/Suchanek (2005), S. 342.

2.2 Handlungstheoretische Grundlagen

2.2.1 Methodologischer Individualismus

Um das menschliche Verhalten angesichts von Knappheit analysieren zu können und eine Komplexitätsreduktion zu erzielen (vgl. Kap. 2.1), bedient sich die vorliegende Untersuchung der Erklärungsmethode des methodologischen Individualismus.

Der methodologische Individualismus[27] besagt, dass bei der Beschreibung wirtschaftlicher Vorgänge stets vom Handeln der Individuen auszugehen sei.[28] Kollektive seien dagegen nicht in der Lage, eigenständig, zu handeln. Viel-

---

[27] Die dem methodologischen Individualismus entgegen gesetzte Position stellt der methodologische Kollektivismus dar. Der methodologische Kollektivismus hebt hervor, dass soziale Gruppen mehr als die Summe ihrer Mitglieder sind. Hiervon leitet sich die Ablehnung jeder Erklärungsmethode ab, die soziale Phänomene als bloße Aggregation der in einer Gesellschaft lebenden Individuen und ihrer Entscheidungen zu deuten versucht (vgl. Popper (1979), S. 14 f). Der methodologische Kollektivismus stützt sich deshalb auf Aggregathypothesen und fasst soziale Ganzheiten wie Gruppen von Individuen oder die Gesellschaft als eigenständige Wesen und demzufolge als entscheidendes empirisches Objekt auf (vgl. Keuth (2004), S. 55 sowie Buzzoni (2004), S. 157). Er spricht sozialen Entitäten Eigenschaften zu, die mit dem individuellen Verhalten der Mitglieder des Kollektivs nicht immer vereinbar sind (vgl. Erlei et al. (1999), S. 6).

[28] Vgl. Schumpeter (1908, 1998), S. 90 f.

mehr ergeben sich kollektive Entscheidungen aus der Aggregation individueller Entscheidungen.[29] Zur Erklärung sozialer Phänomene setzt die Ökonomik deshalb immer bei den Anschauungen, Zielsetzungen, den Verhaltensanreizen sowie den Handlungen menschlicher Individuen an.[30] Zintl prägte in diesem Zusammenhang auch den Ausdruck der „Mikrofundierung der Makrotheorie“[31].

Allerdings betrachtet auch der methodologische Individualismus die Individuen nicht als voneinander isoliert Handelnde, sondern berücksichtigt die sozialen Interaktionen innerhalb einer Gruppe. Er trägt dem Umstand Rechnung, dass sich durch die Zugehörigkeit zu einem Kollektiv neue Zielvorstellungen sowie erweiterte Handlungsmöglichkeiten ergeben, die der Einzelne, wenn er auf sich allein gestellt wäre, nicht hätte.[32]

2.2.2 Methode der Situationsanalyse

Die Berücksichtigung der Bedingungen, unter denen individuelles Handeln stattfindet, erfolgt innerhalb des methodologischen Individualismus durch die Methode der Situationsanalyse.[33] Ein Situationsmodell setzt sich nach Popper aus drei Kernelementen zusammen[34]:

den Präferenzen der handelnden Individuen,

den Restriktionen, die den individuellen Handlungsspielraum der Individuen eingrenzen, sowie

der Annahme, dass sich die Individuen der Situation gerecht verhalten.

Mit den Präferenzen werden die individuellen Zielvorstellungen, d. h. die Vorlieben und Neigungen, der Akteure erfasst. Sie legen dar, welche (allgemeinen) Ziele aus der Vielzahl der zur Verfügung stehenden Alternativen ein Individuum vorrangig zu verfolgen sucht.

Unter dem Begriff Restriktion werden die Umstände zusammengefasst, die den prinzipiell unersättlichen Wünschen des Individuums Grenzen setzen. Sie stellen Einschränkungen dar, die das Individuum bei der Verfolgung seiner Ziele berücksichtigen muss. Hierzu zählen beispielsweise Budgetrestriktionen,

---

29 Vgl. Schumpeter (1908, 1998), S. 93 sowie Kirchgässner (1991), S. 23.

30 Vgl. Popper (1979), S. 123, Kirchgässner (1991), S. 23 sowie Richter/Furubotn (2003), S. 3.

31 Zintl (1989), S. 56.

32 Vgl. Kirchgässner (1991), S. 24 sowie Popper (1979), S. 123.

33 Vgl. Popper (1980), S. 114.

34 Vgl. Popper (1967, 1995), S. 350 ff.

zeitliche, technische oder soziale Restriktionen in Form von Institutionen oder Reaktionen anderer Akteure.[35]

Ausgehend von der Aufstellung des Situationsmodells ist nach Popper sodann zu unterstellen, dass sich die Individuen der Situation entsprechend verhalten (vgl. Kap. 2.2.3).[36] Verhaltensänderungen lassen sich sodann entweder als Folge eines Wandels der Präferenzen oder veränderter Anreize betrachten, wobei in ökonomischen Analysen üblicherweise die Präferenzen als konstant unterstellt werden.[37]

2.2.3 Ökonomisches Verhaltensmodell

Die Ökonomik sieht situationsgerechtes Handeln darin, dass ein Individuum rational (re)agiert und bei konstanten Präferenzen seinen erwarteten Nutzen unter den wahrgenommenen Nebenbedingungen, d. h. unter Berücksichtigung der situativen Anreize[38], maximiert.[39]

Zentrale Ausgangspunkte des ökonomischen Verhaltensmodells stellen demzufolge

---

[35] Wie in Kap. 2.2 erläutert, kann das Ziel einer sozialwissenschaftlichen Analyse nicht sein, alle Facetten menschlichen Handelns zu beschreiben und zu erklären. Bei der Konstruktion der Situationsmodelle wird deshalb so vorgegangen, dass eine Beschränkung auf einige wenige Präferenzen und Restriktionen erfolgt, wobei die Auswahl in Abhängigkeit von der zugrunde liegenden Fragestellung erfolgt. Vgl. Erlei et al. (1999), S. 3.

[36] Vgl. Popper (1967, 1995), S. 352.

[37] Vgl. Erlei et al. (1999), S. 2 ff.
Relevante Zielgröße der Situationsanalyse stellt das individuelle Verhalten in Entscheidungssituationen dar. Um Prognosen über das individuelle Verhalten in Entscheidungssituationen anstellen zu können, wird gemäß der Ceteris-paribus-Klausel (vgl. Erlei et al. (1999), S. 17) nur die Auswirkung einer Einflussgröße auf das individuelle Verhalten untersucht, während alle anderen Modellparameter konstant gehalten werden. Für die Analyse ist es deshalb erforderlich, Prämissen zu treffen, welche Parameter vorrangig als Einflussvariable untersucht werden sollen. Da sich die individuellen Präferenzen letztendlich erst anhand der Handlungen manifestieren und nicht unabhängig von diesen erfasst werden können, werden die Präferenzen für die Analyse als konstant gesetzt. Damit soll keineswegs eine Veränderung der individuellen Präferenzen und Werte im Zeitverlauf verneint werden. Es wird jedoch unterstellt, dass sich die Präferenzen wesentlich langsamer verändern als die Restriktionen und diese somit für die Analyse als feste Größe zu betrachten sind. Damit ist die methodische Anweisung verbunden, Verhaltensänderungen als Ergebnis veränderter Rahmenbedingungen und nicht als Folge modifizierter Präferenzen zu betrachten. Ändert ein Individuum bspw. seine Meinung über die relative Vorteilhaftigkeit einer Handlungsalternative, so ist dies auf eine Veränderung des Informationsstandes und nicht auf geänderte Präferenzen zurückzuführen (vgl. Kirchgässner (1991), S. 38 ff).

[38] Unter dem Begriff des Anreizes ist hierbei eine handlungsbestimmende Vorteilserwartung zu verstehen (vgl. Pies (1993), S. 95 sowie Homann/Suchanek (2005), S. 28).

[39] Vgl. Homann (1994), S. 394 f sowie Kirchgässner (1991), S. 12 ff.

- das Eigennutzaxiom,
- die Annahme rationalen Verhaltens sowie
- das Prinzip der Nutzenmaximierung

dar.

Die Annahme eigennutzorientierten Verhaltens unterstellt, dass das Individuum sein Handeln nach seinen Präferenzen, d. h. nach seinen eigenen Ziel- und Wertvorstellungen, und nicht nach den Zielen anderer richtet. Der Begriff des Nutzens ist in der Ökonomik sehr offen gefasst und erstreckt sich nicht nur auf finanzielle Aspekte. Was ein Individuum als nutzenstiftend erachtet und welche Elemente dementsprechend in seiner Nutzenfunktion enthalten sind, variiert von Akteur zu Akteur und ist von den jeweiligen Zielsetzungen[40] abhängig. Je nach Art des zu untersuchenden sozialen Phänomens ist deshalb der Nutzenbegriff näher zu spezifizieren.[41]

Eigennutzorientiertes Handeln kann verschiedenste Ausprägungen aufweisen und auch egoistisches Verhalten einschließen. Erachtet das Individuum das Wohlergehen und die Berücksichtigung der Interessen anderer für sich selbst als nutzenstiftend, so impliziert der Begriff der Eigennutzorientierung auch kooperatives und/oder altruistisches Verhalten.[42] Wird das Eigeninteresse dagegen mit Hilfe von List oder Täuschung verfolgt, so spricht man von opportunistischem Verhalten.[43] Es tritt häufig in der Form auf, dass Individuen Informationen bewusst unvollständig oder verzerrt weitergeben, um die bestehenden Informationsasymmetrien zu ihrem Vorteil auszunutzen.[44]

Aufgrund des Problems der Knappheit ist es dem Einzelnen nicht möglich, alle seine Bedürfnisse gleichzeitig zu befriedigen und alle Handlungsalternativen zu realisieren; er ist vielmehr gezwungen, zwischen den Handlungsoptionen zu wählen.[45] Ein rational handelndes Individuum stellt in diesem Zusammenhang Prognosen über die zu erwartenden Kosten und Nutzen der verschiedenen Handlungsalternativen an und gewichtet diese gemäß seiner individuellen Präferenzen. Basierend auf dieser individuellen Vorteils-/Nachteilskalkulation

---

[40] Während ein Konsument beispielsweise an der optimalen Kombination von Gütern und Dienstleistungen, die er bei gegebenem Budget konsumieren kann, interessiert ist, wird ein Produzent dagegen versuchen, seinen Gewinn zu maximieren. Vgl. Simon (1957), S. 197.

[41] Vgl. Homann/Suchanek (2005), S. 27.

[42] Vgl. ebd..

[43] Zur Definition von opportunistischem Verhalten vgl. Williamson (1985), S. 54.

[44] Vgl. Kirchgässner (1991), S. 48 ff, Homann/Suchanek (2005), S. 376 f sowie Pies (1993), S. 249.

[45] Vgl. Homann/Suchanek (2005), S. 51 f sowie S. 60.

entscheidet sich ein rationaler Akteur sodann für eine für ihn vorteilhafte Alternative.[46]

Bei der Annahme rationalen Verhaltens ist zwischen vollkommener und begrenzter Rationalität zu unterscheiden. Ein völlig rationales Individuum zeichnet sich dadurch aus, dass es alle Handlungsalternativen kennt, deren voraussichtlichen Folgen in ihrer vollen Tragweite abschätzt, die entscheidungsrelevanten Informationen unendlich schnell sowie kostenlos beschafft, die relevanten Vorgehensweisen gegeneinander abwägt und seine Handlungsentscheidungen entsprechend anpasst.[47] Die Individuen stützen ihre Entscheidungen hierbei auf vollständige, allen zugänglichen Informationen.

Reale Entscheidungssituationen sind hingegen häufig von unvollständigen Informationen gekennzeichnet, so dass die Akteure zum Zeitpunkt der Entscheidung nur über eine eingeschränkte Kenntnis der Handlungsalternativen verfügen bzw. oftmals erst nach sinnvollen Optionen suchen müssen. In der Folge handeln sie lediglich begrenzt rational.[48] Je nach Dringlichkeit einer Entscheidung besteht zwar eine Handlungsmöglichkeit darin, die eigentliche Entscheidung aufzuschieben und sich neue Informationen über die Handlungsalternativen zu verschaffen. Die Suche nach weiteren Informationen ist allerdings mit Kosten verbunden.[49] Sie erfordert vor allem Zeit und somit den Einsatz einer knappen Ressource. Zudem ist zu bedenken, dass durch die Vertagung einer Entscheidung weitere Kosten verursacht werden, nämlich die Kosten entgangener Handlungsoptionen.[50] Außerdem stellt sich stets die Frage, welcher Teil der verfügbaren Ressourcen für Suchaktivitäten verwendet werden soll.[51] Schließlich ist die begrenzte Informationsverarbeitungskapazität der Menschen zu beachten. Selbst wenn ein Individuum die Absicht haben sollte, vollkommen rational zu handeln, wird es letztendlich nur begrenzt rational agieren, da es nicht in der Lage ist, die Informationen vollständig und zugleich richtig zu verarbeiten.[52]

Darstellung 2 stellt die beiden Rationalitätsannahmen, die in der Ökonomik zur Analyse von Entscheidungssituationen Verwendung finden, gegenüber.

Um eine angemessene Beschreibung realer Entscheidungssituationen zu erreichen und zielführende Handlungsempfehlungen abzuleiten, wird für den

---

46 Vgl. Homann/Suchanek (2005), S. 4 sowie Kirchgässner (1991), S. 13.
47 Vgl. Homann/Suchanek (2005), S. 365.
48 Vgl. Simon (1957), S. 198 f, Simon (1972), S. 163 sowie Homann/Suchanek (2005), S. 365.
49 Vgl. Kirchgässner (1991), S. 13 ff.
50 Vgl. Arrow (2001), S. 50 f.
51 Vgl. Simon (1972), S. 163.
52 Vgl. Simon (1957), S. 198 f.

weiteren Gang der Untersuchung unterstellt, dass die Individuen begrenzt rational agieren.

Darst. 2: Rationalitätsannahmen in Entscheidungssituationen

	Vollkommene Rationalität	Begrenzte Rationalität
Entscheidungsraum	Kenntnis aller Handlungsalternativen	• eingeschränkte Kenntnis der Handlungsalternativen • ggf. Suche nach Handlungsoptionen erforderlich
Informationsbeschaffung	• unendlich schnell • kostenlos	• zeitaufwendig • ggf. mit weiteren Kosten verbunden
Informationsverarbeitungskapazität	• umfassend • richtig	• begrenzt • potenziell fehlerbehaftet
Informationsverteilung	Informationen gleich verteilt	Auftreten von Informationsasymmetrien
Entscheidungsbasis	vollständige Informationen	unvollständige Informationen

Quelle: Eigene Darstellung in Anlehnung an Homann/Suchanek (2005), S. 365, Simon (1972), S. 163, Simon (1957), S. 198 f sowie Arrow (2001), S. 50 f.

Das Prinzip der Nutzenmaximierung unterstellt, dass ein Individuum bei der Abwägung zwischen Handlungsalternativen nicht nur zwischen vorteilhaft und unvorteilhaft unterscheidet, sondern aus den zur Verfügung stehenden Optionen diejenige auswählt, die seinen Netto-Nutzen maximiert.[53]
Hierbei stellt sich jedoch die Frage, ob die Individuen tatsächlich versuchen, bei jeder Entscheidung die bestmögliche Alternative auszuwählen oder ob sie sich auch mit einem befriedigenden Ergebnis begnügen.[54] Simon vertritt die Auffassung, dass aufgrund der begrenzten Rationalität die Menschen nicht in der Lage seien, hochkomplexe Probleme, wie sie für real auftretende Entscheidungssituationen charakteristisch sind, optimal zu lösen.[55] Stattdessen sei davon auszugehen, dass ein Individuum die ihm bekannten Handlungsalternativen der Reihe nach daraufhin bewertet, ob sie ein zufrieden stellendes

[53] Vgl. Homann/Suchanek (2005), S. 20 ff.
[54] Vgl. ebd., S. 27.
[55] Vgl. Simon (1972), S. 164.

Ergebnis liefern oder als nicht zufrieden stellend zu verwerfen sind. Fällt es dem Individuum sehr leicht, eine seinen Ansprüchen genügende Handlungsalternative zu finden, so wird es sein Anspruchsniveau anheben, bis am Ende des Suchprozesses im Idealfall nur noch eine Option übrig bleibt. Verfügt das Individuum dagegen nicht unmittelbar über Alternativen, die zu befriedigenden Ergebnissen führen, so wird es nach zusätzlichen Informationen suchen, um seine Kenntnis der Handlungsoptionen zu verbessern und auf diese Weise eine Alternative zu finden, die seinen Ansprüchen genügt. Gelingt dies nicht, wird das Anspruchsniveau gesenkt.[56]

Der oben beschriebene Suchprozess nach einem befriedigenden Niveau der Zielerreichung lässt sich in ein Optimierungsproblem überführen. Da in einer Welt unvollständiger Informationen die Beschaffung zusätzlicher Informationen mit Kosten verbunden ist, stellt sich die Frage, nach dem optimalen Umfang der Suchaktivitäten.[57] So wird ein Individuum sich nur dann für die Fortsetzung der Suche entscheiden, wenn der erwartete Nutzen aus der verbesserten Entscheidungsgrundlage die Suchkosten übersteigt. Bei ökonomischen Analysen hat sich dementsprechend die Vorgehensweise durchgesetzt, analog zur Berücksichtigung der begrenzten Rationalität die Kosten der Informationsbeschaffung als Restriktion der Handlungsmöglichkeiten abzubilden und sodann zu unterstellen, dass die Individuen ihren erwarteten Nutzen unter den gegebenen Nebenbedingungen maximieren.[58]

2.3 Interaktionstheoretischer Erklärungsansatz

2.3.1 Erweiterung der individuellen Handlungsmöglichkeiten durch Interaktion

Im Gegensatz zur Handlungstheorie thematisiert die Interaktionstheorie den gegenseitigen Vorteil, den die Akteure aus einer Zusammenarbeit erzielen können. Die interaktionstheoretische Sichtweise berücksichtigt damit, dass die Individuen nicht isoliert voneinander agieren, sondern in eine soziale Umwelt eingebunden sind. Durch die Existenz anderer Akteure erweitert sich der Handlungsraum eines Individuums, da sich durch die Kooperation der Individuen Chancen auf wechselseitige Vorteile ergeben.[59] Zur Generierung dieser

[56] Vgl. Simon (1957), S. 246 ff.
[57] Vgl. Simon (1972), S. 170.
[58] Vgl. Homann/Suchanek (2005), S. 364.
[59] Vgl. ebd., S. 4 f.

sog. „Kooperationsgewinne“[60] tragen insbesondere die arbeitsteilige Spezialisierung und die Durchführung von Tauschgeschäften bei.[61]
Um die Möglichkeiten und Probleme der gesellschaftlichen Zusammenarbeit zum gegenseitigen Vorteil adäquat zu betrachten, darf die Ökonomik ihre Analysen folglich nicht auf die Entscheidungsprobleme eines isoliert agierenden Akteurs beschränken, sondern muss die vielfältigen Interdependenzen menschlichen Handelns berücksichtigen.[62] Die Interaktionstheorie stellt demzufolge eine Erweiterung der handlungstheoretischen Betrachtungsweise dar und baut auf dem ökonomischen Verhaltensmodell (vgl. Kap. 2.2.3) auf. Sie ist dort angezeigt, wo es um die Betrachtung der Handlungen von mindestens zwei Akteuren und die Abstimmung dieser Handlungen geht.[63] Auch Abläufe innerhalb des Gesundheitssystems sind durch die Interaktion verschiedenster Akteure gekennzeichnet. Für die Bearbeitung von gesundheitsökonomischen Fragestellungen stellt folglich das Analyseinstrumentarium der Interaktionstheorie eine angemessene Heuristik dar.
Grundannahme der ökonomischen Handlungstheorie ist stets, dass die Individuen ihre Entscheidungen unter Berücksichtigung der gegebenen Handlungsrestriktionen (vgl. Kap. 2.2.2) treffen. Die anderen Akteure sowie deren Handlungen stellen ebenfalls Handlungsbedingungen für ein Individuum dar, allerdings sind diese besonderer Natur: die Akteure können nämlich aufeinander reagieren. Hieraus resultieren neue Probleme, aber auch Chancen, die in den nachfolgenden Kapiteln ausführlicher dargestellt werden sollen.[64]

2.3.2 Dilemmastrukturen und strategische Interdependenz in Interaktionsbeziehungen

Interaktionen sind nicht nur durch gemeinsame, sondern auch durch konfligierende Interessen der Akteure gekennzeichnet.[65] Zentrales Element der Interaktionstheorie stellt daher das Konzept der Dilemmastrukturen dar.[66] Mit dem Begriff der Dilemmastruktur wird eine Situation beschrieben, in der die Realisierung gemeinsamer Interessen durch Interessenskonflikte verhindert wird.[67] Die divergierenden Interessen können sich beispielsweise auf den indi-

60 Homann/Suchanek (2005), S. 50.
61 Vgl. ebd., S. 117 ff.
62 Vgl. Simon (1957), S. 196 ff, Lütge (2001), S. 95 f sowie Homann/Suchanek (2005), S. 4 f.
63 Vgl. Homann/Suchanek (2005), S. 20.
64 Vgl. ebd., S. 80 f.
65 Vgl. ebd., S. 30.
66 Vgl. Homann (1994), S. 392 und S. 396 ff sowie Homann/Suchanek (2005), S 30 ff.
67 Zum Begriff der Dilemmastruktur vgl. Homann/Suchanek (2005), S. 31 f.

viduellen Beitrag zur Erzielung der Kooperationsgewinne oder die Aufteilung der Gewinne zwischen den Interaktionspartnern erstrecken.[68]

Ein besonderes Merkmal von Interaktionsbeziehungen stellt die Tatsache dar, dass kein Interaktionspartner das Ergebnis einer Interaktion allein in der Hand hat, sondern sich das Resultat einer Interaktion immer aus der Interdependenz des Verhaltens aller beteiligten Akteure ergibt. Für die Erzielung eines angestrebten Ergebnisses ist ein Individuum also immer auf die Mitwirkung zumindest eines anderen Akteurs angewiesen. Dies führt dazu, dass es sein Verhalten am Verhalten der anderen ausrichtet und mitunter sogar versucht dieses zu beeinflussen, um auf die Realisierung seiner Ziele zu Lasten der Ziele anderer hinzuwirken.[69]

2.3.3 Interaktionsprobleme angesichts von Informations- und Anreizproblemen

Die Erwartungen hinsichtlich des Verhaltens der Kooperationspartner üben einen entscheidenden Einfluss auf das eigene Verhalten eines Akteurs aus. Häufig verfügen die Akteure jedoch lediglich über mangelhafte Informationen, ob sich die Interaktionspartner in der erwünschten Weise verhalten und ihrerseits alle erforderlichen Anstrengungen zur Erzielung des angestrebten Kooperationsergebnisses unternehmen (werden). So besteht für den einzelnen Akteur Anlass zu der Befürchtung, dass sein Beitrag zur Realisierung des gemeinsamen Interesses von den anderen ausgebeutet wird. Um sich vor einer Übervorteilung durch die Interaktionspartner zu schützen, ist für ihn eine präventive Gegenausbeutung nahe liegend.[70] Sind die Akteure allerdings an einer längerfristigen Zusammenarbeit interessiert, so sinkt der Anreiz zur Defektion und Gegendefektion, da kurzfristiges nutzenmaximierendes Verhalten nachteilige Auswirkungen auf zukünftige Kooperationschancen und -gewinne haben kann.[71]

Die Unsicherheit über das Verhalten und die Absichten der Interaktionspartner kann jedoch dazu führen, dass Interaktionen, die grundsätzlich einen oder alle Akteure besser stellen würden, nicht zustande kommen, weil befürchtet wird, dass die Durchführung nachteilige Folgeprobleme nach sich ziehen könnte.[72] Zudem können Handlungsanreize bestehen, die ein Individuum versucht sein

[68] Vgl. Homann/Suchanek (2005), S. 30.
[69] Vgl. ebd., S. 80 ff.
[70] Vgl. ebd., S. 32.
[71] Vgl. Küchle (2012), S. 31 f.
[72] Vgl. Homann/Suchanek (2005), S. 21.

lassen können, ohne oder mit lediglich vermindertem eigenen Beitrag in den Genuss der Kooperationsgewinne zu kommen und seine knappen Ressourcen stattdessen zur Verfolgung seiner konträren Ziele einzusetzen.[73] Die Berücksichtigung von Interessenskonflikten sowie von Informations- und Anreizproblemen trägt deshalb zur Erklärung bei, warum es den Interaktionspartnern mitunter nicht gelingt, gemeinsame Interessen zu realisieren. Durch das individuell rationale Verhalten aller beteiligten Akteure werden potenzielle Kooperationsgewinne verfehlt.[74]

Gegenstand der Interaktionstheorie bildet demzufolge die Frage, wie die Vorteilserwartungen, die in Interaktionen gesetzt werden, zum Vorteil aller Akteure genutzt werden können, ohne dass die Interaktionspartner befürchten müssen, durch die Zusammenarbeit ausgebeutet zu werden und aus diesem Grund Kooperationsmöglichkeiten ungenutzt lassen.[75] Um die Informationsprobleme zu überwinden und eine Abstimmung der Handlungsstrategien erreichen zu können, sind verlässliche Signale bzw. Orientierungspunkte erforderlich, die Aufschluss darüber geben, wie sich ein Interaktionspartner in einer bestimmten Situation zu verhalten gedenkt.[76] Gemeint ist hiermit z. B. das eigene, sichtbare und glaubwürdige Auferlegen von Verhaltensbeschränkungen, um dem Interaktionspartner ein bestimmtes Verhalten zu signalisieren.[77] Kennzeichnend für Interaktionen ist jedoch, dass kein Akteur allein in der Lage ist, ein bestimmtes Ergebnis zu erzielen, auch nicht durch eine individuelle Selbstbindung. Vielmehr besteht durch eine einseitige Selbstbindung für die anderen Akteure ein Anreiz, diese Verhaltensbeschränkung zu ihren Gunsten auszunutzen. Erforderlich sind deshalb geeignete institutionelle Abstimmungen, die den Interaktionspartnern Orientierung für ihr Handeln geben.[78]

Damit ist die Bedeutung der Institutionentheorie für die interaktionstheoretische Betrachtungsweise sozialer Phänomene aufgezeigt.

[73] Vgl. Homann/Suchanek (2005), S. 92.
[74] Vgl. ebd., S. 34.
[75] Vgl. ebd., S. 21.
[76] Vgl. ebd., S. 90.
[77] Vgl. ebd., S. 83.
[78] Vgl. ebd., S. 84.

2.4 Überwindung von dilemmastrukturbedingten Interaktionsproblemen durch Institutionen

2.4.1 Begriff und Wirkungsweise von Institutionen

Institutionen stellen Regeln des menschlichen Zusammenlebens dar. Sie steuern das Verhalten von Individuen, indem sie Informationsprobleme beheben und die Anreizsituation für das individuelle Handeln so beeinflussen, dass die Interaktionspartner wechselseitig verlässliche Verhaltenserwartungen bilden können.[79] Mit Hilfe von Institutionen lässt sich also die Unsicherheit, die menschlichen Beziehungen inhärent ist, verringern.[80] Infolgedessen sind die Akteure eher bereit, sich auf gesellschaftlich erwünschte, produktive Interaktionsbeziehungen einzulassen.[81] Institutionelle Regelungen ermöglichen folglich Interaktionen, die ohne diese nicht möglich wären, und erhöhen die Chance auf Kooperationsgewinne.[82]

Mit dem Begriff der „Institutionen" werden üblicherweise ganze Regelsysteme bezeichnet.[83] Hierzu zählen neben den formellen Regeln des öffentlichen und privaten Rechts auch informelle Regeln, wie beispielsweise Berufs- und Branchenkodizes, Sitten oder Bräuche, sowie Vorkehrungen zur Durchsetzung dieser Regeln.[84]

2.4.2 Anforderungen an die Ausgestaltung von Institutionen

Damit Institutionen ihre oben beschriebenen Aufgaben erfüllen können, sind sie so auszugestalten, dass sie für die Interaktionspartner eine Informations- und Anreizfunktion in verlässlicher Weise erfüllen.[85]

Institutionen sollten zum einen dazu beitragen, Informationen, die zur Realisierung von Kooperationsgewinnen benötigt werden, ohne große Suchkosten bereitzustellen. Zur Auswahl geeigneter Partner benötigen die Akteure regelmäßig Informationen über Interaktionsmöglichkeiten, den Wert und die Beschaffenheit gewünschter Güter und Dienstleistungen und das zu erwartende Ver-

---

79 Vgl. Erlei et al. (1999), S. 23 ff sowie Homann/Suchanek (2005), S. 100 ff.

80 Vgl. Richter/Furubotn (2003), S. 7 f.

81 Vgl. Homann/Suchanek (2005), S. 100 ff, Richter/Furubotn (2003), S. 7 f sowie Picot (1991), S. 144.

82 Vgl. Homann/Suchanek (2005), S. 36.

83 Vgl. ebd., S. 102.

84 Vgl. Erlei et al. (1999), S. 25, Homann/Suchanek (2005), S. 21 sowie Richter/Furubotn (2003), S. 7.

85 Vgl. Homann/Suchanek (2005), S. 104 ff.

halten der Interaktionspartner.[86] Gerade in letzterem Fall ist es von zentraler Bedeutung, dass Institutionen wirksame Anreize setzen, da die Interaktionspartner ansonsten nicht in der Lage sind, verlässliche Verhaltenserwartungen zu bilden. Diese stellen eine wesentliche Voraussetzung dafür dar, dass sich die Akteure überhaupt auf gesellschaftlich erwünschte Kooperationen einlassen. Hierbei stellt sich das Problem, dass die Existenz einer Regel allein noch nicht zu deren Einhaltung führt. Institutionen können von den Akteuren auch missachtet werden. Sie müssen deshalb hinreichende Anreize in Form handlungsbestimmender Vorteilserwartungen für die Akteure setzen, damit sie auch befolgt werden. Das Vertrauen in eine Institution ist insbesondere dann ausschlaggebend, wenn die Akteure die Kooperationsbereitschaft ihrer Interaktionspartner weder durch eigene Kenntnisse noch durch das Urteil von anderen verlässlich einschätzen können. Nur wenn ein Individuum darauf vertrauen kann, dass eine Institution auch für den Interaktionspartner in verlässlicher Weise unerwünschte Verhaltensweisen unterbindet, wird es sich auf eine Kooperation einlassen.[87]

Die Glaubwürdigkeit von Institutionen wird durch die Existenz von Mechanismen befördert, durch die die Einhaltung der Institutionen kontrolliert und abweichendes Verhalten sanktioniert wird. Sanktionen belegen unerwünschte Verhaltensweisen mit nachteiligen Folgen für ein Individuum und bewirken so, dass die Menge seiner Handlungsmöglichkeiten eingeschränkt wird. Dies kann durch rein innere Mechanismen, wie beispielsweise Wertvorstellungen, erfolgen. In diesem Fall wird von Selbstkontrolle gesprochen. Die Kontrolle und Sanktion kann aber auch in der Hand der Interaktionspartner liegen. Hierbei handelt es sich um eine unmittelbare Fremdkontrolle, die auch die soziale Durchsetzung ethischer und moralischer Verhaltenskodizes einschließt. Erfolgt die Überwachung einer Institution hingegen durch den Staat, so liegt eine formalisierte Fremdkontrolle vor.[88] Es ist jedoch zu beachten, dass die Kosten einer Institution – und zu diesen zählen neben den Kosten ihrer Konzeption und Verbreitung insbesondere auch die Kosten für ihre Durchsetzung – die durch sie erzielbaren Kooperationsgewinne nicht aufzehren.[89]

Damit die Interaktionspartner hinreichend verlässliche Verhaltenserwartungen bilden können, ist es ferner erforderlich, dass Institutionen Stabilität aufweisen. Institutionelle Regelungen sollten zumindest für die Zeit des Bestehens einer

---

[86] Vgl. Homann/Suchanek (2005), S. 104.
[87] Vgl. ebd., S. 102 sowie S. 104 ff.
[88] Vgl. ebd., S. 106 f sowie Richter/Furubotn (2003), S. 7.
[89] Vgl. Homann/Suchanek (2005), S. 89.

Interaktionsbeziehung Bestand haben. Nur so geben sie dem Einzelnen die Sicherheit, dass auch die Interaktionspartner ihren Teil zur Realisierung der Kooperationsgewinne beitragen werden und individuelle Vorleistungen nicht ausgebeutet werden. Dem steht entgegen, dass in einer dynamischen Gesellschaft Regeln mitunter einer Anpassung an die veränderten Umweltbedingungen bedürfen. Diese hat jedoch so zu erfolgen, dass den Interessen der Betroffenen Rechnung getragen wird. Ansonsten besteht die Gefahr, dass gesellschaftlich erwünschte Investitionen unterlassen werden.[90]

Wie oben dargelegt, definieren Institutionen die Rechte und Pflichten der Interaktionspartner. Sie werden jedoch nie alle Aspekte einer Interaktion festlegen, sondern sind grundsätzlich unvollständig. Da die Zukunft nie sicher vorhergesagt werden kann, ist es nahezu unmöglich, alle Fälle vorherzusehen, die zu Problemen führen könnten, und hierfür Institutionen einschließlich geeigneter Kontroll- und Sanktionsmechanismen zu entwickeln. Zudem sollen Institutionen auch Freiheitsspielräume belassen, die es den Interaktionspartnern ermöglichen, auf veränderte Situationsbedingungen zu reagieren. Auf diese Weise soll die Fähigkeit der Interaktionspartner genutzt werden, mit auftretenden Situationsänderungen produktiv umzugehen. Damit wird das Ziel verfolgt, letztendlich höhere Kooperationsgewinne zu erzielen.[91] Die generelle Unvollständigkeit von Institutionen bringt jedoch das Problem mit sich, dass die Akteure versucht sein können, diese Eigenschaft zu ihren Gunsten auszunutzen und ihre eigenen Interessen mitunter unter Zuhilfenahme von List zu verfolgen. Bei der Gestaltung von Institutionen ist es deshalb zielführend, die Tendenz der Menschen zu opportunistischem Verhalten zu berücksichtigen. Die Unterstellung von Opportunismus im Gegensatz zu einfachem Eigeninteresse ermöglicht es, Institutionen zu konzipieren, die die Akteure besser vor einer Übervorteilung durch ihre Interaktionspartner schützen. Diese Vorgehensweise ist insbesondere bei Dilemmastrukturen mit besonders schwierigen Durchsetzungsproblemen angezeigt.[92]

---

90 Vgl. Homann/Suchanek (2005), S. 102 sowie S. 111 f.
91 Vgl. ebd., S. 107 f sowie Richter/Furubotn (2003), S. 26.
92 Vgl. Richter/Furubotn (2003), S. 27 sowie Homann/Suchanek (2005), S. 376 f.

2.5 Beschreibung von Interaktionsbeziehungen anhand der Principal-Agent-Theorie

2.5.1 Arbeitsteilige Spezialisierung und Tausch als Form der Generierung von Kooperationsgewinnen

Zur Analyse von Regelsystemen existieren innerhalb der Institutionentheorie mehrere methodologische Ansätze[93], von denen nachfolgend die Principal-Agent-Theorie näher betrachtet werden soll. Diese legt ihren Analyseschwerpunkt auf die arbeitsteilige Spezialisierung und die damit verbundenen Austauschbeziehungen.[94] Für die Untersuchung der Interaktionsbeziehungen innerhalb des Systems der Gesetzlichen Krankenversicherung stellt die Principal-Agent-Theorie einen geeigneten Ansatz dar, da für das GKV-System aufgrund der Komplexität des Versorgungsgeschehens eine arbeitsteilige Form des Wirtschaftens charakteristisch ist. Der positive Ansatz der Principal-Agent-Theorie, der verbal analytisch arbeitet[95], wird deshalb nachfolgend ausführlicher dargestellt und im weiteren Verlauf der Arbeit zur Beschreibung der Interaktionsbeziehungen auf der Mikroebene des Gesundheitssystems (vgl. Kap. 4) herangezogen.

Bei der arbeitsteiligen Spezialisierung konzentrieren sich die Akteure auf die Produktion von Gütern bzw. Dienstleistungen, für die sie besondere Fähigkeiten und somit komparative Kostenvorteile besitzen.[96] Durch das gleichzeitige Tätigen von Tauschgeschäften sind die Interaktionspartner in der Lage, in den Genuss von Gütern und Dienstleistungen zu kommen, die sie selbst nur mit vergleichsweise höherem Einsatz an Ressourcen hätten produzieren können. Aus interaktionstheoretischer Sicht bewirkt die Arbeitsteilung mit einhergehen-

---

93 Zu diesen zählen neben der Principal-Agent-Theorie insbesondere die Property-Rights-Theorie, die sich mit der Definition und wechselseitigen Anerkennung von Verfügungsrechten befasst sowie die Transaktionskostentheorie, die die Durchführung von Tauschgeschäften betrachtet. Die genannten methodologischen Ansätze überlappen und ergänzen sich teils, stehen teils aber auch in konkurrierender Beziehung zueinander. Vgl. Picot et al. (2005), S. 45 f.

94 Vgl. Homann/Suchanek (2005), S. 117 ff.

95 Dem positiven Ansatz der Principal-Agent-Theorie steht der mathematisch geprägte, normative Zweig gegenüber, der formale Modelle zur Analyse heranzieht. Die formale Modellierung erfordert eine Beschränkung auf eine überschaubare Anzahl von Parametern und ist somit nur bedingt auf reale Fragestellungen zu übertragen. Der positive Ansatz ist hingegen weniger formal und exakt in der Definition von Begriffen, zeichnet sich jedoch durch eine stärkere empirische Orientierung aus und vermag somit eher zur Lösung realer Probleme beizutragen. Vgl. hierzu ausführlicher Richter/Furubotn (2003), S. 41 und S. 173 ff.

96 Vgl. Homann/Suchanek (2005), S. 131.

den Tauschgeschäften folglich, dass mehr Güter und Dienstleistungen produziert werden können, als wenn jedes Individuum isoliert agieren würde.[97] Die Arbeitsteilung bringt jedoch noch einen weiteren Vorteil mit sich. Durch die Spezialisierung und das damit verbundene häufigere Ausführen bestimmter Tätigkeiten sind die Akteure in der Lage, Produktivitätsvorteile infolge von Lerneffekten zu erzielen, die zu einer effektiveren Produktion und Verbesserungen des Produktes führen können.[98]

2.5.2 Merkmale von Principal-Agent-Beziehungen

Principal-Agent-Beziehungen sind dadurch gekennzeichnet, dass ein Auftraggeber (Prinzipal) einen Auftragnehmer (Agent) aufgrund dessen besonderen Kenntnisse mit der Ausführung einer Leistung beauftragt und ihm hierzu einen Teil seiner Verfügungsrechte[99] überträgt.[100] Diese Verdünnung der Verfügungsrechte führt dazu, dass der Agent durch seine Handlungen nicht nur sein eigenes Nutzenniveau, sondern auch das des Prinzipals beeinflusst. Typische Principal-Agent-Beziehungen treten z. B. zwischen Arbeitgeber und Arbeitnehmer, Versicherung und Versichertem, Aktionär und Vorstand oder auch zwischen Patient und Arzt auf. Wer sich in der Rolle des Prinzipals bzw. des Agenten befindet, ist von der jeweiligen Aufgabenverteilung abhängig. Ein und dieselbe Person kann grundsätzlich als Agent oder Prinzipal agieren oder auch gegenüber mehreren Personen als Agent tätig sein.[101] So nimmt beispielsweise im System der GKV die Krankenkasse gegenüber dem Patienten die Funktion des Agenten, gegenüber den Vertragsärzten jedoch die Rolle des Prinzipals ein (vgl. hierzu ausführlicher Kap. 4).

Angesichts der begrenzten Rationalität der Akteure sind Principal-Agent-Beziehungen durch das Auftreten von Informationsasymmetrien gekennzeichnet.[102] Mit dem Begriff der Informationsasymmetrie wird eine Konstellation beschrieben, in der ein Akteur gegenüber seinem Interaktionspartner über Infor-

97 Vgl. Homann/Suchanek (2005), S. 133 ff.
98 Vgl. ebd., S. 135 ff.
99 Verfügungsrechte geben einer Person das Recht, aus physischen Gütern und geistigen Leistungen Nutzen zu ziehen, diese zu verändern, zu veräußern und Rechte daran auf andere zu übertragen. Neben diesen absoluten Verfügungsrechten existieren relative Verfügungsrechte, die einem Individuum das Recht einräumen, von dritten Personen ein bestimmtes Verhalten zu fordern. Anzuführen wäre hier bspw. der Anspruch auf die Erbringung von vereinbarten Leistungen aus einem Dienstvertrag. Durch die Allokation von Verfügungsrechten kann auf die Anreizsituation und das daraus resultierende Verhalten der Akteure Einfluss genommen werden (vgl. Richter/Furubotn (2003), S. 6 sowie S. 90 ff).
100 Vgl. Richter/Furubotn (2003), S. 173 f.
101 Vgl. Picot et al. (2005), S. 72 sowie Picot (1991), S. 150.
102 Vgl. Picot (1991), S. 150.

mationsvorteile verfügt, wobei die Informationen für das Durchführen der Interaktion für beide Partner von Bedeutung sind.[103]

2.5.3 Arten von Informationsasymmetrien und resultierende Interaktionsprobleme

Sind die Informationen vor Vertragsabschluss asymmetrisch verteilt, besitzt der Prinzipal ex ante keine oder nur unzureichende Informationen über bedeutende Merkmale des Agenten bzw. über die Eigenschaften der durch den Agenten zu erbringenden Leistung. Merkmale und Eigenschaften des Agenten bzw. der Leistungen offenbaren sich erst ex post. Das beschriebene Problem der versteckten Merkmale stellt sich deshalb insbesondere im Zusammenhang mit Erfahrungs- und Vertrauensgütern.[104] Für den Agenten besteht die Möglichkeit, negative Eigenschaften vor dem Prinzipal zu verbergen und schlechte Qualität anzubieten. In der Folge tritt das Problem der adversen Selektion auf, d. h. es kann zur Auswahl unerwünschter Interaktionspartner kommen.[105] Dies kann dazu führen, dass letztendlich völlig auf das Tätigen produktiver Interaktionen verzichtet wird.[106]

Eine weitere Form vorvertraglicher Informationsasymmetrien stellt die Unkenntnis über die wahren Absichten und das zukünftige Verhalten der Interaktionspartner dar. Die versteckten Absichten manifestieren sich erst im Verlauf der Interaktionsbeziehung. Problematisch wird die Unsicherheit über die wahren Absichten des Interaktionspartners jedoch erst in Zusammenhang mit spezifischen Investitionen.[107] Durch das Tätigen einer spezifischen Investition[108] bindet sich ein Akteur an einen Interaktionspartner und läuft somit Gefahr, von diesem übervorteilt zu werden.[109] Aufgrund der getätigten spezifischen Investi-

[103] Vgl. Homann/Suchanek (2005), S. 92 f.

[104] Vgl. Picot et al. (2005), S. 74 f sowie Homann/Suchanek (2005), S. 93.

[105] Vgl. Picot et al. (2005), S. 74.

[106] Vgl. Homann/Suchanek (2005), S. 93 f.

[107] Vgl. Ripperger (1998), S. 67.

[108] Eine spezifische Investition liegt immer dann vor, wenn Vorleistungen ausschließlich zur Erfüllung von Leistungsverpflichtungen gegenüber einem einzigen Interaktionspartner getätigt werden oder mit spezifischen Bedingungen des Interaktionspartners verbunden sind und keine alternativen Verwendungsmöglichkeiten denkbar bzw. zulässig sind (vgl. Homann/Suchanek (2005), S. 97). Spezifische Investitionen können sowohl vom Prinzipal als auch vom Agenten getätigt werden, wenngleich in der Literatur die Problematik der spezifischen Investitionen häufig als Abhängigkeitsverhältnis des Prinzipals vom Agenten beschrieben wird. Da sich die Akteure durch solche Investitionen an ihre Interaktionspartner binden, lässt sich auch von „beziehungsspezifischen Investitionen“ (Homann/Suchanek (2005), S. 98) sprechen. Vgl. Homann/Suchanek (2005), S. 97 f.

[109] Vgl. Homann/Suchanek (2005), S. 97 f.

tionen sieht sich der Akteur gezwungen, eine Interaktionsbeziehung fortzuführen, selbst wenn er ex post Abweichungen des Interaktionspartners vom vereinbarten Verhalten feststellt und keine Möglichkeit besteht, diese zu sanktionieren und den Kooperationspartner zu dem erwünschten Verhalten zu bewegen. Für den Akteur, der die spezifische Investition tätigt, besteht also in Unkenntnis der wahren Absichten des Interaktionspartners ein Hold up-Risiko.[110] Zudem befindet sich der abhängige Partner in einer schlechten Verhandlungsposition, wenn es um die Fortsetzung einer zunächst zeitlich begrenzten Interaktionsbeziehung geht und die Konditionen neu festgemacht werden.[111] Das Hold up-Risiko kann ebenfalls dazu führen, dass erwünschte Interaktionen zwischen Prinzipal und Agent ganz unterbleiben bzw. die erzielbaren Kooperationsgewinne nicht in vollem Maße realisiert werden.[112]

Informationsasymmetrien können jedoch auch auftreten, nachdem Auftraggeber und Auftragnehmer eine Interaktionsbeziehung eingegangen sind. Diese ex post entstehenden Informationsasymmetrien beruhen zum einen darauf, dass der Prinzipal oftmals nicht in der Lage ist, die Handlungen des Agenten zu beobachten.[113] In diesem Zusammenhang ist auch der Begriff der versteckten Handlungen gebräuchlich. Hieraus folgt, dass der Agent nach Vertragsabschluss nur noch geringe Anreize hat, alle erforderlichen Anstrengungen zur Erbringung der vertraglich vereinbarten Leistung zu unternehmen.[114] Für den Agenten kommt begünstigend hinzu, dass das Ergebnis nicht nur von seinem Handeln, sondern auch von den Umweltbedingungen abhängt. Somit besteht für ihn die Möglichkeit, sich bei einem mangelhaften Resultat auf Umstände zu berufen, die nicht in seiner Macht lagen, und sich auf diese Weise der Verantwortung für das unbefriedigende Ergebnis zu entziehen.[115] Ebenso kann er ein positives Resultat, das sich ohne großes Zutun seinerseits ergab, als seine Leistung ausgeben. Beiden beschriebenen Situationen ist gemein, dass der Prinzipal lediglich das Handlungsergebnis kennt, aber nicht weiß, inwieweit dieses auf die Arbeitsintensität des Agenten oder auf das Wirken exogener Faktoren zurückzuführen ist.[116]

Neben dem Problem der versteckten Handlungen stellt sich für den Prinzipal zum anderen das Problem der versteckten Informationen. In diesem Fall kann

110 Vgl. Ripperger (1998), S. 67.
111 Vgl. Homann/Suchanek (2005), S. 97.
112 Vgl. ebd., S. 96.
113 Vgl. Picot et al. (2005), S. 75.
114 Vgl. Homann/Suchanek (2005), S. 95.
115 Vgl. Richter/Furubotn (2003), S. 174.
116 Vgl. Picot et al (2005), S. 75.

der Prinzipal zwar die Handlungen des Agenten beobachten, aber aufgrund seiner fehlenden Kenntnisse nicht beurteilen, ob der Agent auch wirklich zu seinem Wohle handelt.[117]
Mit derartigen Interaktionskonstellationen ist das Problem des moralischen Risikos – auch Moral Hazard – genannt, verbunden. Damit wird die Gefahr bezeichnet, dass der Agent das im Verlauf der Interaktion entstehende Informationsgefälle zu Lasten des Prinzipals opportunistisch ausnutzt.[118] Diese Gefahr ist umso größer, je mehr Handlungs- und Entscheidungsspielraum dem Agenten eingeräumt wurde und je geringer die Kontrollmöglichkeiten des Prinzipals sind.[119]

2.5.4 Institutionelle Lösungsansätze

Zur Minderung vorvertraglicher Informationsasymmetrien und zur Vermeidung des Problems der adversen Selektion, sind hinreichend verlässliche Signale erforderlich, an denen sich der uninformierte Prinzipal bei der Auswahl eines Agenten orientieren kann. Das Senden verständlicher, glaubwürdiger Signale liegt zugleich im Interesse der Anbieter von guter Qualität, da sie sich auf diese Weise von den Anbietern unterdurchschnittlicher Qualität differenzieren und ihre Leistungsfähigkeit offenbaren können.[120]
Damit ein Signal glaubwürdig ist und zur Verringerung der Informationsasymmetrie beiträgt, ist es erforderlich, dass der Nutzen eines Signals für erwünschte Agenten größer ist als die Kosten, die mit dem Erstellen des Signals verbunden sind. Im umgekehrten Fall muss ein Signal für unerwünschte Agenten mit hohen Kosten und nur vergleichsweise geringem Nutzen verknüpft sein.[121] Zu den Signalen, die diese Anforderungen erfüllen, zählen beispielsweise Gütesiegel, Gutachten oder Ausbildungszeugnisse. Der Erwerb bzw. die Pflege solcher Signale ist mit hohem Ressourcenaufwand verbunden, doch gerade diese Tatsache signalisiert dem Prinzipal die Glaubwürdigkeit des Agenten.[122]
Dem Prinzipal steht zusätzlich die Möglichkeit offen, sich über das Signal der Agenten hinaus Informationen über relevante Qualitätsmerkmale der Agenten und deren Leistungen zu verschaffen. Hierzu dienen sog. Screening-

[117] Vgl. Picot (1991), S. 152.
[118] Vgl. Picot et al. (2005), S. 75.
[119] Vgl. ebd., S. 79.
[120] Vgl. Homann/Suchanek (2005), S. 93 f.
[121] Vgl. Picot et al. (2005), S. 78.
[122] Vgl. Richter/Furubotn (2003), S. 262.

Verfahren, wie beispielsweise das Durchführen von Eignungstests oder Probefahrten.[123]

Um erwünschte von unerwünschten Agenten zu unterscheiden, können zudem Bedingungen gesetzt werden, durch die die potenziellen Interaktionspartner ihre Qualitätseigenschaften offenbaren.[124] Diese Vorgehensweise wird als Selbstselektions-Verfahren bezeichnet. Sie findet beispielsweise bei Versicherungen Anwendung. Da die Versicherungsgeber ex ante keine zuverlässigen Informationen über die Versicherungsbewerber besitzen, bieten sie differenzierte Tarife und Selbstbeteiligungsklauseln an. Die Versicherungsnehmer wählen dann selbst das Versicherungspaket, das ihrem Schadensrisiko und ihrer Risikoneigung entspricht und offenbaren auf diese Weise ihre versteckten Merkmale.[125]

Mittels geeigneter Institutionen kann zudem auch eine Interessensangleichung zwischen Prinzipal und Agent erzielt werden. Dies gelingt dann, wenn es aufgrund des institutionellen Arrangements auch im Interesse des Agenten ist, die vom Prinzipal gewünschten Leistungen anzubieten.[126] Dies ist beispielsweise der Fall, wenn die Verletzung von gesetzlich vorgeschriebenen Qualitätsstandards mit Sanktionen verbunden ist.[127] Ebenso besteht für den Agenten kein Anreiz mehr, schlechte Qualität anzubieten, wenn er dem Prinzipal ein Garantieversprechen gibt bzw. ein Rückgaberecht einzuräumen hat.[128]

Damit trotz der Problematik des Hold up-Risikos spezifische Investitionen getätigt werden, muss die Interaktionsbeziehung von einem hinreichenden Vertrauen geprägt sein.[129] Fehlt dieses, so kann versucht werden, mittels weiterer institutioneller Absicherungen eine ausreichende Sicherheit vor Ausbeutungsversuchen zu schaffen oder das einseitige Abhängigkeitsverhältnis in ein wechselseitiges Abhängigkeitsverhältnis zu transformieren. Auf diese Weise kommen den Interaktionspartnern ausgewogene Verhandlungspositionen zu und es lässt sich eine Interessensangleichung erzielen.[130] Zu den institutionellen Vorkehrungen zählen beispielsweise vertragliche Absicherungen, die ggf. vor Gericht durchsetzbar sind. Langfristige Vertragsbeziehungen bieten wei-

[123] Vgl. Picot et al. (2005), S. 78.
[124] Vgl. Homann/Suchanek (2005), S. 78.
[125] Vgl. ebd., S. 94 sowie Picot et al. (2005), S. 78.
[126] Vgl. Picot et al. (2005), S. 78.
[127] Vgl. Homann/Suchanek (2005), S. 94.
[128] Vgl. Picot et al. (2005), S. 78.
[129] Vgl. Ripperger (1998), S. 68.
[130] Vgl. Picot et al. (2005), S. 79 f sowie Ripperger (1998), S. 67.

terhin einen Anreiz, die in Aussicht gestellten künftigen Kooperationsgewinne nicht durch kurzfristige Vorteilsüberlegungen zu gefährden.[131]

Einem möglichen opportunistischen Verhalten des Agenten nach Vertragsabschluss kann durch Überwachungsaktivitäten entgegengewirkt werden, die die Informationsasymmetrie zu Lasten des Prinzipals reduzieren und den diskretionären Handlungsspielraum des Agenten einengen.[132] Hierzu dienen beispielsweise Berichtssysteme, die den Agenten zwingen, seine Handlungsschritte offen zu legen, und dem Prinzipal eine Kontrolle des Agenten ermöglichen. Im Fall des Moral Hazard kann eine Interessensangleichung zwischen Prinzipal und Agent zudem durch eine Ergebnisbeteiligung des Agenten, zum Beispiel in Form einer gewinnabhängigen Entlohnung, erreicht werden. Auf diese Weise wird für den Agenten ein Anreiz zu einer verbesserten Selbstkontrolle gesetzt, da sich eine schlechtere Leistung nun auch unmittelbar auf sein Nutzenniveau auswirkt.[133]

Die vor bzw. nach Eingehen der Interaktionsbeziehung auftretenden Principal-Agent-Probleme beruhen wesentlich auf prohibitiven Kosten der Informationsbeschaffung. Diese führen dazu, dass das Wissen unvollständig und ungleich zwischen Prinzipal und Agent verteilt ist. In der Folge kommt es zu Abweichungen vom denkbaren Idealzustand unter vollständiger Information.[134] Die Beschaffung von weiteren Informationen zur Beurteilung des Agenten ist jedoch ebenso wie das Setzen wirksamer Anreize, der Einsatz von Überwachungs- und Kontrollmechanismen, die Ausarbeitung differenzierter Verträge oder die Anstrengungen des Agenten, seine Leistungsfähigkeit zu signalisieren, mit Kosten verbunden. Diese können die potenziellen Kooperationsgewinne aus der Spezialisierung und Arbeitsteilung beträchtlich schmälern oder sogar übersteigen, so dass die Beteiligten mitunter gänzlich auf eine Interaktion verzichten. Die zusätzlich erforderlichen Maßnahmen zum Abbau der Informationsasymmetrien bzw. zur Interessensangleichung führen zu einem suboptimalen Grad an Arbeitsteilung und Spezialisierung. Dadurch verbleibt ein Wohlfahrtsverlust, in Form einer Abweichung des realen Zustandes vom denkbaren Zustand unter vollkommener Information. Die Differenz zwischen der First-best-Lösung, die sich bei vollkommener Information einstellen würde, und der realisierbaren Second-best-Lösung angesichts unvollkommener Information wird als Agency-Kosten bezeichnet. Ziel der Institutionengestaltung

[131] Vgl. Homann/Suchanek (2005), S. 97 f.
[132] Vgl. Picot et al. (2005), S. 79.
[133] Vgl. ebd., S. 96.
[134] Vgl. Picot (1991), S. 150 sowie Picot et al. (2005), S. 72 f.

ist die Minimierung dieser Agency-Kosten, indem versucht wird, die Second-best-Lösung zu finden, die der First-best-Lösung möglichst nahe kommt.[135] Darstellung 3 fasst die oben beschriebenen Informationsasymmetrien, die daraus resultierenden Principal-Agent-Probleme sowie institutionelle Ansätze zur Überwindung dieser Probleme zusammen.

[135] Vgl. Picot et al. (2005), S. 72 f.

Darst. 3: Arten von Informationsasymmetrien, resultierende Interaktionsprobleme und Lösungsansätze

Art der Informationsasymmetrie	versteckte Merkmale			versteckte Absichten		versteckte Handlungen versteckte Informationen	
Informationsproblem	Qualitätseigenschaften des Agenten bzw. der von ihm zu erbringenden Leistung sind unbekannt			Absichten des Interaktionspartners sind unbekannt		Handlungen und Anstrengungsniveau des Agenten sind nicht beobachtbar bzw. nicht beurteilbar	
Problemursache	Verbergbarkeit von Eigenschaften			Spezifische Investition		• beschränkte Überwachungsmöglichkeiten • hohe Kontrollkosten	
Auftreten der Informationsasymmetrie	vor Vertragsabschluss			vor Vertragsabschluss		nach Vertragsaschluss	
Verhaltensspielraum des Agenten	vor Vertragsabschluss			nach Vertragsaschluss		nach Vertragsaschluss	
Principal-Agent-Problem	**Adverse Selektion**			**Hold up**		**Moral Hazard**	
Lösungsmöglichkeit	Signalerstellung/ Screening	Selbstselektion	Interessensangleichung	Interessensangleichung	Vertrauen	Überwachung	Interessensangleichung
Beispiel	Zeugnisse, Gütesiegel, Eignungstests	Vertragsvarianten	Qualitätsstandards	Kapitalbeteiligung, Sicherungsgut, langfristige Verträge	Verzicht auf explizite vertragliche Steuerungs-/ Sicherungsmaßnahmen[136]	Berichts-/ Kontrollsysteme	ergebnisabhängige Vergütung

Quelle: Eigene Darstellung in Anlehnung an Picot et al. (2005), S. 77.

[136] Vgl. hierzu ausführlicher Ripperger (1998), S. 68 ff.

2.6 Paretokriterium als Referenzkriterium der Interaktionstheorie

Als Standardkriterium zur ökonomischen Bewertung von Handlungsalternativen dient das Pareto-Kriterium. In seiner grundlegenden Form besagt es, dass Maßnahmen als positiv zu beurteilen sind, wenn sich dadurch die Lage wenigstens eines Wirtschaftssubjektes verbessert, ohne dass sich zugleich die Situation anderer verschlechtert. In diesem Fall wird von einer paretosuperioren Verbesserung gesprochen. Eine pareto-optimale Situation liegt schließlich dann vor, wenn es keine weiteren pareto-superioren Handlungen gibt, bei denen sich mindestens ein Individuum besser stellt, ohne dass ein anderes Individuum dadurch schlechter gestellt wird und Nutzeneinbußen erleidet.[137]

Das Pareto-Optimum stellt ein normatives Ideal dar, das in der Realität, insbesondere angesichts unvollständiger Informationen und des Auftretens von Externalitäten nicht erreicht werden kann. Somit werden auch staatliche Interventionsmaßnahmen nicht dazu führen, Ineffizienzen vollständig zu beseitigen und den angestrebten Zustand des Pareto-Optimums zu erreichen.[138]

Im Rahmen dieser Arbeit wird das Pareto-Kriterium deshalb als Konsenskriterium eingesetzt.[139] Entscheidend hierbei ist die Frage, ob die Betroffenen den vorgeschlagenen institutionellen Reformen zustimmen können.[140] Das Pareto-Kriterium wird also nicht auf einzelne Maßnahmen oder gesellschaftliche Endzustände, sondern auf die Ausgestaltung von Institutionen angewendet.[141] Ausgehend vom Status quo sollen Möglichkeiten für Veränderungen der institutionellen Rahmenbedingungen aufgezeigt werden, die den Interaktionspartnern das Erzielen weiterer Kooperationsgewinne ermöglichen und somit zu einer pareto-superioren Verbesserung gegenüber dem Ausgangszustand führen.[142] Die Zustimmung der Betroffenen hängt dabei von den mittel- bis langfristigen Ergebnissen ab, die sie sich von einer Veränderung des institutionellen Rahmens erhoffen.[143] Die Beteiligten werden also auch Reformen zustimmen, die für sie eine vorübergehende Verschlechterung bedeuten, solange die längerfristig zu erwartenden Gewinne diese momentanen Nachteile (mehr als) kompensieren.

---

137 Vgl. Erlei et al. (1999), S. 17 f.
138 Vgl. Pies (1996), S. 7 ff, Lütge (2001), S. 88 f sowie Erlei et al. (1999), S. 18.
139 Vgl. Pies (1993), S. 130.
140 Vgl. ebd., S. 131.
141 Vgl. ebd., S. 121 f, Pies (1996), S. 13 sowie Erlei et al. (1999), S. 20.
142 Vgl. Pies (1993), S. 131 sowie Homann/Suchanek (2005), S. 360.
143 Vgl. Erlei et al. (1999), S. 20.

3 Gesundheitsökonomischer Hintergrund der Untersuchung

3.1 Gesundheit und Gesundheitsleistungen

3.1.1 Gesundheitsbegriff

Der Begriff der Gesundheit ist schwer zu umgrenzen, da sich Gesundheit nicht allein an der An- bzw. Abwesenheit von bestimmten biologisch-medizinischen Kriterien festmachen lässt. Die Einstufung als gesund oder krank ist entscheidend vom individuellen Gesundheits- und Krankheitsempfinden sowie vom jeweiligen Kulturkreis und dem darin geprägten Menschenbild abhängig.[144]
Die Weltgesundheitsorganisation (WHO) sieht in Gesundheit

> *"a state of complete physical, mental and social well-being and not merely the absence of disease or infirmity."* [145]

Auch der Deutsche Ärztetag knüpft an die Vision der WHO an und definiert Gesundheit als

> *„die aus der personalen Einheit von subjektivem Wohlbefinden und individueller Belastbarkeit erwachsende körperliche, seelische und soziale Leistungsfähigkeit des Menschen"*[146].

Mit diesem umfassenden Verständnis von Gesundheit wird ein Idealzustand beschrieben, der in der Realität kaum erreichbar ist. Würde dieser Gesundheitsbegriff als Grundlage für die Ausgestaltung des deutschen Sozialversicherungssystems dienen, so hätte dies eine erhebliche Leistungsausdehnung und mitunter Kostensteigerung zur Folge.[147]
Die Gesetzestexte, die sich mit gesundheitsbezogenen Leistungsansprüchen befassen, verzichten dahingegen auf eine Definition von Gesundheit oder Krankheit. Als sozialrechtliche Anspruchsgrundlage für die Leistungsgewährung werden stattdessen die Grundsätze des Bundessozialgerichts herangezogen.[148] Demnach liegt eine Krankheit vor, wenn

---

[144] Vgl. Szathmary (1999), S. 13.
[145] WHO (1946/1948). Die Definition ist seitdem unverändert.
[146] Bundesärztekammer (1994), S. 3.
[147] Vgl. Haubrock/Schär (2002), S. 25.
[148] Vgl. Schwartz et al. (2003), S. 24.

„ein regelwidriger Körper- und Geisteszustand, dessen Eintritt entweder die Notwendigkeit einer Heilbehandlung – allein oder in Verbindung mit Arbeitsunfähigkeit – oder Arbeitsunfähigkeit zur Folge hat“[149],

besteht. Die letztendliche Entscheidung darüber, ob eine sog. „Heilbehandlung“ erforderlich ist oder nicht, obliegt der ärztlichen Diagnosestellung.[150] Während es für sozialrechtliche Zwecke nötig ist, eine klare Grenze zwischen Gesundheit und Krankheit zu ziehen, ist es für die weitere Betrachtungsweise zweckmäßiger, von einem Kontinuum der Zustände „gesund“ und „krank“ zu sprechen. Aufgrund der großen Schwankungsbreite medizinisch-biologischer Normen ist eine Klassifizierung in „sicher gesund“ bzw. „sicher krank“ nahezu unmöglich. Zwischen den beiden Polen Gesundheit und Krankheit bestehen vielmehr zahlreiche Zwischenstufen und Übergänge, die fließend ineinander übergehen können.[151] Zudem ist zu bedenken, dass subjektive Gesundheits- bzw. Krankheitskonzepte von Faktoren wie Lebensalter, Geschlecht, sozioökonomischer Lage oder soziokultureller Orientierung beeinflusst werden.[152] Diese Konzepte bestimmen neben anderen Faktoren, zu denen beispielsweise der Umfang des Versicherungsschutzes zählt, die Entscheidung eines Individuums, einen Arzt zu kontaktieren und eine Diagnosestellung zu ersuchen. Ob ein krankhafter Befund jedoch tatsächlich eine Behandlung nach sich zieht, ist von den Präferenzen des Patienten abhängig.

3.1.2 Begriff und Inanspruchnahme von Gesundheitsleistungen

Während der Gesundheitszustand früher als gegeben und nicht bzw. kaum von außen beeinflussbar aufgefasst wurde, so herrscht heute vielfach die Vorstellung vor, dass Gesundheit produzierbar bzw. konsumierbar sei.[153] Dies äußert sich insbesondere durch das Angebot von und die Nachfrage nach Gesundheitsleistungen. Darunter sind Sach- und Dienstleistungen zu verstehen, die der Befriedigung des Bedürfnisses nach Erhaltung oder Wiederherstellung eines bestimmten Gesundheitszustandes bzw. der Linderung regelwidriger Körper- oder Geisteszustände dienen. Hierzu zählen Beratungsleistungen, Präventionsmaßnahmen, Diagnose-, Therapie- und Rehabilitations-

[149] USG (1972), S. 281, Urteil vom 16. Mai 1972 - 9 RV 556/71.
[150] Vgl. Schwartz et al. (2003), S. 24.
[151] Vgl. ebd., S. 26 f.
[152] Vgl. ebd., S. 25.
[153] Vgl. ebd., S. 73.

leistungen, die Versorgung mit Medikamenten sowie das Verordnen von Heil- und Hilfsmitteln (vgl. Darst. 4).[154]

Darst. 4: Systematik von Gesundheitsleistungen

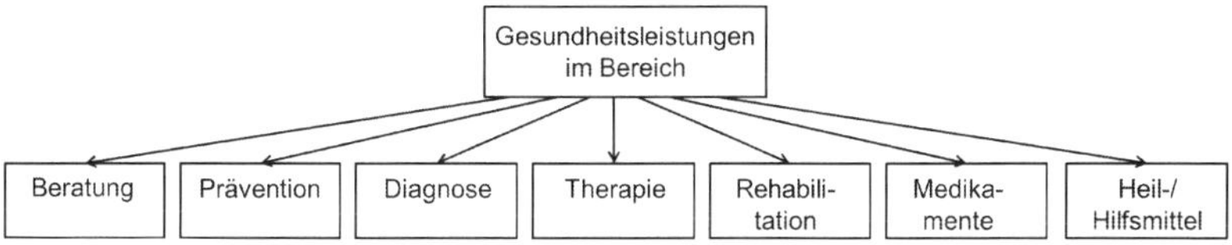

Quelle: Eigene Darstellung in Anlehnung an Pfaff/Schrappe (2011), S. 19.

Generell wird die Nachfrage nach Gesundheitsleistungen durch den Patienten ausgelöst, der sich subjektiv krank oder in seinem Wohlbefinden eingeschränkt fühlt. Er sucht sodann einen Arzt auf, der zu entscheiden hat, ob Symptome oder Befunde vorliegen, bei denen Gesundheitsleistungen einen gesundheitlichen Nutzen[155] erwarten lassen und die somit eine Inanspruchnahme von Leistungen des Sozialversicherungssystems rechtfertigen. Dem subjektiven Bedarf des Patienten, der sich in der Nachfrage nach Gesundheitsleistungen spiegelt, steht demzufolge ein objektiver Bedarf gegenüber, der mit dem subjektiven Bedarf keinesfalls kongruent sein muss. Der objektive Bedarf wird zum einen durch die Einschätzung der professionellen Leistungserbringer und zum anderen durch den Leistungskatalog der Krankenkassen sowie die Rechtsprechung der Sozialgerichte konkretisiert.[156]
Zu Beginn jeder medizinischen Versorgung steht also die Diagnose, die nach einer Beratung des Patienten in die Verordnung eines Rezeptes und/oder die Durchführung einer Versorgungsmaßnahme münden kann. Diese Teilleistungen stehen in engem Zusammenhang. Insbesondere sind die Art und Menge der nachgefragten Gesundheitsleistungen sowie der Erfolg der Behandlung davon abhängig, wie die Krankheitssymptome vom Leistungserbringer gedeutet wurden und welche Behandlungsstrategie als erfolgversprechend eingeschätzt wird.[157] Der Gesundheitszustand ist jedoch nicht nur vom Ausmaß der konsumierten Gesundheitsleistungen abhängig. Weitere Faktoren wie bei-

[154] Vgl. Oberender et al. (2002), S. 14, Haubrock/Schär (2002), S. 25 sowie Pfaff/Schrappe (2011), S. 19.
[155] Ein gesundheitlicher Nutzen kann z. B. in Form einer Verbesserung des Gesundheitszustandes bzw. der Lebensqualität des Patienten auftreten (vgl. Oberender/Zerth (2006), S. 70).
[156] Vgl. Pfaff (2003), S. 16 f sowie Schwartz/Busse (2003), S. 526 ff.
[157] Vgl. Pauly (1978), S. 21 sowie 31.

spielsweise die psychische Verfassung des Patienten, erbliche Veranlagungen, Umwelteinflüsse und Zufallsprozesse spielen ebenso eine Rolle.[158]

3.1.3 Bedeutung der Gesundheit

Der Gesundheit kommt in der Wertschätzung des Einzelnen sowie der Gesellschaft ein hoher Stellenwert zu. Einhergehend mit dem medizinischen Fortschritt und der Steigerung der Lebenserwartung ist Gesundheit in vielen Industriegesellschaften quasi zu einem Grundwert geworden; sie stellt ein Ziel an sich dar, dass in möglichst hohem Maße erreicht werden soll.[159] Ein guter Gesundheitszustand bildet zudem eine wesentliche Voraussetzung für die Erzielung von Einkommen.[160] Er stellt neben der Ausbildung sowie Fähigkeiten und Fertigkeiten eines Individuums einen wesentlichen Bestandteil sowohl des individuellen, als auch des volkswirtschaftlichen Humankapitals dar.[161] Ebenso sind der Genuss von Konsumgütern und damit der konsumtive Nutzen, der sich aus dem Einkommen erzielen lässt, vom Gesundheitszustand abhängig.[162] Krankheit schränkt hingegen die Produktions- und Konsummöglichkeiten des Einzelnen (und auch der Gesellschaft) ein und wird häufig als hinderlich sowie als drohende Gefahr von Inaktivität, Abhängigkeit, finanziellem Verlust, Einbuße der gesellschaftlichen Rolle oder gar sozialer Isolation empfunden.[163] Eine kranke Person bindet zudem personelle und materielle Mittel. Der Gesundheitszustand eines Individuums zieht somit direkte wie indirekte gesellschaftliche und ökonomische Konsequenzen nach sich.[164]

3.1.4 Gesundheit als meritorisches Gut

Trotz der großen individuellen und gesellschaftlichen Bedeutung der Gesundheit ist zu beobachten, dass Individuen bereit sind, ihr Gesundheitskapital zugunsten der Befriedigung anderer Bedürfnisse zu schmälern. So sind sie beispielsweise gewillt, graduelle Variationen ihres Gesundheitszustandes hinzunehmen und die Wahrscheinlichkeit, künftige Episoden in Gesundheit zu verbringen, zugunsten heutiger Lebensqualität, z. B. dem Genuss von Alkohol, Nikotin bzw. ungesunder Nahrungsmittel oder dem Vergnügen aus einer

[158] Vgl. Breyer et. al. (2005), S. 74.
[159] Vgl. Schwartz et al. (2003), S. 24 sowie Breyer et al. (2005), S. 4.
[160] Vgl. Haubrock/Schär (2002), S. 22 sowie Breyer et al. (2013), S. 5.
[161] Vgl. Oberender et al. (2002), S. 17.
[162] Vgl. Breyer et al. (2005), S. 5.
[163] Vgl. Schwartz et al. (2003), S. 25.
[164] Vgl. Szathmary (1999), S. 17 sowie Oberender et al. (2002), S. 17.

gesundheitsgefährdenden Freizeitaktivität einzutauschen.[165] Ebenso kann auch der Verzicht auf die Inanspruchnahme einer Gesundheitsleistung aus zeitlichen oder finanziellen Gründen zur Verringerung des Gesundheitskapitals eines Individuums beitragen. Zu einem derartigen Verhalten sind die Individuen solange bereit, bis der Nutzen, den sie aus dem Konsum einer unendlich kleinen weiteren Einheit eines nutzenstiftenden Gutes erlangen, die damit verbundenen Kosten unterschreitet.[166]

Die Abwägung von Grenznutzen und Grenzkosten in Zusammenhang mit dem individuellen Gesundheitskapitel wäre insofern unproblematisch, wenn die Nachfrage und der Konsum von Gesundheitsleistungen nicht unter dem gesellschaftlich erforderlichen Niveau bleiben und Gesundheit somit ein meritorisches Gut darstellen würde.[167] Die Gründe für den unzureichenden Konsum sind zum einen in der Undurchschaubarkeit der komplexen Wirkungszusammenhänge im Bereich der Gesundheit sowie in einem mangelnden vorausschauenden, zukunftsorientiertem Denken der Individuen zu sehen. So ist häufig eine Unterschätzung zukünftigen Leidens sowie der Folgen eines gesundheitsabträglichen Verhaltens zu beobachten.[168]

Zum anderen können mit dem Konsum von Gesundheitsleistungen externe Effekte verbunden sein. Das bedeutet, dass der Konsum einer Leistung bei anderen Individuen einen Nutzen bzw. Kosten hervorrufen kann, ohne dass diese hierfür zahlen bzw. eine Entschädigung erhalten.[169] So erzeugt eine Impfung regelmäßig positive externe Effekte, da nicht nur das Individuum, das sich impfen lässt, vor einer ansteckenden Krankheit geschützt ist, sondern auch alle Außenstehenden einen Schutz haben, ohne selbst geimpft zu sein. Im gegenteiligen Fall erzeugt ein krankheitsbedingter Arbeitsausfall negative externe Effekte, wenn die Kollegen die ausfallende Arbeitskraft in Form von unbezahlter Mehrarbeit kompensieren müssen, Produktionsausfälle resultieren oder die Familie durch den Lohnausfall finanzielle Einbußen erleidet.[170] Da ein Individuum den Nutzen bzw. die Kosten für andere Personen nicht in die Konsumentscheidung einbezieht, werden tendenziell zu wenig Gesundheitsleistungen konsumiert und Anstrengungen zur Vermeidung von Krankheit unterlassen.[171]

---

165 Vgl. Oberender et al. (2002), S. 13 ff sowie Breyer et al. (2005), S. 4.
166 Vgl. Oberender et al. (2002), S. 13 f.
167 Vgl. ebd., S. 15.
168 Vgl. ebd..
169 Vgl. Lüngen/Schrappe (2010), S. 41.
170 Vgl. Passon/Siegel (2010), S. 124 f.
171 Vgl. Lüngen/Schrappe (2010), S. 41.

Als weiterer Grund für den unzureichenden Konsum von Gesundheitsleistungen ist die mangelnde Information und die damit verbundene fehlende Transparenz hinsichtlich deren Bedeutung zum Aufbau und Erhalt des individuellen Gesundheitskapitals anzuführen. So sind die Individuen zumeist nicht in der Lage, die Relevanz einer Gesundheitsleistung für ihren konkreten Versorgungsfall richtig einzuschätzen.[172]
Ein weiteres Problem bei der Inanspruchnahme von Gesundheitsleistungen ergibt sich dadurch, dass die Individuen die Qualität einer Leistung nur schwer beurteilen können. Dies ist auf die informationellen Besonderheiten von Gesundheitsleistungen[173] zurückzuführen, die in Kap. 3.1.5 eingehender betrachtet werden sollen.

3.1.5 Informationelle Besonderheiten von Gesundheitsleistungen

Informationelle Probleme beim Konsum von Gesundheitsleistungen ergeben sich insbesondere daraus, dass überwiegend Leistungen in Form von beiderseitig personenbezogenen Dienstleistungen erbracht werden, für die das Uno-actu-Prinzip Gültigkeit besitzt.[174] Dies bedeutet, dass die Produktion sowie der Konsum der Leistung zeitgleich erfolgen und die simultane Anwesenheit und das Zusammenwirken von Produzent und Kunde, d. h. von medizinischem Leistungserbringer und Patient, bei der Erstellung der Leistung erforderlich sind.[175]
Das Uno-actu-Prinzip hat zur Folge, dass der Kunde das Produkt im Vorfeld nicht testen kann. Für ihn besteht somit Unsicherheit bezüglich der Qualität der nachgefragten Leistungen. Dies betrifft insbesondere die Genauigkeit der gestellten Diagnose, die Angemessenheit sowie die Effektivität der empfohlenen Therapie und die therapeutischen Fähigkeiten des Leistungserbringers.[176]
Das Problem, die Produktqualität vor dem Kauf einer Ware oder der Inanspruchnahme einer Dienstleistung richtig einzuschätzen, stellt sich jedoch generell. In diesem Punkt unterscheiden sich Gesundheitsleistungen zunächst nicht von anderen Gütern und Dienstleistungen.[177] Bei medizinischen Leistungen kommt jedoch hinzu, dass diese nicht immer einen positiven Beitrag zur

[172] Vgl. Oberender et al. (2002), S. 15 f sowie Lüngen/Schrappe (2010), S. 41.
[173] Eine ausführliche Diskussion weiterer Besonderheiten von Gesundheitsleistungen im Vergleich zu anderen Gütern findet sich beispielsweise bei Arrow (1963), S. 948 ff, Pauly (1978), S. 19 ff, Oberender et al. (2002), S. 13 ff oder Breyer et al. (2005), S. 75 f sowie S. 173 ff.
[174] Vgl. Haubrock/Schär (2002), S. 29.
[175] Vgl. Oberender et al. (2002), S. 14 f.
[176] Vgl. Arrow (1969), S. 941 sowie Pauly (1978), S. 26.
[177] Vgl. Breyer et al. (2005), S. 181.

Gesundheit leisten, sondern oftmals auch mit der Gefahr von Komplikationen verbunden sind und zu einer nachhaltigen Beeinträchtigung der Gesundheit oder gar zum Tode des Patienten führen können.[178] Gesundheitsleistungen können also u. U. wesentlich weiter reichende Folgen haben, als dies beispielsweise bei einem missglückten Haarschnitt der Fall ist.

Werden Produkte unterschiedlicher Qualität angeboten, so greifen viele Konsumenten auf Erfahrungen aus früheren Käufen, Marktstatistiken, Qualitätsberichte der Anbieter, objektive Qualitätsbeurteilungen durch Test-Institute oder das Urteil anderer zurück, um die Produktqualität ex ante abschätzen zu können.[179] Bei Gesundheitsleistungen besteht die Möglichkeit einer ex-ante-Qualitätsbeurteilung nur begrenzt. Auf eigene Erfahrungen kann der Konsument lediglich zurückgreifen, wenn es sich um häufig in Anspruch genommene Leistungen handelt. Als Beispiel sind hier pädiatrische Leistungen oder die reguläre Versorgung von Patienten mit chronischen Erkrankungen anzuführen.[180] Der Rückgriff auf eigene Erlebnisse impliziert jedoch, dass mitunter auch negative Qualitätserfahrungen gemacht werden und der Patient erst nach einer längeren Phase des Suchens einen Leistungserbringer ausfindig macht, der die nachgefragten Leistungen zu seiner Zufriedenheit erbringt.

Viele medizinische Leistungen, wie beispielsweise Maßnahmen bei ernsthaften, lebensbedrohenden Erkrankungen, werden jedoch unregelmäßig, manchmal sogar nur einmalig konsumiert, so dass eigene Erfahrungswerte des Patienten für die Beurteilung der Qualität ex ante fehlen.[181] Relativ seltene Ereignisse stellen zwar auch der Immobilienerwerb oder ein Autokauf dar, doch sind hier die möglichen Konsequenzen der verbleibenden Unsicherheit als weniger gravierend einzustufen[182], es sei denn, es wird ein Auto mit defekten Bremsen erworben. Der Patient kann zwar vor der Inanspruchnahme für ihn neuartiger Leistungen versuchen, auf Informationen von Familienangehörigen oder Freunden zurückzugreifen und somit seinen Mangel an eigener Erfahrung zu kompensieren.[183] Hierbei besteht allerdings das Problem der interpersonellen Vergleichbarkeit. Die Erfahrungen anderer lassen sich nur bedingt auf den eigenen Fall übertragen, da gesundheitliche Probleme aufgrund der individuellen Besonderheiten niemals exakt vergleichbar sind und zudem die jeweilige Interaktion zwischen Arzt und Patient eine entscheidende Rolle

---

[178] Vgl. Arrow (1969), S. 949.
[179] Vgl. Akerlof (1970), S. 488, Pauly (1978), S. 37 sowie Breyer et al. (2005), S. 182.
[180] Vgl. Pauly (1978), S. 20.
[181] Vgl. Arrow (1969), S. 951 sowie Breyer et al. (2005), S. 182.
[182] Vgl. Arrow (1969), S. 951.
[183] Vgl. Pauly (1978), S. 27.

spielt.[184] Selbst bei Patienten mit identischer Vorgeschichte sind unterschiedliche Reaktionen auf dieselbe Therapiemaßnahme möglich. Erschwerend kommt hinzu, dass die Konsumenten die Qualität einer Behandlung oftmals anhand unterschiedlicher Aspekte beurteilen. So ist es denkbar, dass ein Patient mit der erfahrenen Qualität nicht zufrieden ist, auch wenn er zuvor nur positive Erfahrungen berichtet bekommen hat und die medizinische Maßnahme bei ihm wie in den Berichten durchgeführt wurde.[185] So geben auch veröffentlichte Qualitätsberichte nur einen groben Anhaltspunkt für die zu erwartende Qualität.

Aus informationsökonomischer Sicht stellen Gesundheitsleistungen folglich Erfahrungsgüter[186] dar, da selbst nach sorgfältigster Informationssuche die Qualität der Leistung erst basierend auf der eigenen Erfahrung ex post beurteilt werden kann. Oftmals lässt sich die Qualität jedoch auch nach der Inanspruchnahme einer medizinischen Maßnahme nicht genau beurteilen, da aufgrund von parallel ablaufenden biologischen Vorgängen im Körper ein Kausalzusammenhang zwischen der Gesundheitsleistung und der Änderung des Gesundheitszustandes nicht eindeutig identifiziert werden kann.[187] Die Qualitätsbeurteilung ist für den Patienten zusätzlich dadurch erschwert, dass ihm häufig Informationen über die zu erwartenden Ergebnisse einer Gesundheitsleistung fehlen. Als Beispiel hierfür führen Mühlhauser/Müller (2009) eine Patientin an, die nach einer Schilddrüsenoperation mit heiserer Stimme die goldenen Hände des Chirurgen rühmt, unwissend, dass die Heiserkeit von einer vermeidbaren Nervenverletzung während des Eingriffs herrührt.[188] Von daher scheint es sogar gerechtfertigt, von Gesundheitsleistungen als Vertrauensgüter zu sprechen. Wie anhand von Darstellung 5 veranschaulicht wird, spielt aufgrund der schwierigen Qualitätsbeurteilung das Vertrauen in den Leis-

[184] Vgl. Breyer et al. (2005), S. 182 sowie Oberender/Daumann (1997a), S. 173.

[185] Vgl. Pauly (1988), S. 231.

[186] Die Klassifikation von Gütern in Such-, Erfahrungs- und Vertrauensgüter ist auf Nelson (1970) sowie Darby/Karny (1973) zurückzuführen. Als Suchgüter werden solche Güter bezeichnet, bei denen die Qualität eines Gutes vor dem Erwerb beurteilt werden kann, auch wenn hierfür zunächst Ressourcen für die Suche nach weiteren Informationen aufgewendet werden müssen. Der Begriff Erfahrungsgut kennzeichnet hingegen solche Güter, bei denen die Qualität auch nach sorgfältiger Informationssuche ex ante nicht bewertet werden kann. Eine Beurteilung der Qualität ist erst ex post möglich. Bei Vertrauensgütern ist die Qualität dagegen selbst nach dem Erwerb des Gutes nicht möglich (vgl. Nelson (1970), S. 311 ff und Darby/Karny (1973), S. 68 ff).

[187] Vgl. Breyer et al. (2005), S. 182.

[188] Vgl. Mühlhauser/Müller (2009), S. 39.

tungserbringer für die Arzt-Patienten-Beziehung somit eine entscheidende Rolle.[189]

Die Frage nach der Qualität einer Behandlung stellt sich jedoch nicht nur für den Patienten, sondern ist auch für den Leistungserbringer nicht immer eindeutig zu beantworten. Angesichts der Zeitknappheit und des exponentiellen Anstiegs an verfügbaren Informationen ist es für den Leistungserbringer schwierig, stets auf dem aktuellen Erkenntnisstand zu sein und diesen bei seinen klinischen Entscheidungen zu berücksichtigen.[190] Hinzu kommt, dass längst nicht alle medizinischen Maßnahmen durch Studien gestützt sind. Somit besteht auch für den Arzt ein gewisses Maß an Unsicherheit, ob die durchgeführten Maßnahmen zu Erreichung eines bestimmten Versorgungsziels beitragen. Er vermag oftmals nicht sicher zu urteilen, ob sich auch ohne die erbrachten Gesundheitsleistungen ähnliche Ergebnisse eingestellt hätten oder durch eine abweichende Versorgungsstrategie ein höheres Qualitätsniveau erreichbar gewesen wäre.[191] Trotz dieser Unsicherheiten verfügen die Leistungserbringer über ein weitaus größeres medizinisches Wissen im Vergleich zu ihren Patienten und über bessere Informationen hinsichtlich der Qualität der angebotenen Gesundheitsleistungen.[192]

Diese Informationsasymmetrie zu Lasten des Patienten bietet zusammen mit der Erfahrungs- bzw. Vertrauensguteigenschaft von Gesundheitsleistungen den Leistungsanbietern die Möglichkeit zu opportunistischem Verhalten.[193] Ob dieser Verhaltensspielraum genutzt wird und sich infolgedessen nachteilige Konsequenzen für die Qualität der Versorgung ergeben, ist von den institutionellen Rahmenbedingungen und damit von den Anreizen abhängig, die für das individuelle Handeln der Interaktionsbeteiligten bestehen. Für den weiteren Gang der Untersuchung ist es deshalb zunächst erforderlich, die Grundstruktur der Gesetzlichen Krankenversicherung (GKV) sowie deren Gestaltungsprinzipien und Steuerungsziele näher zu betrachten.

189 Vgl. Arrow (1969), S. 949.
190 Vgl. Schrappe/Lauterbach (2001), S. 57.
191 Vgl. Pauly (1978), S. 26.
192 Vgl. ebd., S. 27 sowie Arrow (1963), S. 964.
193 Vgl. Bürger (2003), S. 46.

Darst. 5: Informationsökonomische Eigenschaften von Gütern

	Suchgut	Erfahrungsgut	Vertrauensgut
Zeitpunkt der Qualitätsbeurteilung	**ex ante**	**ex post**	**weder ex ante noch ex post**
Möglichkeit der Qualitätsbeurteilung aufgrund von	• Informationssuche (Testberichte, Marktstatistiken, Qualitätsberichte der Anbieter) • persönlichen Erfahrungen Dritter (Problem der interpersonellen Vergleichbarkeit) • eigener Vorerfahrung aus früherem Konsum, ggf. unter Inkaufnahme negativer Qualitätserfahrungen	eigener Erfahrung **nach** Erwerb eines Gutes bzw. Inanspruchnahme einer Dienstleistung	• Qualitätsbeurteilung nicht möglich • Vertrauensbildung erforderlich
Informationslage des Konsumenten	**gut**		**schlecht**
Gefahr opportunistischen Verhaltens des Anbieters	**niedrig**		**hoch**

Quelle: Eigene Darstellung in Anlehnung an Bürger (2003), S. 47.

3.2 Rahmenbedingungen der Gesundheitsversorgung

3.2.1 Struktur des Systems der Gesetzlichen Krankenversicherung

Auf den ungenügenden Konsum von Gesundheitsleistungen (vgl. Kap. 3.1.4) reagierte der Staat mit der Einführung der Gesetzlichen Krankenversicherung. Mit dieser soll der als unzureichend empfundenen Nachfrage nach Gesundheitsleistungen entgegengewirkt werden.[194]

Die Grundstruktur des Systems der Gesetzlichen Krankenversicherung ist durch das Zusammenspiel von Regulierung, Finanzierung und Leistungser-

[194] Vgl. Passon/Siegel (2010), S. 125 f.

bringung gekennzeichnet und wird anhand von Darstellung 6 vereinfacht abgebildet.[195]

Darst. 6: Grundstruktur des Systems der Gesetzlichen Krankenversicherung

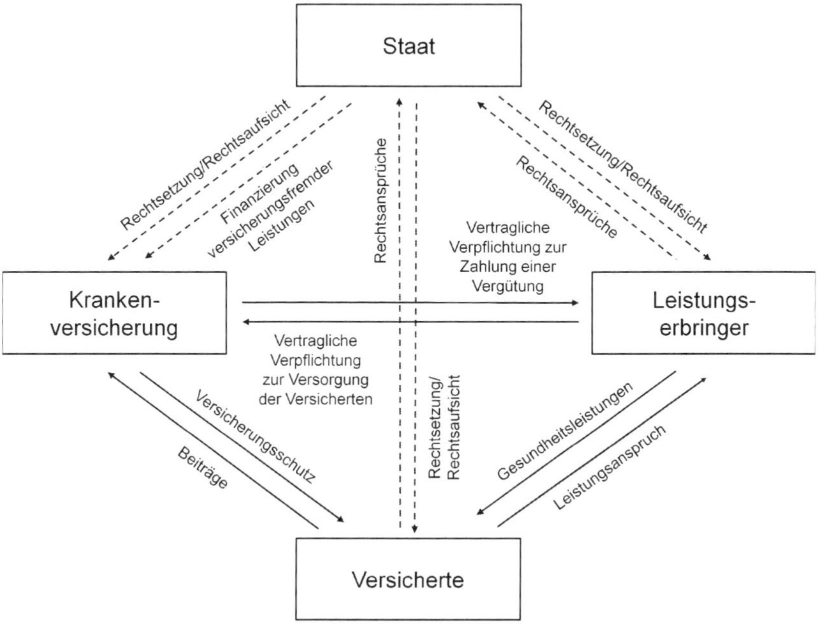

Quelle: Eigene Darstellung in Anlehnung an Simon (2005), S. 79.

Die Hauptakteure im System der GKV sind demnach der Staat, die Krankenversicherung, die Leistungserbringer sowie die Versicherten/Patienten.
Der Staat stellt die oberste Entscheidungsinstanz für die Regulierung des Gesundheitssystems dar und beschränkt sich zumeist auf die allgemeine Rahmensetzung und Rechtsaufsicht.[196] Vereinbarungen über die detaillierte Ausgestaltung des Gesundheitssystems sowie die Ausführung und Durchführung der Gesetze im Bereich der sozialen Sicherung bleiben vornehmlich den Organen der Selbstverwaltung auf der Mesoebene überlassen. Diese verfügen innerhalb der bestehenden gesetzlichen Vorgaben über eigene Entschei-

195 Vgl. Simon (2005), S. 69.
196 Vgl. ebd., S. 63 und S. 79.

dungskompetenzen, um ihre Belange zu regeln.[197] Die Letztentscheidung über das Versorgungssystem behält sich jedoch der Staat vor. Er kontrolliert, ob die Vereinbarungen der Verbände den gesetzlichen bindenden Vorgaben entsprechen.[198]

Im internationalen Vergleich ist in Deutschland ein relativ hohes Maß an staatlicher Regulierung zu verzeichnen.[199] Dies äußert sich beispielsweise in der detaillierten Auflistung der Leistungen der GKV im SGB V, der Einführung des Gesundheitsfonds zur Verwaltung und Verteilung der Beitragszahlungen der GKV-Versicherten, der Entscheidung stationäre Leistungen über ein fallpauschaliertes Entgelt zu vergüten, den gesetzlichen Vorgaben bezüglich der vertragsärztlichen Bedarfsplanung und Niederlassung oder den Regelungen zur Krankenhausbedarfsplanung der Länder. Im Gegenzug dazu stehen den Leistungserbringern auch Ansprüche gegenüber dem Staat zu, wie z. B. der Anspruch zugelassener Krankenhäuser auf Investitionsförderung. Die staatliche Steuerung muss ihrerseits verfassungsrechtliche Grenzen respektieren, wie beispielsweise die Berufswahlfreiheit oder das Grundrecht auf Schutz des Eigentums, und versucht deshalb häufig über das Setzen wirtschaftlicher Anreize ihr gewünschtes Ziel zu erreichen. Hierzu zählt z. B. die Investitionsförderung im Krankenhausbereich.[200]

Da für den weiteren Gang der Untersuchung hauptsächlich die Interaktionen auf der Mikroebene des Gesundheitssystems interessieren, wird nachfolgend der Staat als Akteur auf der Makroebene ebenso wie die Organe der Selbstverwaltung auf der Mesoebene aus der Betrachtung ausgeklammert werden. Dies bedeutet jedoch nicht, dass die Auswirkungen makro- und mesostruktureller Interventionen auf das Verhalten und die individuellen Handlungsentscheidungen der Akteure auf der Mikroebene unberücksichtigt bleiben sollen.[201] Diese werden jedoch als bestehende Restriktionen für das individuelle Verhalten betrachtet, die annahmegemäß bis zum Abschluss der Interaktionsanalyse auf der Mikroebene keiner Veränderung unterliegen.[202]

---

[197] Eine besondere Bedeutung kommt hierbei den Verbänden der gesetzlichen Krankenkassen sowie den Kassenärztlichen Vereinigungen zu, die als Körperschaften öffentlichen Rechts ausgelagerte Staatsausgaben als eigene Aufgaben wahrnehmen und zugleich als Interessensvertretung für die Vertragsärzte fungieren.
Vgl. Simon (2005), S. 63 f sowie S.132.

[198] Vgl. ebd., S. 78.

[199] Vgl. ebd., S. 67 sowie S. 70.

[200] Vgl. ebd., S. 64 sowie S. 70 ff.

[201] Vgl. Schwartz/Busse (2003), S. 523 f sowie Schwartz/Scriba (2004), S. 164.

[202] Vgl. Picot (1991), S. 154.

Innerhalb des vorgegebenen Rahmens erfolgt im System der gesetzlichen Krankenversicherung die Leistungserbringung und Finanzierung in einem Dreiecksverhältnis zwischen Patienten/Versicherten, Leistungserbringern und Krankenkassen (vgl. hierzu ausführlicher Kap. 4).[203] Diese Dreier-Konstellation bewirkt, dass entgegen den Gegebenheiten auf den meisten anderen Märkten, der Gesundheitsmarkt durch ein Auseinanderfallen der Einheit von Nachfrager, Konsument und Finanzier gekennzeichnet ist.[204] Dies ist darauf zurückzuführen, dass dem Patienten im Krankheitsfall eine schlechte Verhandlungsposition gegenüber dem Leistungserbringer unterstellt wird. Hieraus leitet sich die Forderung nach der Einbeziehung der Krankenkasse als ergänzender Sachwalter ab, der gegenüber den Leistungserbringern die Belange des Patienten angemessen vertreten soll.[205] Die Einschaltung einer dritten Partei stellt generell eine Lösungsstrategie dar, um die jeder Interaktion inhärenten Interessenskonflikte zweier Interaktionspartner auszugleichen.[206] Allerdings ist zu beachten, dass die Krankenkasse ihrerseits eigene Interessen verfolgt, die in diametralem Verhältnis zu den Interessen von Patient und Arzt stehen können. Auch wenn im Mittelpunkt des Erkenntnisinteresses dieser Arbeit die Interaktion von Arzt und Patient im Hinblick auf das Erzielen einer hohen Qualität im Gesundheitswesen steht, ist es erforderlich, das Auftreten der Krankenkassen als ergänzende Sachwalter des Patienten zu betrachten. Nur so ist gewährleistet, dass alle bestehenden Interdependenzen auf der Mikroebene des Gesundheitssystems angemessen bei der Analyse der zugrunde liegenden Fragestellung berücksichtigt werden. Das Auftreten der Krankenkasse als ergänzender Sachwalter bewirkt nämlich, dass sich die wechselseitigen Vorteilserwartungen von Patient und Leistungserbringer nicht nur aus ihrer unmittelbaren Interaktion ergeben, sondern immer auch von der hierzu parallelen Vertragskonstellation mit der Krankenkasse abhängig sind. Diese bildet den Rahmen für die Interaktion von Patient und Leistungserbringer und modifiziert das Verhalten und die Zielvorstellungen der beiden Interaktionspartner hinsichtlich der Inanspruchnahme und Erbringung von Gesundheitsleistungen (vgl. Kap. 4).

[203] Vgl. Simon (2005), S. 79.
[204] Vgl. Schneider (1998), S. 14.
[205] Vgl. Breyer et al. (2005), S. 435.
[206] Vgl. ebd., S. 431 ff sowie Schneider (2002a), S. 3.

3.2.2 Gestaltungsprinzipien der Gesetzlichen Krankenversicherung

Die GKV ist als Sozialversicherung ausgestaltet, d. h. die Finanzierung der Leistungen erfolgt überwiegend aus Krankenkassenbeiträgen der Bürger und nur in geringem Umfang aus Staatsmitteln. Um die Versorgung der Versicherten sicherzustellen, schließen die gesetzlichen Krankenkassen mit den Leistungserbringern Verträge ab, die die Art der Leistungserbringung sowie die Vergütung regeln.[207]

Die GKV ist als Pflichtversicherung[208] mit einkommensabhängigen Beiträgen[209] und beitragsunabhängiger Leistungsgewährung konzipiert.[210] Der über alle Krankenkassen hinweg einheitliche Beitragssatz von derzeit 15,5 % wird lediglich auf das Einkommen aus nichtselbständiger Arbeit bezogen.[211] Faktoren wie Alter, Geschlecht und individuelles Krankheitsrisiko des Versicherten oder die Anzahl der mitversicherten Familienmitglieder werden für die Ermittlung der Beitragshöhe nicht berücksichtigt. Dieses Gestaltungsmerkmal der GKV wird als Solidaritätsprinzip bezeichnet. Es führt aufgrund der beitragsunabhängigen Leistungsgewährung, nach der alle Versicherten unabhängig von der Höhe der geleisteten Beiträge Anspruch auf die medizinisch erforderlichen Leistungen gemäß dem gesetzlichen Leistungskatalog[212] haben, zu einer sozialen Umverteilung von gesunden an kranke Personen, besser an schlechter Verdienende, von Personen ohne Kinder an Familien und von jüngeren an ältere Versicherte.[213] Somit erfüllt die GKV neben der primären Umverteilung

---

207 Vgl. Simon (2005), S. 67 ff.

208 Die GKV stellt somit eine Zwangsversicherung dar. Die Details zur Versicherungspflicht in der GKV sind in §§ 5 ff SGB V geregelt. Sofern ein Bürger der Versicherungspflicht in der GKV unterliegt, ist er qua Gesetz verpflichtet, Mitglied einer gesetzlichen Krankenkasse zu werden. Personen, die nicht zum versicherungspflichtigen Personenkreis gehören, sind dagegen berechtigt, sich freiwillig in der GKV zu versichern (zur freiwilligen Versicherung in der GKV vgl. § 9 SGB V).
Vgl. Simon (2005), S. 62.

209 Eine Ausnahme zu dem Grundsatz der einkommensabhängigen Beitragserhebung gilt für diejenigen Versichertengruppen, die kein Einkommen aus nichtselbständiger Arbeit beziehen. So zahlen beispielsweise Studenten, sofern sie nicht mehr beitragsfrei familienversichert werden können, einen fixen Beitrag, während bei Landwirten ein Beitrag in Anlehnung an den Flächenwert erhoben wird (vgl. Leidl (2003), S. 354).

210 Vgl. Oberender et al. (2002), S. 24.

211 Vgl. ebd., S. 35.

212 Die Leistungen, die ihm Rahmen der GKV erbracht werden, sind in den §§ 11 ff SGB V aufgeführt.

213 Vgl. Leidl (2003), S. 351, Oberender et al. (2002), S. 34 f, Beske/Hallauer (1999), S. 81 sowie Simon (2005), S. 53 ff.

zwischen Kranken und Gesunden auch eine sekundäre Umverteilungsaufgabe.[214]

Mit der Versicherungspflicht für die Versicherten und der risikounabhängigen Beitragsgestaltung geht das Erfordernis einher, den Krankenkassen einen Kontrahierungszwang aufzuerlegen. Dies bedeutet, dass jede geöffnete[215] gesetzliche Krankenkasse alle Personen aufnehmen muss, die der Versicherungspflicht unterworfen sind und bei ihr Versicherungsschutz beantragen.[216] Die gesetzlichen Krankenkassen dürfen also Personen, die sich gesetzlich versichern möchten, nicht aufgrund eines erhöhten Krankheitsrisikos ablehnen, obwohl für die Krankenkassen nicht die Möglichkeit besteht, die Beiträge versichertenindividuell entsprechend des Risikos nach oben hin anzupassen.

Für die Erbringung von Leistungen ist das Sachleistungsprinzip kennzeichnend. Der Versicherte unterhält keine direkte Finanzierungsbeziehung mit den Leistungserbringern. Stattdessen trägt die Krankenkasse die vom Versicherten in Anspruch genommenen Gesundheitsleistungen.[217] Die von der Krankenkasse ausgegebene Versichertenkarte fungiert in diesem Zusammenhang als Berechtigungsschein, der den Versicherten legitimiert, Leistungen der Vertragsärzte, Krankenhäuser oder eine Versorgung mit Heil- und Hilfsmitteln zu Lasten der Krankenkasse in Anspruch zu nehmen. Entscheidende Voraussetzung für das Funktionieren des Sachleistungsprinzips stellt der Versorgungsvertrag zwischen Krankenkasse und Leistungserbringer dar, durch den sich die Leistungserbringer zur Versorgung der GKV-Versicherten verpflichten. Zugleich wird durch diesen Vertrag sichergestellt, dass die Leistungserbringer für ihre erbrachten Leistungen eine Vergütung seitens der Krankenkasse erhalten.[218]

Die Finanzierung der Leistungsausgaben erfolgt in der GKV über das Umlageverfahren, das mitunter auch als kollektives Äquivalenzprinzip bezeichnet wird.[219] Das Umlageverfahren besagt, dass die Ausgaben für alle GKV-Versicherten innerhalb einer Periode im Wesentlichen durch die Beitragszahlungen der Mitglieder in demselben Zeitraum gedeckt sein müssen.[220] Um Einnahmen- sowie Belastungsunterschiede der Krankenkassen, die auf einer unterschiedlichen Risikostruktur der Versicherten sowie verschiedener Anteile

---

[214] Vgl. Oberender et al. (2002), S. 33 f.

[215] Einige Betriebskrankenkassen stehen nicht allen Versicherungspflichtigen offen, sondern versichern nur die Personen, die einem Betrieb zugehörig sind, für den die Krankenkasse der zuständige Krankenversicherungsträger ist.

[216] Vgl. Simon (2005), S. 62.

[217] Vgl. Haubrock/Schär (2002), S. 39 sowie Oberender et al. (2002), S. 36 f.

[218] Vgl. Simon (2005), S. 60 und S. 79 f sowie Oberender et al. (2002), S. 37.

[219] Vgl. Leidl (2003), S. 354.

[220] Vgl. Oberender (2002), S. 35 sowie Leidl (2003), S. 354.

beitragsfrei mitversicherter Familienangehöriger beruhen, auszugleichen, wird ein Risikostrukturausgleich zwischen den einzelnen Krankenkassen durchgeführt. Seit der Einführung des Gesundheitsfonds zum 1. Januar 2009 werden die Zahlungsflüsse so organisiert, dass alle Krankenkassen ihre Beitragseinnahmen zunächst in einen gemeinsamen Topf, den sog. Gesundheitsfonds, einzahlen. Aus diesem erhalten sie dann für jeden Versicherten eine einheitliche Kostenpauschale, die um risikobezogene Zu- bzw. Abschläge modifiziert wird. Diese Zu- bzw. Abschläge werden insbesondere an Alter, Geschlecht, Morbidität, Zahl der mitversicherten Familienangehörigen sowie dem Einkommen der Mitglieder bemessen.[221] Reichen die zugeteilten Mittel aus dem Gesundheitsfonds nicht aus, um die Leistungsausgaben der Versicherten zu finanzieren, kann eine Krankenkasse innerhalb gewisser Grenzen kassenindividuelle Zusatzbeiträge erheben, bzw. Prämien an die Versicherten auszahlen, falls die zugeteilten Mittel höher als die Leistungsausgaben sind.[222]

Ein geringerer Teil der Ausgaben wird zudem über eine Reihe von Selbstbeteiligungen und Zuzahlungen, die die Versicherten zusätzlich zu den Beiträgen leisten müssen[223], sowie über Steuermittel, mit denen sich der Bund an den Aufwendungen der Krankenkassen für versicherungsfremde Leistungen[224] beteiligt, finanziert.[225]

Im Fokus der Gesundheitspolitik stehen seit Jahren die Kostenentwicklung in der GKV und das Streben nach Kostendämpfung, da die Entwicklung der GKV-Einnahmen weitaus geringer ausfällt als der Ausgabenanstieg.[226] Das Auseinanderfallen der GKV-Einnahmen und -Ausgaben wird auf verschiedene Einflussgrößen zurückgeführt. Hierzu zählen beispielsweise die quantitative Ausdehnung des gesetzlichen Leistungskatalogs, die teils politisch motiviert, teils auf die Sozialrechtsprechung zurückzuführen ist, der medizinisch-technische Fortschritt, die demografische Entwicklung oder die Erweiterung des Mitgliederkreises der GKV, ohne dass die neu geschaffenen Leistungsan-

221 Vgl. Rürup/Wille (2007), S. 13 ff.
222 Vgl. § 242 und § 242 a SGB V.
223 Zu erwähnen sind beispielsweise die Selbstbeteiligung beim Zahnersatz, Zuzahlungen für Medikamente, Hilfsmittel sowie die häusliche Krankenpflege (vgl. z. B. § 28 Abs. 4 SGB V, § 55 SGB V oder § 61 SGB V).
224 Vgl. § 221 SGB V. Hierzu zählt beispielsweise die Finanzierung des Mutterschaftsgeldes, der Leistungen zur Schwangerschaftsvorsorge oder des Krankengeldes bei Betreuung eines erkrankten Kindes über die Tabaksteuer.
225 Vgl. Leidl (2003), S. 352.
226 Vgl. ebd., S. 355.

sprüche vollständig durch die Beiträge dieser Versichertengruppen gedeckt wären.[227]

Da die GKV nach dem Umlageprinzip finanziert wird, ziehen andauernd höhere Ausgaben als Einnahmen zumeist eine Anhebung des Beitragssatzes nach sich. Steigende Beitragssätze zur GKV sowie allgemein zur Sozialversicherung werden jedoch als Beeinträchtigung der Wettbewerbsfähigkeit Deutschlands als Wirtschaftsstandort betrachtet. Wachsende Beitragszahlungen führen nämlich nicht nur zu einer Verringerung des Nettoeinkommens der Arbeitnehmer und somit zu einer geringeren Leistungsbereitschaft, sondern erhöhen zugleich die Personalkosten für die Unternehmen, wodurch die Bereitschaft, neue Arbeitsplätze zu schaffen, beeinträchtigt werden kann.[228] Es ist somit erklärter politischer Wille, den durchschnittlichen Beitragssatz weitestgehend stabil zu halten. Aus diesem Grund wurde in § 71 SGV V das Prinzip der Beitragssatzstabilität gesetzlich verankert. Demnach sind Vereinbarungen über die Vergütung von Leistungen so zu gestalten, dass Beitragssatzerhöhungen möglichst ausgeschlossen werden können. Infolge des Grundsatzes der Beitragssatzstabilität ist die Leistungserbringung und Vergütung im System der GKV durch das Leitbild der einnahmenorientierten Ausgabenpolitik geprägt.[229] Dies bedeutet, dass die Höhe der Ausgaben von den Einnahmen abhängig ist und die Ausgaben nur dann wachsen dürfen, wenn die durchschnittliche Grundlohnsumme der Krankenkassen steigt.[230]

Dementsprechend ist das Vergütungssystem für Gesundheitsleistungen durch Elemente der Ausgabendeckelung gekennzeichnet. Im ambulanten Bereich werden Gesundheitsleistungen über eine modifizierte Einzelleistungsvergütung[231] in Form von morbiditätsorientierten, arztbezogenen Regelleistungsvolumina honoriert. Hierzu wird für jeden Arzt die ein einem Zeitraum maximal

[227] Vgl. Oberender et al. (2002), S. 44.

[228] Vgl. ebd., S. 5 sowie Breyer et al. (2005), S. 4.

[229] Vgl. Oberender et al. (2002), S. 45 sowie Leidl (2003), S. 355.

[230] Vgl. Oberender et al. (2002)., S. 216 sowie Haubrock/Schär (2002), S. 27.
Mit Grundlohn wird das beitragspflichtige Bruttoarbeitsentgelts eines Versicherten bis zur Beitragsbemessungsgrenze bezeichnet. Die Summe der Grundlöhne aller gesetzlich Krankenversicherten bildet die Grundlohnsumme (vgl. Oberender et al. (2002), S. 218).

[231] Bei der Einzelleistungsvergütung werden alle erbrachten Gesundheitsleistungen nach einer detaillierten Gebührenordnung honoriert. Im System der GKV erfolgt dies anhand regionaler Euro-Gebührenordnungen (vgl. § 87 a SGB V). Diese basieren auf dem einheitlichen Bewertungsmaßstab (EBM), der das wertmäßige Verhältnis aller abrechnungsfähigen Gesundheitsleistungen anhand von Punktwerten ausdrückt (vgl. § 87 II SGB V), und berücksichtigen regionale Besonderheiten bei der Kosten- und Versorgungsstruktur (vgl. § 87 a II SGB V).

abrechenbare Leistungsmenge[232] festgelegt. Bis zu diesem vorgegebenen Grenzwert an Punkten werden alle erbrachten Leistungen mit einem festen Betrag vergütet. Leistungen, die das veranschlagte Volumen übersteigen, werden nur noch mit abgestaffelten Punktwerten honoriert. Diese sind nur bedingt kostendeckend.[233] Resultiert ein Mengenanstieg hingegen aus einer höheren Morbidität bzw. Versichertenzahl, so sind die Regelleistungsvolumina entsprechend nach oben anzupassen.[234] Daneben werden als besonders förderungswürdig erachtete Leistungen[235] außerhalb der Regelleistungsvolumina und ohne Mengenbegrenzung vergütet.[236]

Im stationären Bereich wird mit jedem Krankenhaus ein individuelles Erlösbudget vereinbart, innerhalb von dem die Kosten der stationären Versorgung überwiegend fallpauschaliert auf der Grundlage von diagnosebezogenen Fallgruppen[237] (DRGs) sowie über Zusatzentgelte[238] vergütet werden.[239] Eine übermäßige Leistungsentwicklung im Krankenhausbereich soll vermieden werden, indem prospektiv festgelegt wird, wie viele Fallzahlen je Fallgruppe und Zusatzentgelte ein Krankenhaus zu Lasten der Krankenkassen erbringen

---

[232] Hierfür wird zunächst der gesamte Behandlungsbedarf der GKV-Versicherten unter Berücksichtigung der Versichertenzahl und ihrer Morbiditätsstruktur prognostiziert. Für jede Arztgruppe wird sodann ein arztgruppenbezogenes Regelleistungsvolumen bestimmt, d. h. es wird eine Punktmenge festgelegt, die den Behandlungsbedarf der Patienten dieser Arztgruppe widerspiegelt. Diese wird sodann auf den einzelnen Arzt herunter gebrochen (vgl. Simon (2005), S. 155 f).

[233] Zur Honorarverteilung mittels morbiditätsorientierter, arztbezogener Regelleistungsvolumen vgl. Simon (2005), S. 155 f, KV Berlin (2012a) o. S. sowie § 87 b SGB V.

[234] Vgl. § 87 a III sowie § 87 a III a SGB V.

[235] Hierzu zählen z. B. die Substitutionsbehandlung der Drogenabhängigkeit (vgl. § 87 a III SGB V) sowie Früherkennungsleistungen (vgl. hierzu ausführlicher KV Berlin (2012b), S. 2).

[236] Vgl. Simon (2005), S. 149 f, Haubrock/Schär (2002), S. 39 sowie KV Berlin (2012b), S. 1f.

[237] Die DRGs stellen ein Patientenklassifikationssystem dar, durch das die behandelten Patienten nach vorwiegend medizinischen Kriterien in Fallgruppen unterteilt werden. Die Behandlungsfälle werden auf Basis der Hauptdiagnose und der erbrachten Hauptleistung zunächst einer Basis-DRG zugeordnet. Zusätzlich wird der Schweregrad eines Behandlungsfalls berücksichtigt, d. h. es werden die Nebendiagnosen sowie unterschiedliche Patientencharakteristika wie beispielsweise das Alter, Geschlecht oder das Aufnahmegewicht bei Neugeborenen berücksichtigt. Jeder Fallgruppe ist eine bundesweit geltende Bewertungsrelation zugewiesen, die die durchschnittliche Kostenintensität einer DRG im Verhältnis zu anderen DRGs ausdrückt. Der von den Krankenkassen zu zahlende Preis für eine Krankenhausbehandlung ergibt sich über die Multiplikation der jeweiligen Bewertungsrelation mit dem landesweiten Basisfallwert (vgl. Simon (2005), S. 214 ff sowie § 17 b KHG).

[238] Zusatzentgelte können als Ergänzung zu den Fallpauschalen für Leistungen, Leistungskomplexe oder Arzneimittel vereinbart werden. Sie werden beispielsweise für neue Untersuchungs- und Behandlungsmethoden oder für den Fall, dass Leistungen mit einer Fallpauschale noch nicht sachgerecht vergütet sind, vereinbart (vgl. § 17 b I KHG bzw. § 6 KHEntgG).

[239] Vgl. § 7 I KHEntgG i. V. m. § 4 KHEntgG.

kann, und ein entsprechendes Budget vereinbart wird. Werden mehr Leistungen erbracht, als vorgesehen, werden diese nur noch anteilig ausgeglichen.[240] Zusätzlich zur Budgetierung will die Vergütung anhand von Festpreisen in Form von Fallpauschalen und Zusatzentgelten einem Kostenanstieg im stationären Bereich entgegenwirken.

3.2.3 Knappheit als konstituierendes Merkmal

Anhand der vorangegangen Ausführungen ist ersichtlich, dass der Grundsatz der Beitragssatzstabilität[241] einen limitierenden Faktor für das System der GKV darstellt. Er führt zu einem Zielkonflikt zwischen den Anforderungen an die Versorgung der Versicherten, der Wirtschaftlichkeit der Versorgung sowie der angemessenen Vergütung der Leistungserbringer (vgl. Darst. 7).[242] Dieser Zielkonflikt lässt sich als magisches Dreieck[243] bezeichnen, da angesichts der begrenzten Mittel ein Ziel immer nur zu Lasten der anderen erreichbar scheint bzw. bei einigen Zielen Abstriche hinzunehmen sind.

Zu dem Zielkonflikt kommt es infolge von sozialstaatlichen Garantien, die zahlreiche Anforderungen an die Ausgestaltung der Versorgung innerhalb des GKV-Systems stellen.[244] Diese soll ausreichend, zweckmäßig, bedarfsgerecht, gleichmäßig, human sowie dem allgemeinen Stand der medizinischen Erkenntnisse entsprechend und in der fachlich gebotenen Qualität erbracht werden.[245] Die Ansprüche der Patienten, die im Bedarfsfall eine bestmögliche und umfassende Versorgung erwarten und den Einschluss möglichst vieler Leistungen in den gesetzlichen Leistungskatalog bei gleich bleibender individueller finanzieller Belastung begrüßen würden, gehen über die sozialstaatlichen Garantien sogar noch hinaus.

Diesen Anforderungen steht jedoch das Wirtschaftlichkeitsgebot[246] gegenüber, das die Beschränkung der Leistungen auf das notwendige Maß gebietet und eine wirtschaftliche Leistungserbringung einfordert. Das Wirtschaftlichkeitsgebot ist mit den medizinischen Möglichkeiten und den Bedürfnissen der Versicherten in Einklang zu bringen. Ebenso ist den Erwartungen der Leistungserbringer an eine angemessene Vergütung zu entsprechen, die dem Ressourcen-

[240] Vgl. § 4 III KHEntgG.
[241] Vgl. § 71 Abs. 1 SGB V.
[242] Vgl. SVR-KAiG (1995), S. 49, Ferber (2001), S. 652 sowie Oberender/Zerth (2003), S. 15 ff.
[243] Vgl. SVR-KAiG (1995), S. 49.
[244] Vgl. Ferber (2001), S. 652 sowie SVR-KAiG (1995), S. 49.
[245] Vgl. SVR-KAiG (1995), S. 48.
[246] Vgl. § 12 Abs. 1 sowie § 70 SGB V.

und Zeitaufwand bei der Erbringung von Gesundheitsleistungen Rechnung tragen muss.[247]

Darst. 7: Magisches Dreieck von Versorgung, Wirtschaftlichkeit und angemessener Vergütung

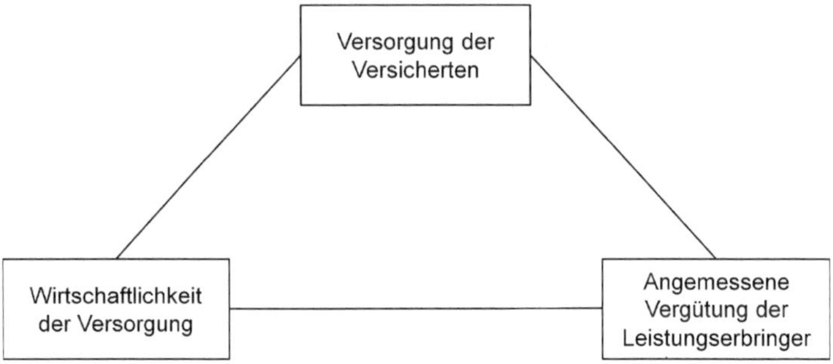

Quelle: SVR-KAiG (1995), S. 48.

Aus der Begrenztheit der zur Verfügung stehenden Mittel für die Gesundheitsversorgung innerhalb der GKV resultiert die Frage, wie Rationalisierungsreserven innerhalb der GKV erschlossen werden können. Damit richtet sich der Fokus gesundheitspolitischer Anstrengungen auf die Qualität der Leistungserbringung, insbesondere auf die Aspekte der Effektivität und Effizienz (vgl. Kap. 3.3.3).

3.3 Qualität im Gesundheitswesen

3.3.1 Erforderlichkeit qualitätssteuernder Maßnahmen

Mit den in Kapitel 3.2.3 beschriebenen Steuerungszielen der Makroebene, insbesondere der Sicherstellung der Versorgung bei gleichzeitiger Berücksichtigung des Prinzips der Beitragssatzstabilität[248], ist bereits ein Grund für die Einführung qualitätssteuernder Maßnahmen im Gesundheitswesen angesprochen. Mittels einer stärkeren Akzentuierung der Qualität sowie der Verpflichtung zur Qualitätssicherung[249] im Sozialgesetzbuch V will der Gesetzgeber auf eine hochwertige Patientenversorgung abzielen und den Fokus des Versor-

[247] Vgl. SVR-KAiG (1995), S. 49 sowie Ferber (2001), S. 652.
[248] Vgl. hierzu auch Oberender/Zerth (2003), S. 16.
[249] Vgl. § 135 a SGB V.

gungsgeschehens auf die Relevanz medizinischer Leistungen legen.[250] Durch eine Steigerung der Versorgungsqualität sowie einer durchgängigen Berücksichtigung der Effektivität medizinischer Maßnahmen erhofft man sich zugleich positive Effekte auf die Effizienz der Versorgung.[251]

Hinzu kommt, dass auch gesundheitspolitische Vorgaben, die auf eine Kostendämpfung abzielen, wie beispielsweise die Einführung einer durchgängig fallpauschalierten Vergütung stationärer Leistungen, die Gefahr von qualitätsmindernden Effekten in sich bergen. Sie sind deshalb häufig mit der gesetzlichen Lancierung qualitätsfördernder und -sichernder Maßnahmen verbunden, um negative und zum Teil unbeabsichtigte Folgen von Reformmaßnahmen zu vermeiden bzw. abzuschwächen.[252]

Hieran ist der wesentliche Grund für die Erforderlichkeit qualitätssteuernder Maßnahmen ersichtlich: Die gesundheitspolitische Rahmensetzung gestaltet die Anreizsituation auf der Mikroebene so, dass das Verhalten der Akteure zu den Steuerungszielen der Makroebene inkompatibel ist und diese Ziele nicht oder nur schwer erreichbar sind.[253] Mitunter führen Maßnahmen der Makroebene deshalb zum umgekehrten Ergebnis dessen, was mit einem Lösungsansatz ursprünglich intendiert war. Dies ist auf eine unzureichende Berücksichtigung der vielschichtigen strukturellen Zusammenhänge und Wirkungsketten zurückzuführen.[254]

So zielte der Staat mit der Einführung der GKV darauf ab, den Problemen, die zu einem Unterkonsum von Gesundheitsleistungen führen können (vgl. Kap. 3.1.4), entgegenzuwirken.[255] Versicherungspflicht, beitragsunabhängige Leistungsgewährung, Krankenkassen und Leistungserbringer als Agenten des Patienten, die die komplexen Wirkungszusammenhänge besser durchblicken und Relevanz sowie Qualität von Leistungen besser einzuschätzen wissen als der Patient, stellen nur einige Gestaltungsprinzipien der GKV dar, die zu einer sachgerechten Inanspruchnahme von Gesundheitsleistungen beitragen sollten.

Dabei blieb jedoch unberücksichtigt, dass aus der Einbindung von Individuen in das Kollektiv der Sozialversicherung eine Verdünnung persönlicher Haftung und deren Übertragung auf das Kollektiv der Versichertengemeinschaft resul-

---

[250] Vgl. ÄZQ (2009), S. 2.

[251] Vgl. Helou et al. (2002), S. 205, ÄZQ (2009), S. 3 sowie Lüngen/Schrappe (2010), S. 40.

[252] Vgl. ÄZQ (2009), S. 2, Helou et al. (2002), S. 205 f sowie Oberender/Daumann (1997a), S. 171.

[253] Vgl. Oberender/Zerth (2003), S. 16.

[254] Vgl. Suchanek (1999), S. 85 und S. 91 ff.

[255] Vgl. Passon/Siegel (2010), S. 125 f.

tiert. Das Bestehen der GKV führt dazu, dass individuelles Handeln und Haften auseinanderfallen und ein „Verantwortungsvakuum“[256] resultiert.[257] Das Versorgungsgeschehen innerhalb der GKV wird durch ein System unterschiedlicher Interaktionsbeziehungen beeinflusst, in denen die Interaktionspartner nicht nur gemeinsame, sondern auch gegensätzliche Zielsetzungen verfolgen (vgl. hierzu ausführlicher Kap. 4). Aufgrund mangelnder institutioneller Vorkehrungen bei der Ausgestaltung der GKV erfolgt jedoch vielfach keine Koordination der konträren Interessen.[258] Bedingt durch die bestehenden Anreizdefizite, die informationellen Besonderheiten von Gesundheitsleistungen und die damit verbundenen Informationsasymmetrien resultiert eine Fehlsteuerung, die einer sachgerechten und qualitätsorientierten Inanspruchnahme des Gesundheitssystems entgegensteht.[259] Die bestehenden Informations- und Anreizdefizite eröffnen den Interaktionspartnern diskretionäre Handlungsspielräume, so dass die Individuen in der Lage sind, konträre Ziele zu Lasten der gemeinsamen Ziele zu verfolgen, und die Versorgung letztendlich von Ineffektivität und Ineffizienz geprägt ist.[260] Aus der mangelhaften Rahmengestaltung für die gesundheitliche Versorgung resultiert also eine „Rationalitätenfalle“[261]. Die Individuen reagieren auf die gesetzten Anreize durchaus rational; dieses Verhalten führt jedoch dazu, dass die Zielsetzungen der Makroebene nicht erreicht werden und die Versorgung von Qualitätsdefiziten geprägt ist (vgl. hierzu ausführlicher Kap. 4.4).[262]

Solange der Staat keine grundlegende Reform der Struktur sowie der Gestaltungsprinzipien der GKV anstrebt[263], erscheint ein staatlicher Anstoß qualitätsfördernder Maßnahmen im Gesundheitswesen als unabdingbar. Entsprechend ist in den letzten Jahren eine deutliche Steigerung der Aktivitäten des Gesetzgebers im Bereich der Qualitätssicherung zu verzeichnen.[264] Aufgrund der gegebenen Rahmenbedingungen ist eine systeminterne Qualitätssteuerung kaum möglich. Im Vergleich zu anderen Märkten sind die Sanktionsmöglich-

---

[256] Oberender et al. (2002), S. 55.

[257] Vgl. Oberender/Zerth (2003), S. 20.

[258] Vgl. ebd., S. 16 f.

[259] Vgl. Oberender et al. (2002), S. 16, Passon/Siegel (2010), S. 123 sowie Oberender/Zerth (2003), S. 12 und S. 17 f.

[260] Vgl. Schwartz (1997), S. 1.

[261] Oberender et al. (2002), S. 55.

[262] Vgl. Oberender/Zerth (2003), S. 18.

[263] Vgl. hierzu auch Oberender/Zerth (2003), S. 18 f.

[264] Vgl. Schrappe (2010a), S. 262.
Eine ausführliche Darstellung der gesetzlichen Regelungen des SGB V zur Qualität findet sich bei Schrappe (2010a), S. 262 ff sowie bei ÄZQ (2009), S. 124 ff.

keiten des Patienten gegenüber den Leistungserbringern im Falle schlechter Qualität stark eingeschränkt. Infolge des Sachleistungsprinzips und der Tarifgestaltung der GKV ist der Patient nicht in der Lage, Preisabschläge für Gesundheitsleistungen mit minderer Qualität auszuhandeln. Ihm bleibt allenfalls die Möglichkeit der Abwanderung. Dies setzt jedoch voraus, dass für ihn die schlechte Qualität der Leistungserbringung überhaupt erkennbar ist.[265] Aufgrund des weitgehenden Werbeverbots für Ärzte besteht für die Leistungsanbieter kaum Möglichkeit, durchgeführte Maßnahmen der Qualitätssicherung wettbewerblich einzusetzen und sich hierdurch von Mitbewerbern zu differenzieren. Der Markt für Gesundheitsleistungen ist somit durch eine hohe Marktintransparenz für den Patienten gekennzeichnet.[266] Selbst wenn Qualitätsdaten zur Verfügung stehen, so fließen diese bislang wenig in die Versorgungsentscheidung des Patienten ein.[267] Vor diesem Hintergrund ist zudem das Eigeninteresse der Leistungserbringer an der Veröffentlichung entsprechender Daten als gering zu bezeichnen. Dem Leistungserbringer ist es darüber hinaus nicht möglich, eine Gesundheitsleistung in unterschiedlicher Qualität zu einem unterschiedlichen Preis anzubieten, da der Preis einer Leistung durch korporative Verhandlungsmechanismen einheitlich festgelegt wird und die Nachfrage des Patienten infolge des Sachleistungsprinzips preisunelastisch ist.[268] Somit besteht nur ein geringer Anreiz der Leistungserbringer zur eigeninitiierten Durchführung qualitätssichernder Maßnahmen.

[265] Vgl. Oberender/Daumann (1997a), S. 184 f.
[266] Vgl. ebd., S. 185 f.
[267] Vgl. SVR-KAiG (2012), S. 68.
[268] Vgl. Oberender/Daumann (1997a), S. 184 f.

3.3.2 Prozess- vs. ordnungspolitische Maßnahmen der Qualitätssteuerung

Der staatliche Anstoß zur Qualitätssicherung kann sowohl prozess- als auch ordnungspolitischer Natur sein (vgl. Darst. 8).[269]

Darst. 8: Prozess- vs. ordnungspolitische Ansätze der Qualitätssteuerung

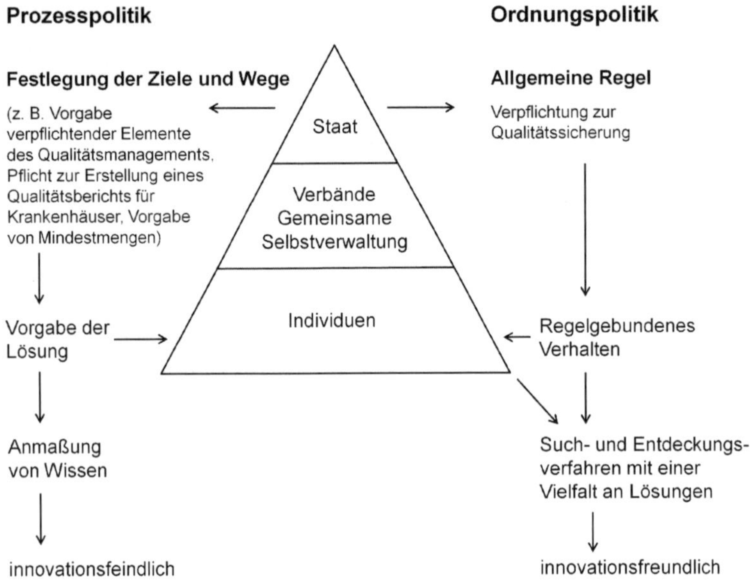

Quelle: Darstellung leicht modifiziert nach Oberender/Daumann (1997), S. 22.

Ordnungspolitische Ansätze zielen auf die Gestaltung des Ordnungsrahmens, innerhalb dessen die Marktprozesse ablaufen, ab. Es werden keine konkreten Vorgehensweisen oder Inhalte vorgegeben, sondern allgemeine Regeln aufgestellt, an die die Individuen auf der Mikroebene gebunden sind. Hierzu zählt beispielsweise die gesetzliche Verpflichtung zur Qualitätssicherung, die zunächst offen lässt, welche konkreten Maßnahmen zur Förderung und Sicherung der Qualität der Versorgung zu ergreifen sind. Die Entscheidung für oder wider ein Qualitätsmanagementverfahren bleibt somit den Akteuren auf der

[269] Zu den prozess- und ordnungspolitischen Steuerungselementen im Gesundheitswesen vgl. Oberender/Zerth (2003), S. 19 ff.

Mikroebene überlassen. Hieraus können unterschiedliche Verfahren zur Förderung und Sicherstellung der Qualität resultieren, die sich im Wettbewerb bewähren müssen. Der Kunde entscheidet somit letztendlich anhand seiner Nachfrage, welches Qualitätsmanagementverfahren am ehesten in der Lage ist, Gesundheitsleistungen in der von ihm präferierten Qualität hervorzubringen. Der Wettbewerb als Such- und Entdeckungsprozess kann hierbei zu neuartigen Qualitätsmanagementmaßnahmen und einem besseren Versorgungsgeschehen führen, als dies der Staat durch sein planvolles Handeln und die Vorgabe konkreter Verfahren bewirken kann.[270] Voraussetzung hierfür ist allerdings eine hinreichende Markttransparenz. Nur so ist der Kunde in der Lage, sich über die Qualitätsbeschaffenheit von Gesundheitsleistungen zu informieren und eine souveräne Nachfrageentscheidung zu treffen.[271] Diese Voraussetzung ist im System der GKV bislang jedoch kaum gegeben (vgl. Kap. 3.3.1 und Kap. 6.4.2).

Anstatt die wesentlichen Ursachen für die mangelnde Transparenz zu beseitigen, ist das Gesundheitswesen durch zunehmende prozesspolitische Interventionen gekennzeichnet.[272] Dies betrifft auch den Bereich der Qualitätssicherung. So wurde die in § 135 a SGB V verankerte Pflicht zur Qualitätssicherung durch ergänzende Vorgaben konkretisiert. Diese beinhalten explizite Maßnahmen der Qualitätssicherung, die für die Leistungserbringer entweder durch den Gesetzgeber oder die Organe der gemeinsamen Selbstverwaltung verpflichtend vorgeschrieben werden, bzw. die Spezifizierung von Anforderungen, die von den Leistungserbringern einzuhalten sind. Hierzu zählt beispielsweise die Vorgabe von Mindestmengen für Krankenhausleistungen, die Pflicht zur Beteiligung am Verfahren der externen Qualitätssicherung sowie die gesetzliche Verpflichtung von Krankenhäusern zur Erstellung und Veröffentlichung eines Qualitätsberichts mit verbindlichem Inhalt und Datenformat.[273]

Die Vorgaben zielen nur zum Teil darauf hin, Informationsasymmetrien zu Lasten des Patienten und der Krankenkasse abzubauen und die Marktransparenz zu erhöhen (vgl. hierzu ausführlicher Kap. 6.4.2).

---

[270] Zum Wettbewerb als Such- und Entdeckungsverfahren vgl. Hayek (1969), S. 249 ff.

[271] Vgl. hierzu auch Oberender/Daumann (1997a), S. 184 ff sowie Lüngen/Schrappe (2010), S. 42.

[272] Vgl. Oberender/Daumann (1997a), S. 187 sowie Oberender/Zerth (2003), S. 21.

[273] Zu den gesetzlich vorgeschriebenen Qualitätssicherungsmaßnahmen vgl. ausführlicher Schrappe (2010a), S. 265 ff.

Zum Teil sind sie von einem „Steuerungsoptimismus“[274] geprägt, der „der Anmaßung von Wissen“[275] gleichkommt.[276]
Dieser Arbeit liegt hingegen eine freiheitliche Grundhaltung zugrunde. Die Formulierung von Handlungsempfehlungen orientiert sich deshalb vorrangig an dem Ziel, staatliche Regulierung abzubauen, wettbewerbliches Verhalten zuzulassen und eine höhere Konsumentensouveränität zu erzielen.[277] Damit ist die Überzeugung verbunden, dass dezentrale Planung die Versorgungsqualität am besten zu steuern vermag.[278]

3.3.3 Operationalisierung des Qualitätsbegriffs

Eine konsensfähige, operationale Definition von Qualität stellt eine wichtige Voraussetzung für die Diskussion der Qualitätsproblematik sowie die Bewertung der Qualität dar.[279] Die Vielzahl der in der Literatur anzutreffenden Qualitätsdefinitionen zeigt jedoch die Schwierigkeit einer einheitlichen Qualitätsdefinition auf.[280] Um so wichtiger ist es, den dieser Arbeit zugrunde liegenden Qualitätsbegriff zu spezifizieren.
In der Norm DIN EN ISO 9000:2005-12 wird Qualität als „der Grad, in dem ein Satz inhärenter Merkmale Anforderungen erfüllt“[281], definiert. Einen guten Anhaltspunkt zur Konkretisierung dieser Anforderungen liefern die von Donabedian angeführten „seven pillars of quality“[282] (vgl. Darst. 9).
Die Qualität der Versorgung ist demnach an ihrer Effektivität zu bemessen, die sich in die beiden Teilaspekte „Efficacy“ und „Community Effectiveness“ untergliedert. So ist bei der Betrachtung der „Efficacy“ der Frage nachzugehen, ob Gesundheitsleistungen zum Einsatz kommen, die unter den idealen Bedingungen in Studiensituationen bestmögliche Ergebnisse im Sinne einer Verbesserung oder Stabilisierung des Gesundheitszustandes erreicht haben. Zugleich ist zu betrachten, ob diese Effekte auch unter Alltagsbedingungen er-

274 Oberender/Zerth (2003), S. 21.
275 Hayek (1974, 1996).
276 Vgl. Oberender/Zerth (2003), S. 21.
277 Vgl. hierzu auch Oberender/Daumann (1997a), S. 189.
278 Vgl. Oberender/Zerth (2003), S. 19 f.
279 Vgl. Donabedian (1966, 2005), S. 692 sowie Oberender/Daumann (1997a), S. 173.
280 Eine ausführliche Übersicht über unterschiedliche Definitionen von Qualität im Gesundheitswesen findet sich bei Sens et al. (2007).
281 Deutsches Institut für Normung (2005), Nr. 3.1.1.
282 Donabedian (1990), S. 1115 sowie Sens et al. (2007), S. 9.

zielbar sind und eine Gesundheitsleistung somit eine hohe „Community Effectiveness“ aufweist.[283]

Darst. 9: Donabedian`s 7 Säulen der Qualität

Efficacy	absolute Wirksamkeit einer Gesundheitsleistung unter Idealbedingungen
Community Effectiveness	Wirksamkeit einer Gesundheitsleistung unter Alltagsbedingungen
Efficiency	Verhältnis von eingesetzten Mitteln zu den erzielten Ergebnissen
Optimality	Frage nach dem optimalen Verhältnis von Nutzen und Kosten einer Gesundheitsleistung
Acceptability	Übereinstimmung der Versorgung mit den Präferenzen des Patienten
Legitimacy	Übereinstimmung der Versorgung mit gesellschaftlichen Präferenzen
Equity	Gerechte Verteilung der Zugangsmöglichkeiten zur Versorgung

Quelle: Eigene Darstellung in Anlehnung an Donabedian (1990), S. 1115 ff.

Berücksichtigt man zusätzlich die Kosten, die mit der Erbringung dieser Leistungen verbunden sind, so gelangt man zu der Frage, in welchem Verhältnis die Effekte der Versorgung zu den hierdurch verursachten Kosten stehen. Ziel sollte hierbei ein optimales Verhältnis von Nutzen und Kosten sein. Die Versorgung muss zudem an den Präferenzen des Patienten ausgerichtet sein. Außerdem ist die gesamtgesellschaftliche Wohlfahrt im Auge zu behalten. Die Verteilung der verfügbaren Ressourcen auf konkurrierende Güter wie Gesundheit und Bildung[284] sowie die Distribution der knappen Mittel innerhalb des Gesundheitssystems hat sich deshalb an gesellschaftlichen Präferenzen zu orientieren. Schließlich sollten die Zugangsmöglichkeiten zur Gesundheitsversorgung gleichmäßig verteilt sein, so dass alle Individuen die Möglichkeit haben, gleichermaßen von Gesundheitsleistungen zu profitieren.[285]

Diese Anforderungen können sich gegenseitig begünstigen, aber auch in Konflikt zueinander stehen. So wird die Erbringung effektiver Gesundheitsleistungen sowohl im Interesse des Patienten als auch der Gesellschaft sein und sich zugleich positiv auf die Effizienz des Versorgungsgeschehens auswirken. Hingegen werden die individuellen und gesellschaftlichen Präferenzen hinsichtlich

[283] Vgl. Donabedian (1990), S. 1115 f, Schwartz/Busse (2003), S. 519 sowie Bitzer et al. (2012), S. 1131.

[284] Vgl. hierzu auch Oberender et al. (2002), S. 13 sowie Breyer et al. (2005), S. 74.

[285] Vgl. Donabedian (1990), S. 1115 ff.

des optimalen Umfangs des Versorgungsangebots regelmäßig in konträrem Verhältnis stehen.[286] Anstrengungen zur Qualitätsförderung und -sicherung müssen deshalb mit einer Wertentscheidung verbunden sein, welche Anforderungen vorrangig erfüllt werden sollen.[287]

Im Bereich der GKV spiegelt sich diese Wertentscheidung in den gesundheitspolitischen Anforderungen an die Versorgung wider, die in § 70 SGB V dargelegt sind (vgl. Kap. 3.2.3). Die Qualität des Leistungsgeschehens hat sich demnach daran zu bemessen, ob eine bedarfsgerechte, gleichmäßige, ausreichende, zweckmäßige, am allgemeinen Stand der medizinischen Erkenntnis orientierte, in der fachlich gebotenen Qualität erbrachte, das Maß des Notwendigen nicht überschreitende, wirtschaftliche Versorgung erfolgt.[288] Damit erhält in Erweiterung der sieben Qualitätssäulen von Donabedian die Bedarfsgerechtigkeit der Versorgung einen starke Betonung. Für eine hohe Qualität der Versorgung ist also nicht nur ausschlaggebend, ob an sich wirksame Gesundheitsleistungen in effizienter Weise erbracht werden, sondern ob diese auch dem Versorgungsbedarf des Patienten entsprechen.

Aus der beschriebenen Zielbestimmung leitet sich die zunehmende gesundheitspolitische Bedeutung des Konzepts der Über-, Unter- und Fehlversorgung ab (vgl. Darst. 10).[289]

Dieses in den USA entwickelte Konzept erfährt auch in Deutschland einen zunehmenden Einsatz bei der Beurteilung der Qualität im Gesundheitswesen[290] und soll nachfolgend kurz erläutert werden:

Während bei Vorliegen von medizinischer Überversorgung über die individuelle Bedarfsdeckung hinausgehende Leistungen oder Leistungen ohne hinreichend gesicherten (Zusatz-) Nutzen (z. B. aus Gefälligkeitsgründen, zu Marketingzwecken oder aus Einkommensinteresse) erbracht werden, spricht man von ökonomischer Überversorgung bzw. von Ineffizienz, wenn eine unwirtschaftliche Leistungserbringung vorliegt. Unterversorgung ist dann gegeben, wenn bedarfsgerechte, in wirtschaftlicher Weise zur Verfügung stehende Leistungen mit einem hinreichend gesicherten gesundheitlichen Nutzen nicht erbracht werden oder nicht zugänglich sind. Der Begriff der Fehlversorgung kennzeichnet hingegen Versorgungssituationen, durch die ein vermeidbarer Schaden entsteht. Hierzu sind Fälle zu zählen, bei denen an sich bedarfsge-

286 Vgl. Donabedian (1990), S. 1118.
287 Vgl. Donabedian (1966, 2005), S. 704 f.
288 Vgl. § 70 Abs. 1 SGB V.
289 Vgl. Schrappe (2010a), S. 274 f.
290 Vgl. ebd., S. 275.

rechte Leistungen nicht bzw. zu spät erbracht werden oder bedingt durch eine nicht fachgerechte Durchführung oder eine übermäßige Leistungserbringung ein Schaden bewirkt wird. Von Fehlversorgung ist auch die Rede, wenn durch Maßnahmen, die nicht dem aktuellen Wissensstand entsprechen, ein Schaden entsteht oder das Schadenspotenzial einer Leistung deren möglichen Nutzen übersteigt.[291] Auch unter Wirtschaftlichkeitsaspekten ist die Vermeidung einer Fehlversorgung anzustreben, da diese zumeist eine Steigerung der Versorgungskosten nach sich zieht. So sind oft weitere Leistungen erforderlich, um den entstandenen Schaden zu kompensieren oder Versorgungsprobleme zu beheben, die bei (rechtzeitiger) Erbringung einer Leistung nicht aufgetreten wären.[292]

Darst. 10: Über-, Unter- und Fehlversorgung

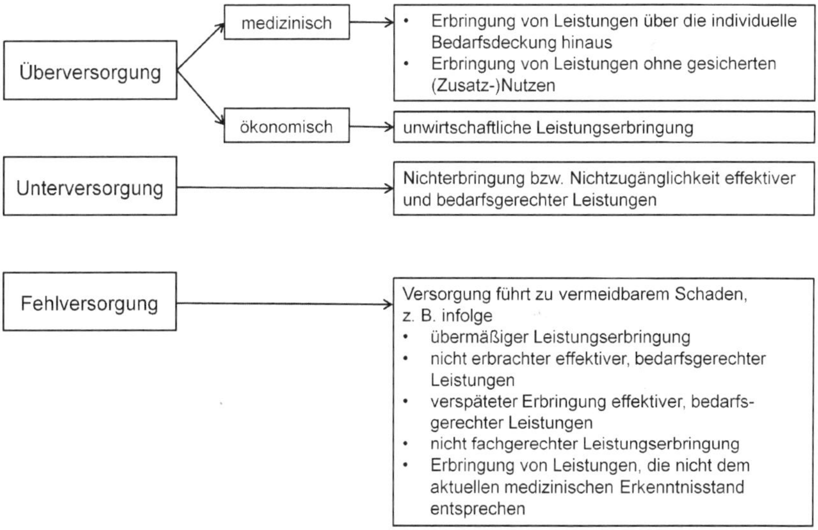

Quelle: Eigene Darstellung in Anlehnung an SVR-KAiG (2001), S. 62 f.

291 Zur Definition von Über-, Unter- und Fehlversorgung vgl. SVR-KAiG (2001), S. 62 f.
292 Vgl. SVR-KAiG (2001), S. 53 sowie S. 63.

3.3.4 Teildimensionen der Gesamtqualität

Die Gesamtqualität einer Gesundheitsleistung lässt sich anhand unterschiedlicher Kriterien in Teilqualitäten zerlegen.[293] Die weit verbreitete Einteilung in die Dimensionen der Struktur-, Prozess- und Ergebnisqualität (vgl. Darst. 11) wurde in den 1960er Jahren von Donabedian[294] entwickelt und hat eine über den Bereich der Gesundheitsversorgung hinausgehende Bedeutung erlangt.[295]

Darst. 11: Struktur-, Prozess- und Ergebnisqualität

Strukturqualität ⇨	Prozessqualität ⇨	Ergebnisqualität
Sachliche, organisatorische und persönliche Leistungsvoraussetzungen	Diagnostische und therapeutische Abläufe	Kurz- und langfristige Ergebnisse des Versorgungsprozesses

Bewertungskriterien, z. B.:
• Qualifikation und Anzahl der Leistungserbringer
• Räumliche, apparative und finanzielle Ausstattung
• Administrative Organisation des Leistungsgeschehens
	Bewertungskriterien, z. B.:
	• Entscheidungsqualität:
	  • Angemessenheit, Richtigkeit und Vollständigkeit erhobener diagnostischer Informationen
	  • Richtige Interpretation der Informationen
	  • Kenntnis relevanter Versorgungsoptionen
	  • Angemessenheit des Einsatzes therapeutischer Verfahren
	• Technische Kompetenz der Leistungserbringer
	• Koordination und Kontinuität der Leistungserbringung
	• Akzeptierbarkeit des Versorgungsgeschehens aus Sicht des Patienten
		Bewertungskriterien, z. B.:
		• Mortalität
		• Überlebensraten
		• Rezidivfreiheit
		• Heilungsraten
		• Lebensqualität
		• Patientenzufriedenheit

Quelle: Eigene Darstellung in Anlehnung an Donabedian (1966, 2005), S. 692 ff, Oberender/ Daumann (1997), S. 174, Eddy (1990), S. 441, Klemperer (2009), S. 41 f, Selbmann (2007), S. 394 sowie Mühlhauser/Müller (2009), S. 36.

---

293 Vgl. Oberender/Daumann (1997a), S. 174 sowie Schrappe (2010a), S. 273.
294 Vgl. Donabedian (1966, 2005), S. 692 ff.
295 Vgl. Schrappe (2010a), S. 273.

Die Strukturqualität beschreibt die Rahmenbedingungen, innerhalb derer das Versorgungsgeschehen stattfindet.[296] Hierzu zählen z. B. die sachlichen, organisatorischen und persönlichen Leistungsvoraussetzungen wie beispielsweise die Qualifikation und Anzahl der Leistungserbringer, die apparative, räumliche und finanzielle Ausstattung einer Gesundheitseinrichtung sowie die administrative Organisation des Leistungsgeschehens.[297]

Die Prozessqualität bezieht sich auf den eigentlichen Prozess der Leistungserbringung.[298] Dieser umfasst die diagnostischen und therapeutischen Abläufe.[299] Einen wichtigen Teilaspekt bildet hierbei die Entscheidungsqualität.[300] Diese bezieht sich auf die Angemessenheit, Vollständigkeit und Richtigkeit der Informationen, die ihm Rahmen der Anamnese und Diagnose gewonnen werden, sowie auf deren richtige Interpretation. Eine hohe Entscheidungsqualität setzt voraus, dass qualitativ hochwertige Informationsquellen bei der Suche und Auswahl geeigneter Diagnose- und Behandlungsverfahren herangezogen werden und alle relevanten Versorgungsoptionen bekannt sind.[301] Ferner bewertet die Entscheidungsqualität, ob der Einsatz therapeutischer Verfahren begründet ist. Weitere Bestandteile der Prozessqualität bilden die technische Kompetenz, d. h. die Fähigkeiten und Fertigkeiten der Leistungserbringer hinsichtlich der Durchführung der ausgewählten diagnostischen und therapeutischen Verfahren, die Frage nach der Abstimmung von Teilprozessen, so dass eine kontinuierliche Versorgung gewährleistet ist, und schließlich die Akzeptierbarkeit des Versorgungsgeschehens aus Sicht des Patienten.[302] Die Prozessqualität bezieht sich somit nicht auf das Vermögen medizinischer Technologien, gute Resultate zu erzielen[303], sondern betrachtet, „whether medicine is properly practiced“[304].

Die Ergebnisqualität legt das Augenmerk auf die kurz- bis langfristigen Ergebnisse des Versorgungsprozesses und betrachtet, inwieweit Gesundheitsleis-

---

296 Vgl. Donabedian (1966, 2005), S. 694.
297 Vgl. Oberender/Daumann (1997a), S. 174, Donabedian (1966, 2005), S. 695 sowie ÄZQ (2009), S. 9.
298 Vgl. Donabedian (1966, 2005), S. 694.
299 Vgl. Oberender/Daumann (1997a), S. 174.
300 Vgl. Donabedian (1966, 2005), S. 694, Eddy (1990), S. 441, Klemperer (2005), S. 25 ff sowie Klemperer/Rosenwirth (2005), S. 4 und S. 8.
Entscheidungsqualität lässt sich dabei definieren als die Qualität der Entscheidungen, durch die festgelegt wird, welche Gesundheitsleistungen erbracht werden (vgl. Eddy (1990), S. 441).
301 Vgl. Donabedian (1966, 2005), S. 694 sowie Klemperer (2009), S. 141 f.
302 Vgl. Donabedian (1966, 2005), S. 694 sowie Øvretveit (1994), S. 46.
303 Vgl. Donabedian (1966, 2005), S. 694.
304 Ebd.

tungen zu einer Verbesserung bzw. Stabilisierung des Gesundheitszustandes eines Patienten beitragen. Klassische Indikatoren in diesem Bereich stellen Endpunkte wie Mortalität, Überlebensraten, Heilungsraten oder Rezidivfreiheit dar. Zur Abbildung der Patientenperspektive sind zusätzliche Aspekte wie Lebensqualität oder die Zufriedenheit des Patienten mit dem Versorgungsgeschehen zu betrachten.[305]

Zwischen den dargestellten drei Teildimensionen der Qualität lässt sich ein funktionaler Zusammenhang unterstellen. So erscheint eine gute Strukturqualität geeignet, eine hohe Prozessqualität und in der Folge eine gute Ergebnisqualität hervorzubringen.[306] Damit ist jedoch nicht besagt, dass eine hohe Struktur- und Prozessqualität zwingende oder notwendige Voraussetzungen für eine hohe Ergebnisqualität sind.[307] Hierzu fehlen vielfach gesicherte empirische Erkenntnisse.[308] Um valide Aussagen zum Zusammenhang der drei benannten Qualitätsdimensionen treffen zu können, wurde im Rahmen der Entwicklung des QUALIFY-Instruments[309] das Gütekriterium der Indikatorenevidenz eingeführt. Dieses betrachtet, ob es einen nachweislichen Zusammenhang zwischen Outcome und Prozess/Struktur gibt.[310] In der Folge sind bessere wissenschaftliche Erkenntnisse hinsichtlich der Beziehung von Struktur-, Prozess- und Ergebnisqualität zu erwarten.

3.3.5 Berücksichtigung der Patientenpräferenzen als notwendige Bedingung

Die Beachtung wissenschaftlicher Erkenntnisse zur Effektivität von Gesundheitsleistungen sowie zum Zusammenhang zwischen den drei Teildimensionen der Qualität ist jedoch nur als hinreichende Bedingung für das Erzielen einer hohen Qualität im Gesundheitswesen zu bezeichnen. Notwendige Bedingung stellt hingegen die Berücksichtigung der Patientenpräferenzen dar.[311] Den Aspekt der Übereinstimmung des Versorgungsgeschehens mit den Präferenzen des Patienten griff bereits Donabedian in seinen Qualitätsanforderun-

---

305 Vgl. Donabedian (1966, 2005), S. 692 f, Selbmann (2007), S. 394 sowie Mühlhauser/Müller (2009), S. 36.

306 Vgl. Donabedian (1966, 2005), S. 694 f.

307 Vgl. Oberender/Daumann (1997a), S. 182.

308 Vgl. Reiter et al. (2008), S. 686 f, Oberender/Daumann (1997a), S. 182 sowie Donabedian (1966, 2005), S. 695.

309 Das QUALIFY-Instrument stellt ein von der BQS entwickeltes Instrument zur Bewertung der methodischen Eigenschaften von Qualitätsindikatoren dar. Vgl. Reiter et al. (2007), S. 3.

310 Vgl. Reiter et al. (2007), S. 8.

311 Vgl. hierzu auch Oberender/Daumann (1997b), S. 212.

gen[312] sowie den Bewertungskriterien für die Prozessqualität[313] auf. Er blieb in der Versorgungspraxis jedoch lange Zeit unberücksichtigt und erfährt erst allmählich zunehmende Bedeutung.
So zeigt sich ein Ansatz zur Beachtung der Patientenpräferenzen und damit zu einer stärkeren Patientenorientierung in den Grundprinzipien der evidenzbasierten Medizin (vgl. Kap. 3.4.3.1) sowie im veränderten Verständnis des Arzt-Patienten-Verhältnisses. Dieses kommt im Paradigmenwechsel weg von einer ärztlich und medizinisch dominierten Entscheidung hin zu einer stärkeren Einbeziehung des Patienten in den medizinischen Entscheidungsfindungsprozess zum Ausdruck.[314] Hinsichtlich der Frage, wie diese Einbeziehung ausgestaltet sein soll und welche Entscheidungskompetenzen dem Patienten eingeräumt werden sollen, existieren jedoch noch unterschiedliche Auffassungen, die in Kapitel 3.5 eingehender betrachtet werden sollen.
Die Präferenzen des Patienten sind jedoch nicht nur hinsichtlich der Ausgestaltung der diagnostischen und therapeutischen Abläufe und im Rahmen der medizinischen Entscheidungsfindung relevant, wenn es darum geht, die Wirkungen und Nebenwirkungen einer Gesundheitsleistung, die Dauer einer Therapie, die Einnahmeanforderungen oder die mit einer Gesundheitsleistung verbundenen Kosten zu bewerten.[315] Sie spielen auch bei der Konkretisierung der Anforderungen an die Struktur- und Ergebnisqualität eine wichtige Rolle. So ist zu beobachten, dass Patienten gewillt sind, Abstriche bei der Strukturqualität hinzunehmen und weniger gut qualifizierte Ärzte zu konsultieren, anstelle langer Anfahrten zum Spezialisten auf sich zu nehmen.[316] Ebenso ist es fraglich, ob eine Lebensverlängerung unbedingt als Indikator für gute Ergebnisqualität zu betrachten ist.[317] Aus Sicht des Patienten ist auch die Erhöhung bzw. Einbuße an Lebensqualität, die mit der Inanspruchnahme einer Gesundheitsleistung verbunden ist, relevant.[318] Ob nun jedoch primär eine Verlängerung der Lebenserwartung oder die Erzielung einer hohen Lebensqualität angestrebt werden soll, muss sich zwingend an den Präferenzen des Patienten bemessen, da bei der Bewertung mitunter eine erhebliche Divergenz zwischen der Sichtweise der Entscheidungsträger auf der Makro- und Mesoebene, des

312 Vgl. Donabedian (1990), S. 1116 f.
313 Vgl. Donabedian (1966, 2005), S. 694.
314 Vgl. hierzu die grundlegende Arbeit von Dierks et al. (2001), S. 4 ff.
315 Vgl. Donabedian (1990), S. 1116 f, Donabedian (1992), S. 247 sowie Loh/Härter (2005), S. 19.
316 Vgl. Lüngen/Schrappe (2010), S. 42.
317 Vgl. Donabedian (1966, 2005), S. 693 f.
318 Vgl. Hasenbein et al. (2003), S. 368.

Arztes und des Patienten bestehen kann.[319] In diesem Zusammenhang ist das Mitberatungsrecht von Patientenvertretern bei Beschlüssen und Richtlinien des Gemeinsamen Bundesausschusses zur Qualitätssicherung[320] sowie die bisherige Beteiligungsform der Patienten an der Entwicklung von Qualitätsindikatoren für die ambulante und stationäre Versorgung[321] einer kritischen Diskussion zu unterziehen (vgl. hierzu ausführlicher Kap. 6.1.2, Kap. 6.3.2 sowie Kap. 6.4.2).

3.3.6 Qualitätsbegriff der vorliegenden Arbeit

Qualität im Gesundheitswesen wird im Rahmen dieser Arbeit daran bemessen, ob

1) eine durchgängige Ausrichtung der Versorgung an den Präferenzen des Patienten erfolgt und
2) effektive, dem Bedarf des Patienten entsprechende Gesundheitsleistungen erbracht werden, die zu einer hohen Effizienz der Versorgung beitragen.

Zur Analyse von Qualitätsdefiziten hinsichtlich des zweit genannten Punktes wird betrachtet, ob die Versorgung von Über-, Unter- oder Fehlversorgung geprägt ist (vgl. Kap. 3.3.3).

Als wichtigster Teilaspekt der Gesamtqualität wird das Erreichen einer hohen Ergebnisqualität erachtet, da der Patient mit dem erzielten Ergebnis leben muss und dieses unmittelbar Auswirkungen auf seine Lebenszeit sowie deren Ausgestaltungsmöglichkeiten haben kann.

3.3.7 Methoden und Instrumente der Qualitätssicherung

Im Sozialgesetzbuch und in Vereinbarungen der gemeinsamen Selbstverwaltung wird der Begriff Qualitätssicherung als Bezeichnung für die Summe aller qualitätsfördernden Maßnahmen und den damit verbundenen Zielen verwendet.[322] Der Bereich der Qualitätssicherung lässt sich in externe und interne Qualitätssicherung unterteilen. Gegenstand der externen Qualitätssicherung sind einrichtungsübergreifende Maßnahmen, die Qualitätsvergleichen dienen.[323] Unter interner Qualitätssicherung wird die einrichtungsinterne Umsetzung qualitätsfördernder Maßnahmen verstanden. Der interne Einsatz von Qualitätsinstrumenten wird zumeist unter den Begriff Qualitätsmanagement

319 Vgl. Turner et al. (1996), S. 222 ff sowie Scheibler et al. (2008), S. 374.
320 Vgl. § 140 f SGB V.
321 Vgl. KBV (2007), S. 3 sowie BQS (o. J.), Zusammensetzung der Fachgruppen.
322 Vgl. Helou et al. (2002), S. 207 sowie ÄZQ (2009), S. 8.
323 Vgl. ÄZQ (2009), S. 8.

subsumiert.[324] Damit unterscheiden sich die Begriffe Qualitätssicherung und Qualitätsmanagement in ihrem im Gesundheitswesen geläufigen Sprachgebrauch von der Terminologie der DIN-Normen.[325]
Da in der vorliegenden Arbeit auf die Vorgaben des Sozialgesetzbuches Bezug genommen wird (vgl. Kap. 3.3), werden die Begriffe Qualitätssicherung und Qualitätsmanagement weiterhin gemäß dem dortigen Sinngehalt verwendet, um eine Begriffsverwirrung zu vermeiden.
Wie schon in Kapitel 3.3.3 dargelegt wurde, bildet die Spezifizierung des Qualitätsbegriffs sowie der Anforderungen, die an die Qualität einer Gesundheitsleistung zu stellen sind, den Ausgangspunkt aller Qualitätsstrategien. Hierauf basierend lassen sich Qualitätsprobleme der Versorgung identifizieren.[326] Da das gleichzeitige Erfüllen aller Anforderungen zumeist nicht möglich ist, gilt es festzulegen, welcher Aspekt der Versorgung vorrangig Beachtung finden soll.[327] Für die als problematisch erachteten Bereiche gilt es sodann einen Soll-Zustand der Qualität festzulegen, an dem der Ist-Zustand des Versorgungsgeschehens bemessen werden kann.[328] Über die Analyse von möglichen Ursachen, die zum Auftreten von Qualitätsdefiziten führen, lassen sich Maßnahmen ableiten, die zu einer Verbesserung der Qualität beitragen sollen.[329] Nach der Auswahl eines als geeignet erscheinenden Verfahrens erfolgt dessen Umsetzung. Das Qualitätssicherungsverfahren wird dabei ggf. erst im Rahmen eines Pilotprojekts angewendet. In der Folge gilt es, die erzielten Effekte zu evaluieren und die eingeführte Maßnahme auf ihre Wirksamkeit hin zu beurteilen.[330] Dies erfolgt in der Form eines Abgleichs zwischen dem erreichten Ist-Zustand und dem festgelegten, erwarteten Soll-Zustand.[331] Hat sich die angewandte Maßnahme als zielführend erwiesen, so erfolgt ihre dauerhafte Integration in die Routineabläufe. Besteht das Qualitätsproblem hingegen wei-

---

324 Vgl. Helou et al. (2002), S. 207.

325 Vgl. ebd. sowie ÄZQ (2009), S. 8.
In der Norm DIN EN ISO 9000:2005-12 umfasst das Qualitätsmanagement „aufeinander abgestimmte Tätigkeiten zum Lenken und Leiten einer Organisation bezüglich Qualität." (vgl. Deutsches Institut für Normung (2005), Nr. 3.2.8). Qualitätssicherung ist hingegen definiert als „Teil des Qualitätsmanagements, der auf das Erzeugen von Vertrauen darauf gerichtet ist, dass Qualitätsanforderungen erfüllt werden" (vgl. Deutsches Institut für Normung (2005), Nr. 3.2.11).

326 Vgl. Helou et al. (2002), S. 207 sowie Deming (1986), S. 88.

327 Vgl. Donabedian (1966, 2005), S. 704 f sowie Donabedian (1990), S. 1118.

328 Vgl. ÄZQ (2009), S. 12, Oberender/Daumann (1997a), S. 178 sowie Oberender/Daumann (1997b), S. 220.

329 Vgl. Oberender/Daumann (1997b), S. 220.

330 Vgl. Deming (1986), S. 88.

331 Vgl. Oberender/Daumann (1997a), S. 178.

terhin, so gilt es, eine andere Strategie zur Überwindung der bestehenden Qualitätsdefizite zu finden. Mitunter kann eine Weiterentwicklung bestehender Qualitätssicherungsmethoden erforderlich sein.[332] Das neu gewählte Verfahren wird dann wiederum umgesetzt, auf seine Zielerreichung hin evaluiert und eventuell angepasst.[333] Führt die angewandte Qualitätsstrategie dazu, dass der Ist-Zustand dem Soll-Zustand entspricht, so kann der Schwerpunkt qualitätssichernder Maßnahmen auf einen anderen Bereich verlagert werden.[334] Auf diese Weise wird ein kontinuierlicher Verbesserungsprozess angestoßen.[335]

Die beschriebenen Schritte lassen sich zum kontinuierlichen Verbesserungszyklus bzw. zum PDCA-Zyklus[336] der Qualitätssicherung (vgl. Darst. 12) zusammenfassen.

Darst. 12: Kontinuierlicher Verbesserungszyklus der Qualitätssicherung

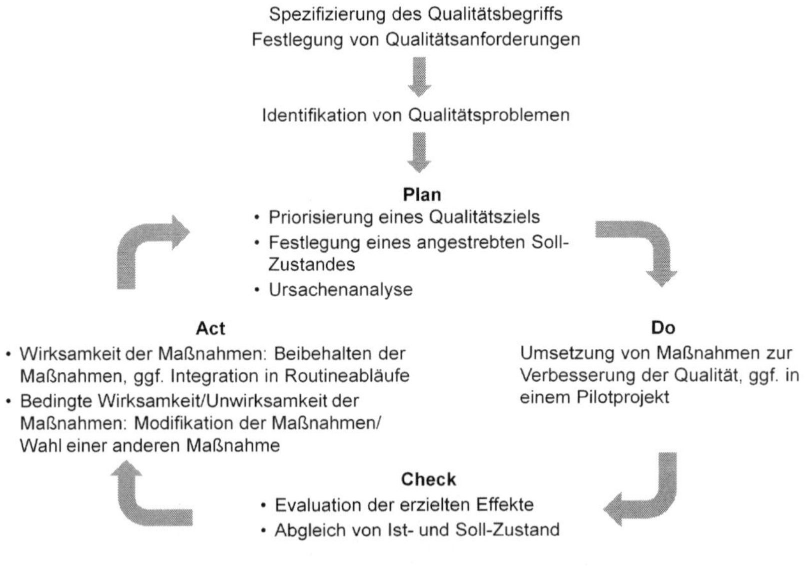

Quelle: Eigene Darstellung in Anlehnung an Deming (1986), S. 88, Oberender/Daumann (1997a), S. 178 ff, Oberender/Daumann (1997b), S. 220 sowie ÄZQ (2009), S. 12.

---

[332] Vgl. ÄZQ (2009), S. 12.
[333] Vgl. Deming (1986), S. 88.
[334] Vgl. Oberender/Daumann (1997a), S. 180.
[335] Vgl. Deming (1986), S. 88 sowie ÄZQ (2009), S. 12.
[336] Die Buchstaben PDCA stehen für die einzelnen Phasen des kontinuierlichen Verbesserungsprozesses: **P**lan, **D**o, **C**heck, **A**ct.

Darstellung 13 gibt einen Überblick über aktuelle und in der Diskussion befindliche Methoden, die im Rahmen der Qualitätssicherung eingesetzt werden können. Diese Auflistung ist nicht abschließend. Die aufgeführten Qualitätssicherungsinstrumente können sich auf alle Phasen des kontinuierlichen Qualitätsverbesserungsprozesses beziehen oder auch nur Bestandteil einzelner Phasen sein.[337]

Darst. 13: Methoden der Qualitätssicherung

Aktuell eingesetzte Methoden[338]	Diskutierte Methoden
Qualitätszirkel	Ergebnisorientierte Vergütung[339]
Leitlinien	Gefährdungshaftung[340]
Ringversuche	Werkverträge[341]
Qualitätsprüfung im Einzelfall mittels Stichproben	
Zweitmeinungsverfahren	
Arzneiverordnungsanalysen	
Utiliziation Review	
Kolloquien	
Prozessanalyse	
Interner/Externer Peer Review	
Benchmarking	
Selbstbewertung (z. B. nach EFQM, KTQ)	
Zertifizierung (z. B. nach KTQ, DIN ISO)	
Qualitätsberichte	
Beschwerdemanagement	

Quelle: Eigene Darstellung in Anlehnung an ÄZQ (2009), S. 51 f sowie Helou et al. (2002), S. 207 ff.

Innerhalb der aufgeführten Methoden der Qualitätssicherung und des Qualitätsmanagements richtet sich der Fokus der Betrachtung nachfolgend auf

337 Vgl. Helou et al. (2002), S. 207.
338 Eine ausführliche Beschreibung der aufgeführten Methoden und Instrumente findet sich bei ÄZQ (2009), S. 53 ff sowie Helou et al. (2002), S. 207 ff.
339 Vgl. hierzu ausführlicher Veit et al. (2012).
340 Vgl. z. B. Dütz (1971).
341 Vgl. z. B. Kern/Richter (2009).

evidenzbasierte Leitlinien. Sie sollen auf ihre Eignung hin zur Überwindung der dilemmastrukturbedingten Qualitätsdefizite der Gesundheitsversorgung im Bereich der GKV untersucht werden (vgl. Kap. 5). Zuvor gilt es jedoch den Begriff der evidenzbasierten Leitlinie klar zu definieren und die qualitätsbezogenen Zielsetzungen von Leitlinien aufzuzeigen.

3.4 Begriff und qualitätsbezogene Zielsetzungen von Leitlinien

3.4.1 Begriffsdefinition

3.4.1.1 Evidenzbasierte Leitlinien

Leitlinien stellen systematisch entwickelte, evidenzbasierte Handlungs- und Entscheidungskorridore dar, die Arzt und Patient als Entscheidungshilfe für die angemessene Vorgehensweise bei definierten gesundheitlichen Problemen dienen sollen und von denen bei begründetem Bedarf abgewichen werden kann und muss.[342] Sie sind wissenschaftlich begründet und geben den Konsens einer repräsentativen Entwicklergruppe aus Experten verschiedener Fachbereichen und Arbeitsgruppen hinsichtlich der angemessenen Vorgehensweise bei der Versorgung bestimmter Erkrankungsbilder wieder. Sie sollen regelmäßig auf ihre Aktualität hin überprüft und unter Berücksichtigung von wissenschaftlichen Erkenntniszugewinnen fortgeschrieben werden.[343] Seit den 1990er Jahren nehmen sie in der politischen Diskussion um die Weiterentwicklung des deutschen Gesundheitssystems eine zentrale Stellung ein.[344]

3.4.1.2 Nationale Versorgungsleitlinien

Evidenzbasierte Leitlinien wurden zunächst nur für thematisch begrenzte Problemstellungen einzelner medizinischer Fachgebiete entwickelt.[345] Dabei blieb unberücksichtigt, dass auch an sich effektive Gesundheitsleistungen oftmals nicht in der Lage sind, dem Patienten gezielt zu helfen, da die einzelnen Maßnahmen nicht aufeinander abgestimmt erbracht werden.[346]

---

342 Vgl. Bloch et al. (1997), S. A-2154 sowie Ollenschläger (2008), S. 17.
343 Vgl. Field/Lohr (1990), S. 38, Bloch et al. (1997), S. A-2154 f, SVR-KAiG (1998), S. 382, Ollenschläger et al. (2005c), S. 120 sowie ÄZQ (2009), S. 65.
344 Vgl. Ollenschläger et al. (2002), S. 513.
345 Vgl. Sänger et al. (2008), S. 9.
346 Vgl. Hurrelmann et al. (2006), S. 42.

Die zunehmende ärztliche Spezialisierung bewirkt jedoch, dass verschiedene Leistungserbringer arbeitsteilig an der Versorgung eines Patienten beteiligt sind.[347] Das deutsche Gesundheitssystem ist zudem durch eine starke Trennung zwischen ambulantem und stationärem Bereich geprägt, wobei innerhalb dieser Sektoren eine weitere organisatorische Desintegration zwischen haus- und fachärztlicher Versorgung sowie zwischen medizinischer und pflegerischer Betreuung erfolgt (vgl. Darst. 14). Dieser Umstand stellt ein Hindernis für eine kooperative Leistungserstellung dar und führt zu zahlreichen Schnittstellenproblemen.[348]

Darst. 14: Arbeitsteilige Versorgungsstruktur in Deutschland

Versorgungsstruktur im deutschen Gesundheitswesen	
ambulante Versorgung	stationäre Versorgung
• niedergelassene Haus- und • Fachärzte • ambulante Vorsorge • ambulante Rehabilitation • ambulante Pflege	• Krankenhäuser • stationäre Vorsorge • stationäre Rehabilitation • stationäre Pflege
Stationär-ambulante Kooperationsformen (z. B. ambulantes Operieren)	

Quelle: Eigene Darstellung in Anlehnung an Statistisches Bundesamt (1998), S. 305 ff und Klein-Lange (2000), S. 219 ff.

Abhilfe versprechen hier evidenzbasierte Leitlinien in Form von nationalen Versorgungsleitlinien, die auf eine strukturierte medizinische Versorgung hinwirken wollen. Sie stellen Informationen zur angemessenen medizinischen Versorgung von der Vorsorge und Früherkennung, über die Therapie bis hin zur Rehabilitation und Langzeitbetreuung einer Erkrankung bereit.[349] Darüber hinaus geben sie Empfehlungen zur Versorgungskoordination, indem sie Versorgungsschnittstellen definieren und beispielsweise darlegen, bei welchen Symptomen eine Überweisung zu einem Facharzt bzw. in ein Krankenhaus indiziert ist oder wann eine Rehabilitationsmaßnahme veranlasst werden sollte. Auf diese Weise soll eine qualifizierte Behandlung entlang der gesamten Versorgungskette gewährleistet werden.[350]

---

347 Vgl. Ginneken et al. (1997), S. 104.
348 Vgl. Popp (1997), S. 13.
349 Vgl. Sänger et al. (2008), S. 9 f.
350 Vgl. Ollenschläger et al. (2005b), S. 32 sowie Sänger et al. (2008), S. 10.

3.4.2 Abgrenzung zu Richtlinien und klinischen Behandlungspfaden

3.4.2.1 Richtlinien

Die Begriffe Leitlinie und Richtlinie werden häufig synonym verwendet, obwohl sich die damit verbundenen Handlungsempfehlungen hinsichtlich ihres Verbindlichkeitsgrads unterscheiden. Für den weiteren Gang der Untersuchung ist es deshalb erforderlich, die beiden Begriffe eindeutig voneinander abzugrenzen.

Richtlinien stellen Regelungen dar, die verpflichtend festlegen, welche Handlungen durchzuführen oder zu unterlassen sind. Sie werden von einer Institution verabschiedet, die über die hierfür erforderliche rechtliche Legitimation verfügt, schriftlich festgehalten und veröffentlicht und entfalten sodann eine verbindliche Wirkung für die Zielgruppe dieser Richtlinie. Das Nichteinhalten der Richtlinie kann mit Sanktionen belegt werden.[351] Im Gegensatz zu Leitlinien räumen Richtlinien ihren Adressaten nur einen sehr geringen Ermessensspielraum hinsichtlich der Einhaltung und Umsetzung der Richtlinieninhalte ein.[352] Leitlinien werden hingegen von einer Vielzahl von Fachgesellschaften herausgegeben[353], denen gemäß der obigen Richtliniendefinition die Legitimation zur Formulierung verbindlicher Handlungsanweisungen fehlt. Leitlinien haben eine selbstregulative Zielsetzung und entfalten aus sich heraus keine rechtliche Bindungswirkung. Die Einhaltung der Leitlinienempfehlungen erfolgt somit auf freiwilliger Basis. Allerdings können Leitlinien für die Ärzte medizinisch ver-

351 Vgl. Bloch et al. (1997), S. A-2154.

352 Vgl. Ollenschläger et al. (2005c), S. 119.
Hier sind beispielsweise die Richtlinien des G-BA gemäß § 92 SGB V anzuführen, die für den Bereich der GKV verbindliche Wirkung entfalten. Ein weiteres Beispiel stellen die Richtlinien der Bundesärztekammer im Bereich der Hämatologie oder Mikrobiologie dar, die ihre rechtliche Verbindlichkeit durch die Integration in das Satzungsrecht der Landesärztekammern erhalten (vgl. Mengel (2004), S. 162). Sie stellen insbesondere Maßnahmen der Qualitätssicherung im Sinne des § 5 MBO dar. Anhand der landesweiten Berufsordnungen der Landesärztekammern, die in der Regel die Inhalte der MBO als verbindliche Regeln für ihre Mitglieder übernehmen, erfolgt eine Konkretisierung der ärztlichen Berufspflichten, so dass ein Verstoß gegen die erlassenen Richtlinien berufsrechtliche Ahndungen nach sich ziehen kann (vgl. Selbmann (2001), S. 274 sowie Ehlers/Weizel (2005), S. 195 f).

353 Eine gute Übersicht zu den diversen Fachgesellschaften und Gremien, die die Entwicklung und Herausgabe von Leitlinien in Deutschland maßgeblich vorantreiben, liefern Ollenschläger et al. (2005c), S. 120.

bindlich sein, wenn sie den medizinischen Standard widerspiegeln und durch rechtliche Rezeption rechtliche Verbindlichkeit erlangen (vgl. Kap. 6.1.1).[354]

3.4.2.2 Klinische Behandlungspfade

Mittels klinischer Behandlungspfade werden Leitlinienempfehlungen in lokale, d. h. an die besonderen Gegebenheiten einer Versorgungseinrichtung adaptierte, Behandlungsprotokolle umgesetzt.[355] Klinische Behandlungspfade werden zumeist für Kliniken erstellt. Sie legen dort die optimale Abfolge und den Zeitpunkt der empfohlenen klinischen Interventionen für häufig anzutreffende Symptome und Diagnosen sowie die klinikinternen Zuständigkeiten für die zu erbringenden Leistungen fest.[356] Sie werden mit dem Ziel erstellt, das wirtschaftliche Gesamtergebnis der Versorgung positiv zu beeinflussen.[357] Die Versorgungspfade können sich dabei auf alle Aspekte eines Krankenhausaufenthaltes von der Aufnahmeplanung, über diagnostische und therapeutische Leistungen, die Aufklärung, Medikation, Ernährung, Patientenschulung, Mobilisierung bis hin zur Entlassungsplanung beziehen. Ferner sollten sie auch die Bedürfnisse der Gesundheitsdienstleister, die dem stationären Aufenthalt vor- und nachgelagert sind, abbilden.[358]

3.4.3 Qualitätsbezogene Zielsetzungen von Leitlinien

Leitlinien verfolgen vorrangig das Ziel, durch die Bereitstellung von Informationen für Leistungserbringer und Patienten die Qualität im Gesundheitswesen zu verbessern. Sie wollen die Ärzte zu einer wissenschaftlich basierten und ökonomischen Verhaltensweise anhalten, wobei die Präferenzen des Patienten berücksichtigt werden sollen. Hierdurch erhofft man sich eine Verbesserung der Effektivität und Bedarfsgerechtigkeit sowie der Effizienz des Versorgungsgeschehens.[359]

3.4.3.1 Effektivität und Bedarfsgerechtigkeit des Versorgungsgeschehens

Der Anstoß zur Entwicklung und Implementierung von Leitlinien ist wesentlich auf den Sachverständigenrat für die Konzertierte Aktion im Gesundheitswesen zurückzuführen, der in seinen Gutachten wiederholt eine inadäquate Vorgehensweise bei der medizinischen Versorgung von Patienten konstatierte. Ins-

---

[354] Vgl. Mengel (2004), S. 92 f.
[355] Vgl. Campbell et al. (1998), S. 133.
[356] Vgl. Coffey et al. (2005), S. 46 f sowie Campbell et al. (1998), S. 133 f.
[357] Vgl. hierzu ausführlicher Schlüchtermann et al. (2005), S. 43 f und S. 56.
[358] Vgl. Coffey et al. (2005), S. 47 ff sowie Oberender/Zerth (2005), S. 24.
[359] Vgl. Bloch et al. (1997), S. A-2154.

besondere bei chronischen Erkrankungen wurden durch den Rat Bereiche der Über-, Unter- und Fehlversorgung identifiziert (vgl. Kap. 3.3.3).[360] Zu diesen Problembereichen kommt die Beobachtung hinzu, dass die Versorgung von Patienten mit derselben Erkrankung und analoger Krankengeschichte je nach Leistungserbringer und Ort der Versorgung, aber auch hinsichtlich des Geschlechts des Patienten oftmals erhebliche Variationen aufweist, die ungerechtfertigt erscheinen.[361]

Hieraus resultiert die Forderung, die Ausgestaltung der Patientenversorgung an den Prinzipien der evidenzbasierten Medizin (EbM) zu orientieren.[362] Der Begriff der EbM beschreibt den bewussten, ausdrücklichen und vernünftigen Gebrauch der besten verfügbaren externen Evidenz, wenn es gilt, eine Versorgungsentscheidung bei einem individuellen Patienten zu treffen.[363] Angesichts der oben geschilderten Problematik, nämlich einer vielfach nicht bedarfsgerechten Versorgung mit zum Teil einhergehenden regionalen Differenzen bei der Prozess- und Ergebnisqualität, verfolgt sie das Ziel, die Effektivität und Zweckmäßigkeit einer Intervention zu klären.[364]

Die Umsetzung der EbM in der Praxis sieht sich jedoch mit dem Problem konfrontiert, dass jedes Jahr eine immense Anzahl von Artikeln in medizinischen Fachzeitschriften publiziert wird, von denen nur ein Teil tatsächlich Wissen enthält, das ausreichend gesichert und auf die jeweilige Behandlungssituation anwendbar ist. Das begrenzte Zeitkontingent eines Arztes, das für die Suche nach entscheidungsrelevanten Informationen zur Verfügung steht, sowie die häufig fehlenden, fundierten epidemiologischen und biomedizinischen Kenntnisse erschweren die Identifikation von relevanten Studienergebnissen und die Ableitung von Ansätzen zur Lösung der eigenen alltäglichen Versorgungsprobleme. Dies führt dazu, dass das prinzipiell vorhandene Wissen in der konkreten Entscheidungssituation vor Ort oftmals fehlt und aktuelle medizinische Erkenntnisse nicht zeitnah umgesetzt werden.[365]

Evidenzbasierte Leitlinien bewerten die publizierten Studien hinsichtlich ihrer Relevanz und Aussagekraft zur Lösung eines Versorgungsproblems und geben den Entscheidungsträgern die Auswertungsergebnisse in kompakter Form

---

[360] Vgl. SVR-KAiG (2001), S. 218 ff.

[361] Vgl. Porzsolt (1999), S. 3, Szathmary (1999), S. 212 sowie Ollenschläger et al. (2005c), S. 118.

[362] Vgl. SVR-KAiG (2001), S. 234.

[363] Vgl. Sackett et al. (1996), S. 71.

[364] Vgl. SVR-KAiG (2000), S. 70.

[365] Zur Problematik der Umsetzung der EbM in der Versorgungspraxis vgl. Sackett et al. (1996), S. 72, Kolkmann (2000), S. 54, Ollenschläger et al. (2005b), S. 17, Haynes (2002), o. S. sowie Niechzial/Nagel (2000), S. 273.

an die Hand geben.[366] Sie erscheinen somit als geeignetes Mittel, um die Erkenntnisse der EbM an den richtigen Ort, d. h. an den Arzt und mittels laienverständlicher Leitlinienversionen an den Patienten in der jeweiligen Entscheidungssituation, zu bringen.[367] Auf diese Weise erhofft man sich, über den Abbau von Über-, Unter- und Fehlversorgung zu einer Steigerung der Versorgungsqualität beizutragen und eine hohe Qualität der Versorgung gewährleisten zu können.[368] Zugleich soll die Varianz in der Behandlung auf ein Maß zu reduzieren werden, das in der Individualität des Patienten begründet liegt.[369]
Die EbM darf jedoch nicht dahingehend verstanden werden, dass sich die medizinische Entscheidungsfindung allein auf die Ergebnisse klinischer Forschung stützen solle. Eine evidenzbasierte, patientenorientierte Entscheidungsfindung setzt zwingend die Integration von drei Informationsbestandteilen voraus (vgl. Darst. 15)[370]:

- die externe Evidenz, die die zumeist mittels klinischer Studien ermittelte Wirksamkeit einer Maßnahme zur Lösung eines Versorgungsproblems wiedergibt und in bewerteter Form in evidenzbasierten Leitlinien zusammengefasst sein kann,
- die individuelle klinische Erfahrung des behandelnden Arztes, der die externe Evidenz auf ihre Übertragbarkeit auf den jeweiligen Versorgungsfall hin beurteilt, sowie
- die Präferenzen des Patienten, die letztendlich für die Wahl einer Gesundheitsleistung ausschlaggebend sind. Ob eine Maßnahme bei einem Patienten zur Anwendung kommt, ist somit vom Wertesystem des Patienten, seinem individuell-biografischen Hintergrund und seinen Zielsetzungen abhängig.[371]

Die klinische Erfahrung des Arztes muss also ebenso wie die individuellen patientenseitigen Präferenzen in die Entscheidungsfindung einfließen, selbst wenn eine Bewertung von diagnostischen und therapeutischen Leistungen anhand der Methoden der evidenzbasierten Medizin vorliegt und die empfohlene Vorgehensweise in Leitlinien konkretisiert ist.[372]

---

366 Vgl. Gray (2001), S. 23 f.
367 Vgl. Windeler (2003), S. 150.
368 Vgl. Hart (2000a), S. 12.
369 Vgl. Neuffer (1997), S. 136.
370 Zu den Bestandteilen einer patientenorientierten, evidenzbasierten Entscheidungsfindung vgl. Sackett et al. (1996), S. 71, Gerlach (2004), S. 99 sowie Behrens (2010), S. 617.
371 Vgl. Behrens (2010), S. 619 f sowie Gerlach (2004), S. 99.
372 Vgl. Elwyn (2005), S. 8.

Darst. 15: Komponenten einer evidenzbasierten, patientenorientierten Entscheidungsfindung

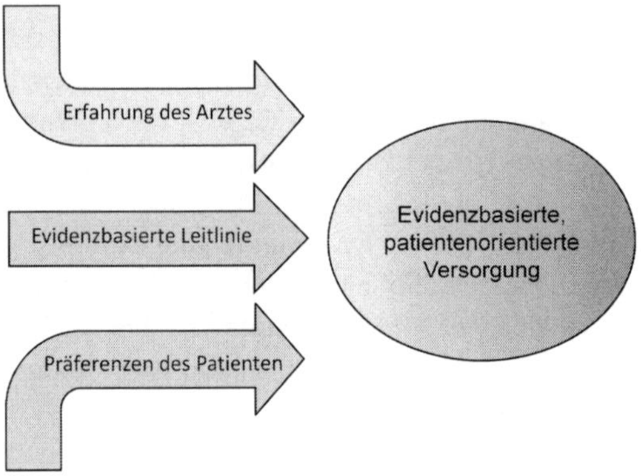

Quelle: Darstellung leicht modifiziert nach Gerlach (2004), S. 99.

3.4.3.2 Effizienz des Versorgungsgeschehens

Angesichts der bereits erörterten Problematik der Finanzierung des Gesundheitswesens nach dem Solidarprinzip und dem Grundsatz der Beitragssatzstabilität rückt die Frage in den Vordergrund, wie ein weiterer Kostenanstieg innerhalb der GKV vermieden werden kann (vgl. Kap. 3.2.3).
Die Forderung nach der Entwicklung und Implementierung von Leitlinien in diesem Bereich ist deshalb auch von ökonomischen Motiven geprägt.[373] Für die Erreichung der in § 70 SGB V festgeschriebenen Versorgungsziele wird angesichts restriktiver Mittel dem Aufdecken von Bereichen der Über- und Fehlversorgung sowie der Herausnahme ineffektiver Leistungen aus der solidarischen Finanzierung eine entscheidende Rolle zugeschrieben. Hierzu sind evidenzbasierte Erkenntnisse über die Wirksamkeit von diagnostischen und therapeutischen Maßnahmen erforderlich.[374]

[373] Vgl. Kolkmann (2000), S. 53.
[374] Vgl. Selbmann (2007), S. 394 ff.

3.5 Einbeziehung des Patienten in den medizinischen Entscheidungsfindungsprozess

3.5.1 Zum Wandel des Arzt-Patienten-Verhältnisses

Durch die Einbeziehung des Patienten in den medizinischen Entscheidungsfindungsprozess erlangen die Präferenzen des Patienten eine größere Bedeutung bei der Steuerung der gesundheitlichen Versorgung.
Der Patient wird nicht länger als passiver Kranker gesehen, dessen Rolle sich im Wesentlichen darauf beschränkt, seine Krankheitssymptome zu schildern. Während unter dem Leitbild des „benevolenten Paternalismus“[375] der Arzt die Behandlungsentscheidung allein basierend auf den aus einer Sicht relevantesten Erfolgskriterien traf[376], wird nun berücksichtigt, dass die Bewertung dessen, was dem Wohl des Patienten dient, nicht ohne die Kenntnis der Präferenzen des Patienten möglich ist.[377] So ist es denkbar, dass ein Patient eine empfohlene, als effektiv eingestufte Versorgungsmaßnahme ablehnt, wenn die Nebenwirkungen aus seiner Sicht schwerer wiegen als die Vorteile, die er aus dem Konsum dieser Gesundheitsleistung erzielen kann.[378]
Im wissenschaftlichen Diskurs sowie bei der praktischen Umsetzung existieren jedoch unterschiedliche Auffassungen, in welcher Form die Einbeziehung des Patienten in den medizinischen Entscheidungsfindungsprozess erfolgen und inwieweit dem Patienten Konsumentensouveränität zugebilligt werden soll. Zu unterscheiden sind hier insbesondere die Konzepte der partizipativen sowie der souveränen Entscheidungsfindung.

3.5.2 Partizipative Entscheidungsfindung

Das Konzept der partizipativen Entscheidungsfindung betrachtet Patient und Leistungserbringer als gleichberechtigte Partner. Der Patient wird aktiv in die Entscheidungsfindung einbezogen, indem ihm eine Mitbestimmungsmöglichkeit hinsichtlich der diagnostischen und therapeutischen Vorgehensweise eingeräumt wird und er ermuntert wird, diese zu nutzen.[379] Kennzeichnend für die partizipative Entscheidungsfindung ist, dass ein gegenseitiger Informationsaustausch zwischen Arzt und Patient stattfindet, der sowohl medizinisch-

---

[375] Dierks et al. (2001), S. 7.
[376] Vgl. ebd., S. 6 ff.
[377] Vgl. Klemperer (2009), S. 141 f.
[378] Vgl. Pfaff/Schrappe (2011), S. 15 f.
[379] Vgl. Dierks/Schwartz (2003), S. 318.

technische Sachverhalte, wie zur Verfügung stehende Vorgehensweisen mit ihren potenziellen Effekten und Nebenwirkungen, als auch Informationen persönlicher Art über Präferenzen beinhaltet.[380] Bei diesem Austausch sollen alle notwendigen Punkte für eine Entscheidung angesprochen und psychosoziale Aspekte, wie die Erwartungen und Befürchtungen des Patienten, sowie das soziale Umfeld des Patienten berücksichtigt werden.[381] Im gemeinsamen Gespräch werden der Umfang und die Art der zu ergreifenden Maßnahmen diskutiert, indem sowohl Arzt als auch Patient ihre präferierte Vorgehensweise und ihre Gründe hierfür darlegen. Es wird sodann versucht, eine gemeinsame Entscheidung zu treffen, mit der beide Parteien einverstanden sind.[382] Hierbei stellt sich jedoch das Problem, wie eine Übereinkunft bei unterschiedlichen Sichtweisen erzielt werden kann.[383] Divergierende Meinungen können beispielsweise dann resultieren, wenn der Arzt für die Entscheidung bevölkerungsbezogene Eintrittswahrscheinlichkeiten der möglichen Wirkungen und Nebenwirkungen einer Behandlungsoption heranzieht, während der Patient die potenziellen Behandlungsergebnisse anhand subjektiver Eintrittswahrscheinlichkeiten bewertet.[384]

3.5.3 Souveräne Entscheidungsfindung

Dem Konzept der souveränen Entscheidungsfindung liegt das Leitbild des mündigen Patienten zugrunde. Dieses geht davon aus, dass der Patient sicher und autonom eine Entscheidung hinsichtlich seiner gesundheitlichen Versorgung treffen kann.[385] Ein Patient verfügt zwar nicht über die medizinisch-naturwissenschaftliche Ausbildung eines Arztes, er ist aber in der Lage, die ärztlichen Informationen und Erläuterungen zu einem Krankheitsbild, ggf. unter Einbeziehung von Informationen aus anderen Quellen, zu reflektieren und verschiedene Vorgehensweisen anhand seiner individuellen Präferenzen zu beurteilen, um eigenständig eine Entscheidung zu treffen.[386]

Autonomie besagt jedoch nicht, dass der Patient ganz allein nach Diagnosemöglichkeiten und Behandlungsstrategien sucht und mit einem vorgefertigten Konzept zum Arzt kommt. Autonomes Handeln bedeutet vielmehr, dass sich der Patient gezielt an den Arzt wendet und Informationen von ihm einholt, um

[380] Vgl. Elwyn et al. (2005), S. 5 sowie Gafni et al. (1998), S. 347 ff.
[381] Vgl. Elwyn et al. (2005), S. 5 sowie Loh/Härter (2005), S. 14.
[382] Vgl. Charles et al. (1999), S. 781, Loh/Härter (2005), S. 15 sowie Elwyn et al. (2005), S. 5.
[383] Vgl. Elwyn et al. (2005), S. 7.
[384] Vgl. Gafni et al. (1998), S. 348 f.
[385] Vgl. Dierks/Schwartz (2001), S. 1 ff.
[386] Vgl. Dierks/Schwartz (2003), S. 319.

sodann eine Entscheidung zu treffen. Im souveränen Entscheidungsmodell kann der Informationstransfer an den Patienten als die Hauptaufgabe des Arztes im Entscheidungsfindungsprozess gesehen werden. Die Abwägung der verschiedenen Optionen und die Entscheidung sind hingegen dem Patienten vorbehalten.[387]

Hierin zeigt sich ein wesentlicher Unterschied zum Konzept der partizipativen Entscheidungsfindung. Eine grundlegende Voraussetzung für die gemeinsame Entscheidungsfindung beim partizipativen Modell stellt die Übermittlung der Präferenzen des Patienten an den Arzt dar, so dass beide Partner diese Informationen in die Entscheidung einfließen lassen können. Im Modell der souveränen Entscheidungsfindung kommt die Entscheidungskompetenz hingegen allein dem Patienten zu. Ein Austausch über die Präferenzen und Werte des Patienten ist bei der souveränen Entscheidungsfindung somit nicht zwingend erforderlich, sondern liegt im Ermessen des Patienten.[388]

Daran ist ersichtlich, dass souveräne Entscheidungsfindung keineswegs mit obligatorischer Autonomie gleichzusetzen ist. Der Patient ist nicht gezwungen, jede Entscheidung auch gegen seinen Willen alleinverantwortlich zu treffen. Vielmehr entscheidet der Patient zunächst, ob er die Entscheidungskompetenz teilen oder gänzlich darauf verzichten möchte.[389]

Darstellung 16 fasst die wesentlichen Unterscheidungsmerkmale und Gemeinsamkeiten der paternalistischen, partizipativen und souveränen Entscheidungsfindung zusammen.

---

[387] Vgl. Charles et al. (1999), S. 781 sowie Gafni et al. (1998), S. 347 ff.

[388] Vgl. Elwyn et al. (2005), S. 5.
Damit soll jedoch nicht besagt sein, dass zwischen Arzt und Patient kein wechselseitiger Austausch über die Präferenzen des Patienten stattfindet. Es liegt jedoch im Ermessen des Patienten, inwieweit er seine Präferenzen dem Arzt mitteilen und mit ihm diskutieren möchte.

[389] Vgl. Hart (2003), S. 335 sowie Elwyn et al. (2005), S. 4.

Darst. 16: Merkmale der paternalistischen, partizipativen und souveränen Entscheidungsfindung

Modell der medizinischen Entscheidungsfindung	**Paternalistische Entscheidungsfindung**	**Partizipative Entscheidungsfindung**	**Souveräne Entscheidungsfindung**
Rolle des Arztes	wohlwollender Vater	Informationsvermittler und Diskussionspartner	Informationsvermittler
Rolle des Patienten	passiver Kranker	informierter Mitbestimmer	souveräner Konsument
Informationsfluss Patient → Arzt	Krankheitsgeschichte	Krankheitsgeschichte	Krankheitsgeschichte
	Symptome	Symptome	Symptome
	-	Präferenzen	-
Informationsfluss Arzt → Patient	Informationen über mögliche diagnostische und therapeutische Vorgehensweisen mit Nutzen und Risiken		
Entscheidungsträger	Arzt	Arzt und Patient gemeinsam	Patient

Quelle: Eigene Darstellung in Anlehnung an Dierks et al. (2001), S. 7, Klemperer (2009), S. 141 f, Dierks/Schwartz (2003), S. 318 f, Elwyn et al. (2005), S. 4 f, Gafni et al. (1998), S. 347 ff, Charles et al. (1999), S. 781 sowie Loh/Härter (2005), S. 15.

3.5.4 Zugrunde liegendes Leitbild dieser Arbeit

Für die weiteren Ausführungen stellt sich die Frage, welches Modell der Entscheidungsfindung als Analysegrundlage gewählt werden soll, um sodann die Principal-Agent-Theorie angemessen auf das Arzt-Patienten-Verhältnis übertragen zu können.

Wie oben dargelegt wurde, werden sowohl bei der partizipativen wie auch bei der souveränen Entscheidungsfindung dem Patienten Entscheidungskompetenzen eingeräumt, so dass seine Erfahrungen und Präferenzen in die Entscheidung einfließen können. Beide Konzepte erscheinen demnach a priori geeignet, die notwendige Bedingung für das Erzielen einer hohen Qualität im Gesundheitswesen (vgl. Kap. 3.3.5) zu erfüllen. Dem Leitbild der souveränen Entscheidungsfindung wird im Rahmen dieser Arbeit jedoch der Vorzug gegeben, da dieses ein Höchstmaß an Konsumentensouveränität garantiert und mit der freiheitlichen Grundhaltung dieser Arbeit übereinstimmt.

Gegenüber der partnerschaftlichen Beziehungsgestaltung zwischen Arzt und Patient umgeht das Konzept der autonomen Entscheidungsfindung das Problem, dass der Arzt die Präferenzen und damit die Nutzenfunktion des Patienten u. U. falsch wahrnimmt und infolgedessen die Entscheidung in eine vom Patienten nicht präferierte Richtung lenkt.[390] Zudem besteht nicht die Schwierigkeit, dass sich Arzt und Patient selbst bei konträren Meinungen auf eine gemeinsame Vorgehensweise einigen müssen.

Das Konzept der souveränen Entscheidungsfindung vermag auch den Umstand abzubilden, dass sich Patienten je nach Alter, Geschlecht, Art der Erkrankung, Krankheitsphase und Komplexität der zu treffenden Entscheidung auf einem Kontinuum zwischen paternalistischer und autonomer Entscheidungsfindung bewegen.[391] So kann sich bei lebensbedrohenden Umständen, die eine schnelle Entscheidung erforderlich machen, begrenzt rationales Verhalten des Patienten darin äußern, dass der Patient keine ausführliche Information über Behandlungsmöglichkeiten wünscht, sondern sogleich der vom Arzt vorgeschlagenen Vorgehensweise zustimmt.[392] Ebenso ist bei Basisentscheidungen, z. B. hinsichtlich der Durchführung einer Blutuntersuchung, oder einfachen Gesundheitsproblemen, bei denen eine effektive Routinevorgehensweise existiert, zumeist eine geringe Beteiligungspräferenz des Patienten zu konstatieren. In diesen Fällen wird der Patient die Entscheidung überwiegend an den Arzt delegieren.[393] Bei komplexen Entscheidungen mit weit reichenden Konsequenzen für die Lebensqualität und Lebenserwartung ist zu unterstellen, dass der Patient vermehrt eine Einbeziehung bzw. eine autonome Entscheidung präferiert, da er mit den Folgen der gewählten Vorgehensweise leben muss.[394]

[390] Vgl. Scott/Vick (1999), S. 113.
[391] Vgl. hierzu ausführlicher Dierks/Seidel (2005), S. 37 ff.
[392] Vgl. Breyer et al. (2005), S. 180 sowie Whitney (2003), S. 275.
[393] Vgl. Charles et al. (1999), S. 782, Loh/Härter (2005), S. 18 sowie Whitney (2003), S. 278.
[394] Vgl. Charles et al. (1999), S. 782, Dierks et al. (2001a), S. 7, Dierks/Seidel (2005), S. 35 sowie Loh/Härter (2005), S. 18.

4 Interaktionsbeziehungen im System der gesetzlichen Krankenversicherung und ihre Problematik

4.1 Interaktion von Krankenkasse und Versichertem

4.1.1 Zustandekommen

Wie in Abschnitt 2.3.1 dargelegt, führt die Aussicht auf wechselseitige Kooperationsgewinne, die sich die Interaktionspartner aus dem Zusammenspiel von arbeitsteiliger Spezialisierung und Tausch versprechen, dazu, dass eine Vertragsbeziehung eingegangen wird.

Was die Kooperation von Versichertem und Krankenkasse betrifft, ist diese – unbelassen des gesetzlichen Zwangs zum Abschluss einer Versicherung (vgl. Kap. 3.2.2) – maßgeblich auf die Unsicherheit seitens des Versicherten zurückzuführen, wann und in welcher Höhe finanzielle Verluste[395] für ihn anfallen werden.[396] Durch den Abschluss eines Versicherungsvertrags mit der Krankenkasse und der Entrichtung regelmäßiger Beitragszahlungen ist es dem Versicherten möglich, sein Krankheitskostenrisiko zu reduzieren und im Falle einer Vollversicherung eine Verstetigung seines Einkommens zu erzielen.[397]

Die Krankenkasse hat sich auf die Produktion von Versicherungsschutz spezialisiert und verfügt über komparative Vorteile hinsichtlich der Finanzierung, Honorierung und Qualitätssicherung von Gesundheitsleistungen. Der Versicherte beauftragt deshalb die Krankenkasse als Agenten mit der Finanzierung

---

[395] Hierzu zählen die Kosten für die Inanspruchnahme von Gesundheitsleistungen und ggf. Einbußen infolge von entgangenem Arbeitseinkommen.

[396] Vgl. Schulenburg (2005), S. 38 sowie Schulenburg/Greiner (2000), S. 40.

[397] Anstelle von hohen Ausgaben im Krankheitsfall, denen keine Ausgaben in Phasen ohne gesundheitliche Probleme und damit ohne Inanspruchnahme von Gesundheitsleistungen gegenüberstehen, werden regelmäßig Beiträge in gleicher Höhe an die Krankenkasse entrichtet. Während die Höhe und das Anfallen der Krankenkassenbeiträge von vornherein feststeht und damit in das finanzielle Kalkül des Versicherten als sichere Größe einbezogen werden kann, ist die Frage, ob und wann ein Krankheitsfall eintritt und in welcher Höhe Ausgaben für Gesundheitsleistungen anfallen, nicht mit Sicherheit zu beantworten. Ohne Versicherung besteht folglich immer das Risiko, dass das Einkommen durch hohe Gesundheitsausgaben deutlich geschmälert wird. Vgl. Schulenburg (2005), S. 38 f.

einer qualitativ hochwertigen Versorgung zu einem angemessenen Preis.[398] Aus Sicht der Krankenkasse stellen die Beitragszahlungen der Versicherten Einnahmen dar, mit denen nicht nur die in Anspruch genommenen Gesundheitsleistungen finanziert werden können, sondern auch die Leistungen der Krankenkasse entlohnt werden. Die Krankenkasse hat folglich ein Interesse daran, als Agent für den Versicherten tätig zu werden und ihr Wissen einzusetzen, um anhand der Beiträge die eigene Existenz zu sichern.[399] Im Gegenzug zu den erhaltenen Beitragszahlungen verpflichtet sich die Krankenkasse, dem Versicherten und ggf. seinen mitversicherten Familienangehörigen im Krankheitsfall Versicherungsschutz zu gewähren.[400] Dabei übernimmt die Krankenkasse in erster Linie diejenigen Leistungen, die Bestandteil des gesetzlichen Leistungskatalogs sind, und somit als geeignet erachtet werden, den qualitativen Anforderungen an die Versorgung der Versicherten (vgl. Kap. 3.3.3) zu entsprechen.[401]

Da die Nachfrage nach Gesundheitsleistungen primär vom subjektivem Krankheitsempfinden des Versicherten und dessen Gesundheitsverhalten abhängig ist, kommt dem Versicherten im Hinblick auf das Ziel der Erreichung einer qualitativen Versorgung jedoch ebenfalls die Rolle eines Agenten zu.[402] Die Interaktion von Krankenkasse und Versichertem ist folglich davon geprägt, dass beide Akteure wechselseitig als Agent fungieren. Die Krankenkasse beauftragt den Versicherten, durch die kritische Frage nach der Effektivität einer Maßnahme, eine bedarfsgerechte Inanspruchnahme von Gesundheitsleistungen und seine aktive Mitwirkung an der Therapie die Leistungsausgaben gering zu halten.[403]

---

[398] Als angemessener Preis kann seit Einführung des Gesundheitsfonds der für alle gesetzlichen Krankenkassen einheitliche Beitragssatz in Höhe von derzeit 15,5 % bzw. von 8,2 % für den Arbeitnehmer (vgl. § 241 SGB V und § 249 SGB V) unterstellt werden.

[399] Vgl. Nebling (2008), S. 121.

[400] Vgl. Simon (2005), S. 80.

[401] Darüber hinausgehende Gesundheitsleistungen werden von den gesetzlichen Krankenkassen zum Teil als Satzungsleistung (vgl. § 11 Absatz. 6 SGB V) erbracht oder können im Rahmen von Wahltarifen (vgl. § 53 SGB V) vereinbart werden. Insofern dies nicht der Fall ist und der Versicherte dennoch weitergehende Leistungen in Anspruch nehmen möchte, hat er diese selbst zu finanzieren.

[402] Vgl. Musil (2003), S. 3.

[403] Vgl. ebd., S. 3 f.

4.1.2 Dilemmastruktur

Das gemeinsame Interesse von Versichertem und Krankenkasse richtet sich auf die Finanzierung einer qualitativ hochwertigen Versorgung. Aus Sicht der Krankenkassen hat die Qualität des Leistungsangebots nicht zuletzt seit Einführung des Gesundheitsfonds einen hohen Stellenwert inne, da der individuelle Beitragssatz einer Krankenkasse als zentraler Wettbewerbsparameter ausscheidet. Der Versicherte ist ebenso an einem qualitativ hochwertigen Versorgungsangebot interessiert, da er die Wirkungen der Versorgung am eigenen Körper erfährt und sich von der Inanspruchnahme von Gesundheitsleistungen eine Verbesserung seines Gesundheitszustands erhofft.

Konfligierende Interessen von Krankenkasse und Versicherten existieren jedoch hinsichtlich des Versicherungsumfangs, des hierfür zu zahlenden Preises und der Inanspruchnahme von Gesundheitsleistungen. Der Versicherte ist daran interessiert, dass der Versicherungsschutz möglichst viele Gesundheitsleistungen umfasst. Als Krankenversicherungsbeitrag möchte er jedoch maximal den einheitlichen Beitragssatz bezahlen und im Idealfall eine Beitragsrückerstattung in Form einer Prämienauszahlung erhalten.[404] Ein Zusatzbeitrag würde hingegen die Krankenkasse vom Druck entlasten, stets auf eine effiziente Leistungserbringung hinwirken zu müssen. Die Krankenkasse ist ferner an einem eher moderaten Umfang das gesetzlichen Leistungskatalogs interessiert. So steht sie einer Aufnahme weitere Leistungen in den Leistungskatalog ohne eine entsprechende Beitragssatzerhöhung zurückhaltend gegenüber und strebt vielmehr eine Herausnahme von Leistungen an. Ebenso ist die Krankenkasse daran interessiert, dass kein Versicherungsfall eintritt und Gesundheitsleistungen von den Versicherten nicht über das erforderliche Maß hinaus in Anspruch genommen werden. Nur wenn die Leistungsausgaben der Krankenkasse die erhaltenen Mittelzuweisungen aus dem Gesundheitsfonds nicht übersteigen, eröffnen sich Chancen auf finanzielle Gewinne für die Krankenkassen. Der Versicherte hat hingegen ein Interesse daran, im Krankheitsfall bzw. zur Krankheitsvorbeugung möglichst viele Gesundheitsleistungen zu beanspruchen, da er sich von jeder Leistung einen Beitrag zur Verbesserung seines Gesundheitszustands verspricht.

[404] Vgl. Breyer et al. (2005), S. 431.

4.1.3 Informations- und Anreizprobleme

Durch das Bestehen von Informations- und Anreizdefiziten eröffnen sich sowohl für den Versicherten als auch für die Krankenkasse Möglichkeiten zu opportunistischem Verhalten. Diese führen dazu, dass das gemeinsame Ziel einer qualitativ hochwertigen Versorgung verfehlt wird.

In diesem Zusammenhang ist insbesondere das Sachleistungsprinzip anzusprechen. Dieses bewirkt, dass der Versicherte nicht weiß, welche Kosten er durch die Inanspruchnahme von Gesundheitsleistungen verursacht.[405] Die Nachfrage nach Gesundheitsleistungen erfolgt somit – abgesehen von zu entrichtenden Zuzahlungen – ohne direkte preisliche Steuerung.[406] Da der Krankenkassenbeitrag monatlich unabhängig von der Leistungsinanspruchnahme fällig wird und eine Mehr- bzw. Mindernachfrage nach Leistungen für den Versicherten keine direkten finanziellen Konsequenzen nach sich zieht, hat der Versicherte den Eindruck, dass Gesundheitsleistungen kostenlos zur Verfügung stehen. Dies führt zu einer Freifahrermentalität.[407] Damit ist eine Tendenz zur versichertenseitigen Ausweitung der Nachfrage nach Gesundheitsleistungen verbunden.[408] Diese ist auch darauf zurückzuführen, dass das Individuum bei Bestehen einer Versicherung den Anreiz hat, möglichst viele Gesundheitsleistungen zu konsumieren, um für den geleisteten Krankenkassenbeitrag eine entsprechend große Gegenleistung zu erhalten.[409] Es liegt somit ein Moral Hazard-Verhalten des Versicherten vor. Abgesehen von den fehlleitenden Anreizen, mangelt es dem Versicherten an Informationen über die Effektivität einer Gesundheitsleistung. Ferner ist zu beobachten, dass Versicherte angesichts eines umfassenden Versicherungsschutzes, eigene Anstrengungen zur Krankheitsvorbeugung unterlassen und damit die Wahrscheinlichkeit eines Versicherungsfalls erhöhen.[410] Da die Krankenkasse nicht selbst die Art und Schwere der Erkrankung des Versicherten feststellen kann, vermag sie nicht zu beurteilen, ob der Versicherte mehr Gesundheitsleistungen als erforderlich nachfragt.[411]

Man möchte meinen, dass der Versicherte selbst einen Anreiz haben sollte, durch eine bedarfsgerechte Leistungsinanspruchnahme sowie eine Kontrolle der Leistungsabrechnung auf einen niedrigen Krankenkassenbeitrag bzw. eine

[405] Vgl. Simon (2005), S. 61.
[406] Vgl. Engelmann (2000), S. 204.
[407] Vgl. Oberender et al. (2002), S. 55 ff.
[408] Vgl. Musil (2003), S. 91 f.
[409] Vgl. Leidl (2003), S. 353 sowie Oberender et al. (2002), S. 57 f.
[410] Vgl. Breyer et al. (2005), S. 222, Leidl (2003), S. 353 sowie Oberender et al. (2002), S. 219.
[411] Vgl. Breyer et al. (2005), S. 222.

Prämienausschüttung hinzuwirken. Infolge des Sachleistungsprinzips vermag der Versicherte jedoch nicht nachzuprüfen, ob tatsächlich nur die erbrachten Leistungen abgerechnet wurden.[412]

Zusätzlich zur mangelnden Kostentransparenz fehlen dem Versicherten Informationen, inwieweit die Krankenkasse ihrer Aufgabe der finanziellen Kontrolle der Leistungserbringung nachgekommen ist.[413] Er vermag somit nicht zu beurteilen, inwieweit Ausgabensteigerungen der GKV, die wiederum die Erhebung eines Zusatzbeitrags oder die Erhöhung des einheitlichen Beitragssatzes nach sich ziehen können, auf die mangelnden Agentenanstrengungen der Krankenkasse, auf sein individuelles Konsumverhalten bzw. auf das Verhalten der übrigen Mitglieder der Solidargemeinschaft zurückzuführen sind.[414] Da für den Versicherten kein direkter Zusammenhang zwischen seiner Leistungsinanspruchnahme und der Höhe der zu zahlenden Krankenkassenbeiträge ersichtlich ist, hat er folglich keinen Anreiz, auf eine möglichst kostengünstige Erreichung seins angestrebten Gesundheitszustands hinzuwirken.[415]

Analog zur Versichertenseite existieren auch auf Seiten der Krankenkasse Spielräume für opportunistisches Verhalten. So besteht für den Versicherten insbesondere ein Informationsdefizit in Bezug auf die Leistungsgewährung.[416] Immer dann wenn Leistungen nicht direkt zugänglich sind, sondern zuvor beantragt werden müssen, stellt sich für den Versicherten die Frage, ob eine verweigerte Gesundheitsleistung tatsächlich nicht erforderlich ist oder die Ablehnung des Leistungsantrags nur erfolgte, um die Ausgaben für die Krankenkasse niedrig zu halten.

412 Vgl. Simon (2005), S. 61 sowie Engelmann (2000), S. 204.
413 Vgl. Schneider (1998), S. 19.
414 Vgl. Oberender et al. (2002), S. 55 ff.
415 Vgl. ebd., S. 35 f, S. 135 sowie S. 217.
416 Vgl. Schneider (1998), S. 19.

4.2 Interaktion von Leistungserbringer und Krankenkasse

4.2.1 Zustandekommen

Leistungserbringer und Krankenkasse versprechen sich vom Tausch medizinischen Wissens in Form von Gesundheitsleistungen gegen finanzielle Mittel eine win-win-Situation, wodurch beide bereit sind, eine wechselseitige Interaktionsbeziehung einzugehen.

Die Krankenkasse hat sich auf die Produktion von Versicherungsschutz und nicht auf die Erbringung von Gesundheitsleistungen spezialisiert. Sie schließt deshalb zur Erfüllung ihres Schutzversprechens gegenüber den Versicherten Versorgungsverträge mit den medizinischen Leistungserbringern ab. Durch diese Verträge werden die Leistungserbringer verpflichtet, die Versicherten mit den im gesetzlichen Leistungskatalog festgelegten bzw. zusätzlich vereinbarten Gesundheitsleistungen zu versorgen; zugleich wird der Kompensationsprozess geregelt, d. h. die Krankenkasse verpflichtet sich ihrerseits, die Leistungserbringer für ihre erbrachten Leistungen zu honorieren.[417]

Für die Leistungserbringer als Spezialisten auf dem Gebiet der Erbringung von Gesundheitsleistungen stellt der Abschluss von Versorgungsverträgen mit den gesetzlichen Krankenkassen eine Möglichkeit zur Einkommensgenerierung dar.[418] Da mehr als 85 % der deutschen Bevölkerung gesetzlich versichert sind[419], erhalten die Leistungserbringer durch die Kooperation mit den gesetzlichen Krankenkassen Zugang zu einem großen potenziellen Patientenklientel. Für die Versorgung dieser Patienten wird ihnen eine finanzielle Entschädigung vertraglich garantiert. Die Kooperation mit den Krankenkassen ermöglicht den Leistungserbringern zudem, neue Behandlungsmethoden, die nicht Inhalt des gesetzlichen Leistungskatalogs sind, aber potenziell geeignet erscheinen, zu einer Steigerung der Qualität im Gesundheitswesen beizutragen, im Rahmen von Modellvorhaben oder Integrationsverträgen zu erproben.[420]

---

[417] Vgl. Simon (2005), S. 79 f.
[418] Vgl. Nebling (2008), S. 121.
[419] Vgl. StBA (2013a), o. S. und StBA (2013b), o. S..
[420] Vgl. Nebling (2008), S. 121.

4.2.2 Dilemmastruktur

Gemeinsames Interesse von Krankenkassen und Leistungserbringern bildet die qualitativ hochwertige Versorgung der Versicherten bzw. Patienten. Wie oben bereits angesprochen, stellt die Qualität des Versorgungsangebots einen entscheidenden Wettbewerbsparameter für die Krankenkassen dar. Auf Seiten der Leistungserbringer kann das Interesse an einer hohen Qualität der Leistungen in unmittelbarem Zusammenhang mit dem Berufsethos gesehen werden.[421] Da die Qualität der Gesundheitsleistungen von den Patienten/Versicherten aufgrund des Uno-actu-Prinzips ex ante kaum beurteilt werden kann (vgl. Kap. 3.1.5)[422], sind sowohl Leistungserbringer als auch Krankenkasse an einem guten Ruf[423] hinsichtlich der angebotenen Qualität interessiert. Eine gute Reputation trägt zur Akquisition von Kunden und infolgedessen zur Erzielung von Einkommen bei.[424]

Neben dem grundsätzlichen gemeinsamen Interesse an einer hohen Versorgungsqualität ist die Interaktion von Krankenkasse und Leistungserbringer durch das Auftreten von konträren Interessen geprägt. Hierzu zählt insbesondere die Frage nach der Höhe der Vergütung und der Anzahl der zu vergütenden Gesundheitsleistungen. Die Krankenkassen haben ein Interesse daran, gegenüber den Versicherten ihre wirtschaftliche Leistungsfähigkeit unter Beweis zu stellen und demzufolge die Leistungs- sowie Verwaltungsausgaben allein über die Mittelzuweisungen aus dem Gesundheitsfonds, d. h. ohne die Erhebung eines Zusatzbeitrags, zu finanzieren. Aus ihrer Sicht besteht deshalb ein Interesse an möglichst geringen Leistungsausgaben. Sie beauftragen die Leistungserbringer somit nicht nur als Agenten mit der Versorgung der Versicherten mit qualitativ hochwertigen Gesundheitsleistungen, sondern übertragen ihnen die Aufgabe, mit den vorhandenen Ressourcen effizient umzugehen und die Kosten für die Versichertengemeinschaft möglichst gering zu halten.[425]

Für die Leistungserbringer stellt die Vergütung, die die Krankenkassen für die erbrachten Gesundheitsleistungen zahlen, einen wesentlichen Bestandteil ihres Einkommens dar. Ein individuell rational handelnder Leistungserbringer dürfte demzufolge daran interessiert sein, sein Einkommen zu maximieren und von den Krankenkassen eine möglichst hohe Vergütung für seine Leistungen

421 Vgl. Breyer et al. (2005), S. 338 sowie Schneider (1998), S. 22.
422 Vgl. Arrow (1969), S. 941 sowie Pauly (1978), S. 26.
423 Zur Bedeutung eines guten Rufs als Qualitätssignal vgl. Homann/Suchanek (2005), S. 94.
424 Vgl. Schneider (1998), S. 22 sowie Oberender/Daumann (1997b), S. 232.
425 Vgl. Schneider (2002c), S. 128 sowie Schwartz (1997), S. 89.

zu erhalten.[426] Die daraus resultierenden Kosten für die Versichertengemeinschaft sind für ihn von nachrangigem Interesse, zumal die wenigsten Leistungserbringer Mitglied der GKV und somit von Veränderungen des Beitragssatzes nicht unmittelbar betroffen sind.

4.2.3 Informations- und Anreizprobleme

Das Verfolgen des einkommensmaximierenden Interesses auf Seiten der Leistungserbringer wird durch das Auftreten von Informationsdefiziten begünstigt.[427] Die Krankenkasse verfügt nur über begrenzte Kenntnisse hinsichtlich des medizinischen Leistungserstellungsprozesses. Hierdurch resultiert für die Krankenkasse ein Informationsdefizit bezüglich der Frage, welche Leistungen im individuellen Behandlungsfall geeignet und ausreichend sind, um eine qualitativ hochwertige Versorgung zu erzielen.[428] Dies eröffnet für die Leistungserbringer Spielraum zu opportunistischem Verhalten. Zwar kann den Leistungserbringern unterstellt werden, aufgrund ihres Berufsethos an einem guten Gesundheitszustand ihrer Patienten interessiert zu sein und keine Leistungen zum Schaden der Patienten erbringen zu wollen.[429] Zur Erreichung eines Behandlungsziels bestehen aber zumeist mehrere Behandlungsalternativen, die mit unterschiedlichem Ressourcenaufwand verbunden sind und dementsprechend unterschiedlich hohe Honorarforderungen begründen können. Darüber hinaus hängt der Erfolg einer Behandlung nicht nur von den erbrachten Gesundheitsleistungen, sondern auch von den Selbstheilungskräften eines jeden Patienten und seiner Compliance ab.[430] Da die Leistungen zudem nicht direkt der Krankenkasse, sondern den Patienten gegenüber erbracht werden, ist es für die Krankenkasse äußerst schwer zu beurteilen, auf welchen dieser drei Faktoren eine Veränderung des Gesundheitszustandes der Versicherten zurückzuführen ist. Die Krankenkasse vermag außerdem nur schwer zu kontrollieren, ob von den Leistungserbringern abgerechnete Leistungen auch tatsächlich erbracht wurden.

Das derzeit geltende Vergütungssystem für ärztliche Leistungen im ambulanten Bereich sowie für Krankenhausleistungen versucht Anreize zu setzen, um der Einkommensmaximierungstendenz der Leistungserbringer und einer unverhältnismäßig hohen Zahl an erbrachten Leistungen entgegen zu wirken.

[426] Vgl. Oberender et al. (2002), S. 53 ff.
[427] Vgl. ebd., S. 55 sowie Musil (2003), S. 19.
[428] Vgl. Schneider (2002c), S. 129.
[429] Vgl. Breyer et al. (2005), S. 338.
[430] Vgl. Schwartz (1997), S. 88 sowie Schneider (1998), S. 18.

Dennoch bestehen für die Leistungserbringer weiterhin Spielräume für opportunistisches Verhalten. Da die Vergütung budgetiert und sektoral erfolgt, besteht z. B. ein Anreiz, die Patienten bei ausgeschöpftem Budget zwischen den Sektoren zu verschieben, nur Leistungen anzubieten, die außerhalb des Regelleistungsvolumens vergütet werden oder die Erbringung bestimmter Leistungen solange aufzuschieben, bis eine neue Abrechnungsperiode beginnt.[431]

4.3 Interaktion von Patient und Leistungserbringer

4.3.1 Zustandekommen

Die Kooperation von Arzt und Patient, d. h. der implizierte Abschluss eines Behandlungsvertrags, ist maßgeblich auf das asymmetrisch verteilte medizinische Wissen zurückzuführen.

Der Arzt verfügt aufgrund seiner spezialisierten, medizinischen Ausbildung über komparative Vorteile bei der Erbringung von Gesundheitsleistungen. Diese äußern sich in einem Informations- und Qualifikationsvorsprung hinsichtlich der Deutung von Krankheitssymptomen, der Beurteilung der Effektivität von Maßnahmen zur Verbesserung des Gesundheitszustandes des Patienten sowie der Durchführung diagnostischer und therapeutischer Leistungen.[432]

Der Patient verspricht sich aus der Interaktion mit dem Leistungserbringer eine fachgerechte, qualitativ hochwertige Versorgung. Er fragt deshalb bei subjektivem Krankheitsempfinden beim Arzt Gesundheitsleistungen nach, da er sich von dessen Wissen eine professionelle Einschätzung seines Gesundheitszustands und aus dem Konsum von qualitativ hochwertigen Gesundheitsleistungen einen positiven Effekt auf seine Gesundheit erhofft.

Da das Wissen des Arztes für den Patienten von Nutzen ist, kann davon ausgegangen werden, dass seitens des Patienten eine gewisse Zahlungsbereitschaft für Gesundheitsleistungen besteht.[433] Infolge des Sachleistungsprinzips äußert sich dies in der Bereitschaft, einen mehr oder weniger hohen Kranken-

---

[431] Vgl. Neuffer (1997), S. 109 ff.
[432] Vgl. Gafni et al. (1998), S. 347 sowie BMGS (2003), S. 143.
[433] Vgl. Breyer et al. (2005), S. 90.

versicherungsbeitrag zu zahlen.[434] Entscheidet sich der Patient jedoch, Leistungen in Anspruch zu nehmen, die nicht Bestandteil des gesetzlichen Leistungskatalogs sind, hat er diese selbst zu finanzieren und schuldet dem Arzt die hierfür vereinbarte Vergütung.[435]

Der Arzt ist seinerseits gewillt, sein Wissen zur Einkommenserzielung und Existenzsicherung einzusetzen. Er hat ein Interesse daran, die gesetzlich Versicherten mit Leistungen zu versorgen, für die die Krankenkassen eine Vergütung zahlen, und darüber hinaus Gesundheitsleistungen anzubieten, für die er eine monetäre Kompensation seitens des Patienten erhält.

4.3.2 Zur Frage der Ausgestaltung der Agency-Beziehung zwischen Patient und Arzt

Die Interaktion von Patient und Arzt wird in der Literatur häufig als klassisches Anwendungsbeispiel der Principal-Agent-Theorie angeführt.[436] Hinsichtlich der Frage, in welchem Umfang der Patient Verfügungsrechte auf den Arzt überträgt und wie dementsprechend das Arzt-Patienten-Verhältnis als Principal-Agent-Beziehung zu beschreiben ist, existieren in der Literatur jedoch unterschiedliche Standpunkte. Die Beantwortung dieser Frage ist immer davon abhängig, welches der beschriebenen Rollenbilder von Arzt und Patient (vgl. Kap. 3.5) der Analyse zugrunde liegt. Hiervon leitet sich ab, welche Entscheidungskompetenzen den beiden Interaktionspartnern zugeschrieben werden.

---

[434] Vgl. Schöffski (1998), S. 3f.
Abweichend vom Sachleistungsprinzip besteht seit 2004 für alle GKV-Versicherten auch die Möglichkeit anstelle von Sachleistungen Kostenerstattung zu wählen (vgl. § 13 Abs. 2 SGB V sowie Deutscher Bundestag (2003), S. 6). Beim Kostenerstattungsprinzip bezahlt der Patient dem Leistungserbringer direkt die erbrachten Leistungen und reicht die Rechnung zur Erstattung der Kosten bei seiner Krankenversicherung ein (Vgl. Simon (2005), S. 60). Dementsprechend besteht der Vergütungsanspruch der Leistungserbringer direkt gegenüber dem Patienten. Allerdings erhalten die GKV-Versicherten die Kosten nicht auf Basis der GOÄ erstattet, sondern lediglich in Höhe der GKV-Leistungspflicht. Die Versicherten, die sich für die Option der Kostenerstattung entscheiden, werden somit einen Teil der Behandlungskosten selbst tragen müssen. Vgl. BMG (2012), o. S..

[435] Anzuführen ist in diesem Zusammenhang der Begriff der individuellen Gesundheitsleistungen (IGeL), die über das vom Gesetzgeber definierte Maß einer medizinisch notwendigen Versorgung hinausgehen und den gesetzlich Versicherten auf Verlangen von den Ärzten gegen Selbstzahlung angeboten werden (vgl. § 1 Abs. 2 GOÄ).

[436] Vgl. z. B. Picot (1991), S. 150, Fuchs (2000), S. 147, Richter/Furubotn (2003), S. 174 oder Picot et al. (2005), S. 77.

Im Rahmen dieser Arbeit wird eine souveräne Entscheidungsfindung unterstellt (vgl. Kap. 3.5.3 und 3.5.4).[437] Der Patient überträgt entsprechend nicht die Entscheidungskompetenz über die diagnostische und therapeutische Vorgehensweise an den Arzt, sondern behält die Rolle des Entscheidungsträgers in allen Phasen des Entscheidungsprozesses inne.[438]
Innerhalb des Entscheidungsprozesses erfolgt die Beauftragung des Arztes in zwei Stufen (vgl. Darst. 17):

Darst. 17: Zweistufige Beauftragung des Arztes als Agent

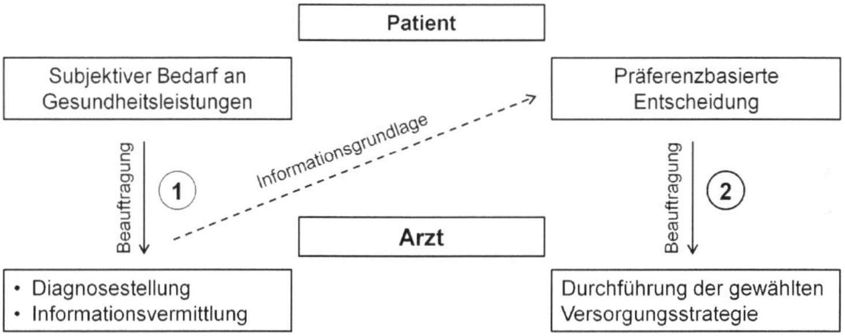

Quelle: Eigene Darstellung in Anlehnung an Williams (1988), S. 176 sowie Büchi et al. (2000), S. 2776 ff.

Durch die Kontaktierung eines Arztes bringt der Patient seinen subjektiv empfundenen Bedarf an Gesundheitsleistungen zum Ausdruck. Zur Konkretisierung dieses unspezifischen Bedarfs, der auch als Primärnachfrage bezeichnet wird, beauftragt der Patient den Arzt zunächst mit der Diagnosestellung sowie der Vermittlung von objektiven, wissenschaftlichen Informationen über verfügbare, dem Versorgungsfall angemessene therapeutische Strategien.[439] Basierend auf diesen Informationen und ggf. unter Hinzuziehung weiterer Informationsquellen trifft der Patient anhand seiner Präferenzen eine Entscheidung über die weitere Vorgehensweise.[440] Schließlich äußert er seine Sekundär-

[437] Wie in Kapitel 3.4 dargelegt, impliziert das Leitbild der souveränen Entscheidungsfindung keine obligatorische Autonomie. Vielmehr entscheidet der Patient je nach Krankheitslage, inwieweit er seine Entscheidungskompetenzen auf den Arzt übertragen möchte. Dem Umstand, dass Patienten Entscheidungen nicht unbedingt alleinverantwortlich treffen wollen, tragen Labelle et al. (1994) Rechnung, indem sie den perfekten Agenten danach bemessen, ob der Arzt eine Rolle einnimmt, die mit den diesbezüglichen Wünschen des Patienten übereinstimmt (vgl. Labelle et al. (1994), S. 347 ff).

[438] Vgl. Mooney/Ryan (1993), S. 129.

[439] Vgl. Dierks et al. (2001), S. 18 sowie Büchi et al. (2000), S. 2776 ff.

[440] Vgl. Büchi et al. (2000), S. 2776 ff.

nachfrage[441], indem er den Arzt mit der Durchführung der von ihm gewählten Versorgungsstrategie beauftragt.[442]
Die Rolle des Arztes als Agent beschränkt sich somit darauf,

> *„to give the patient all the information the patient needs in order to enable the patient to make a decision, and the doctor should then implement the decision once the patient has made it."*[443]

Evans (1984) weist bereits darauf hin, dass das Erzielen einer perfekten Agency-Beziehung schwierig ist, da die Interessen von Arzt und Patient nur zum Teil und nicht vollständig kongruent sind. Um als perfekter Agent zu handeln, müsste der Arzt seine eigenen Interessen – und damit entgegen der Annahmen des ökonomischen Verhaltensmodells sein Interesse an der Maximierung seines eigenen Nutzen – komplett ausblenden.[444] Wie nachfolgend gezeigt werden wird (vgl. Kap. 4.3.4), eröffnen sich auch bei obiger Ausgestaltung der Principal-Agent-Beziehung diskretionäre Handlungsspielräume für den Arzt. Diese führen dazu, dass der Arzt nicht ausschließlich im Interesse des Patienten handeln wird, sondern in der Lage ist, seine eigenen Interessen zu verfolgen. Von zentraler Bedeutung wird im weiteren Verlauf der Arbeit deshalb die Frage sein, wie der Arzt dazu bewegt werden kann, sein komplexes Wissen in einer verständlichen und unverfälschten Weise an den Patienten zu transferieren, damit dieser eine souveräne Behandlungsentscheidung treffen kann.[445]
Zunächst soll jedoch näher auf die gemeinsamen sowie konfligierenden Interessen von Patient und Arzt eingegangen werden.

4.3.3 Dilemmastruktur

Der Patient beauftragt den Arzt als Agenten in der Erwartung, dass dieser seine Kenntnisse und Fertigkeiten ausschließlich für und nicht gegen seine gesundheitlichen Interessen einsetzen wird.[446] Er erhofft sich aus der Interaktion mit dem Arzt eine qualitativ hochwertige Versorgung, die seinen Gesundheitszustand positiv beeinflusst. Ebenso liegt es im Interesse des Arztes, durch

---

[441] Zum Begriff der Sekundärnachfrage vgl. Dierks et al. (2001), S. 18.
[442] Vgl. Williams (1988), S. 176.
[443] Williams (1988), S. 176.
[444] Vgl. Evans (1984), S. 77 ff.
[445] Vgl. Gafni et al. (1998), S. 350.
[446] Vgl. Breyer et al. (2005), S. 431.
Dieser Vertrauensvorschuss des Patienten gegenüber dem Arzt wird als grundlegende Voraussetzung für eine erfolgreiche Interaktion von Arzt und Patient gesehen (vgl. Breyer et al. (2005), S. 435).

seine Leistungen zur Förderung des Gesundheitszustands des Patienten beizutragen und eine gute Qualität zu erzielen.[447]
Trotz dieser grundlegenden Interessensgleichheit ist die Interaktion von Patient und Arzt auch durch das Auftreten divergierender Interessen gekennzeichnet. Konträre Vorstellungen existieren z. B. hinsichtlich der Frage, mit welchem Ressourceneinsatz ein bestimmtes Behandlungsziel erreicht werden soll. Aus Patientensicht besteht ein Interesse daran, möglichst viele Gesundheitsleistungen zu konsumieren, da die Qualität der Versorgung u. a. an der Behandlungsintensität ausgemacht wird.[448] Zugleich möchte der Patient jedoch nicht zu viel seines verfügbaren Einkommens für Gesundheitsleistungen ausgeben.[449] Er ist deshalb daran interessiert, vorwiegend diejenigen Gesundheitsleistungen in Anspruch zu nehmen, für die ihm über den Krankenkassenbeitrag hinaus keine wesentlichen finanziellen Mehraufwendungen[450] anfallen.
Der Arzt generiert seinerseits sein Einkommen aus der Erbringung medizinischer Leistungen und ist dementsprechend an einer möglichst hohen Honorierung seiner Dienste interessiert.[451] Er wird vorrangig diejenigen Leistungen aus dem gesetzlichen Leistungskatalog erbringen, die zu einer Maximierung seines Einkommens führen.[452]
In diesem Zusammenhang ist jedoch die Funktion des Arztes als doppelter Agent anzusprechen. Der Arzt agiert nicht nur für den Patienten mit dem Ziel einer qualitativen Versorgung; er handelt zugleich auch als Agent der Krankenkasse und somit letztendlich als Agent der Versichertengemeinschaft mit dem Ziel, eine effiziente Versorgung der Versicherten sicherzustellen und die Ausgaben für die Versichertengemeinschaft möglichst gering zu halten. Der Arzt hat folglich immer auch die finanziellen Konsequenzen seiner Tätigkeit für die Versichertengemeinschaft zu bedenken und ist dazu angehalten, optimal

---

447 Vgl. Loss/Nagel (2005), S. 162.
Dieses Interesse resultiert, wie in Kapitel 4.2.3 bereits erwähnt, zum einen direkt aus dem ärztlichen Berufsethos (vgl. Breyer et al. (2005), S. 338) Zum anderen ergibt sich für den Arzt aufgrund des Behandlungsvertrags sowie bedingt durch berufsrechtliche und sozialrechtliche Vorschriften die Verpflichtung, alle zum Wohl des Patienten erforderlichen und laut gesetzlichem Leistungskatalog bei Bedarf vorgesehenen Gesundheitsleistungen nach den Regeln der ärztlichen Kunst und entsprechend dem jeweils aktuellen Stand der Medizin zu erbringen (vgl. Simon (2005), S. 145 sowie S. 167).

448 Vgl. Oberender et al. (2002), S. 55.

449 Vgl. Breyer et al. (2005), S. 431.

450 Zusätzlich zum Krankenkassenbeitrag können insbesondere noch Zuzahlungen für Medikamente sowie Heil- und Hilfsmittel anfallen.

451 Vgl. Breyer et al. (2005), S. 431.

452 Vgl. Oberender et al. (2002), S. 55.

mit den knappen Ressourcen umzugehen.[453] Auch in seiner Rolle als Doppelagent wird der Arzt jedoch weiterhin am seinem Ziel der Einkommensmaximierung festhalten. Er wird somit Effizienzaspekte eher bei den Leistungen berücksichtigen, die außerhalb seines eigenen Leistungsbereichs liegen und beispielsweise die Verordnung von Medikamenten oder Heilmitteln restriktiver handhaben, bevor er seine Möglichkeiten der Einkommenserzielung beschneidet.[454]

Da die Vergütung seitens der Krankenkasse zumeist budgetiert ist (vgl. Kap. 4.2.3), hat der Arzt darüber hinaus ein Interesse, sein Einkommen zu erhöhen, indem er dem Patienten Leistungen anbietet, die nicht der Budgetierung unterliegen oder die der Patient aus eigener Tasche zu bezahlen hat. Erweisen sich die privat vom Patienten finanzierten Leistungen für ihn als lukrativer, so wird er versuchen, diese vermehrt dem Patienten anzubieten.[455]

Ferner stellt der Faktor Zeit einen limitierenden Faktor bei der Inanspruchnahme bzw. Erbringung von Gesundheitsleistungen dar[456] und führt zu weiteren konträren Interessen von Patient und Arzt. Beide Interaktionspartner möchten die ihnen zur Verfügung stehende Zeit nicht ausschließlich zur Einkommenserzielung bzw. für gesundheitliche Belange aufwenden, sondern auch noch Zeit für die Verfolgung weiterer Interessen, wie z. B. dem Nachgehen von Freizeitaktivitäten, haben. Während aus Sicht des Patienten die Länge der Konsultation jedoch als Indikator für die Qualität der Versorgung gilt[457], möchte der Arzt nicht nur angesichts eines vollen Wartezimmers seine Patienten innerhalb möglichst kurzer Zeit versorgen.

Der Prozess der Informationsvermittlung an den Patienten ist für den Arzt mit erheblichen Zeitkosten verbunden[458], während die sprechende Tätigkeit des Arztes nur vergleichsweise niedrig entlohnt wird. Der Arzt hat somit ein Interesse daran, den Patienten möglichst schnell über seine Erkrankung sowie über Therapieoptionen zu informieren und den zeitlichen Umfang des Arzt-Patienten-Gesprächs zu begrenzen. Dies steht im Widerspruch zu den Anforderungen des Patienten an einen Arztbesuch. Der Patient erwartet, dass sich der Arzt voll und ganz für seine Belange einsetzt. Er erhofft sich vom Arzt ausführliche, fachlich fundierte, an seinen individuellen Fall angepasste Informati-

---

[453] Zur Rolle des Arztes als doppelter Agent vgl. Rochaix (1998), S. 356, Blomqvist (1991), S. 412 sowie Schneider (2002a), S. 79 ff.
[454] Vgl. hierzu auch Evans (1974), S. 163.
[455] Vgl. Williams (1988), S. 180 f.
[456] Vgl. Breyer et al. (2005), S. 336 und S. 341 sowie Oberender et al. (2002), S. 55.
[457] Vgl. Vick/Scott (1998), S. 591.
[458] Vgl. Gafni et al. (1998), S. 351.

onen.[459] Der Arzt ist hingegen nur gewillt, ein begrenztes Kontingent seiner Zeit für die Suche nach der besten Behandlungsalternative sowie für Fortbildungsmaßnahmen, die zu einer Steigerung der Qualität beitragen können, aufzuwenden. Hinzu kommt, dass sich der Arzt mit einer Unsicherheit hinsichtlich des weiteren Verhaltens des Patienten konfrontiert sieht. So weiß er nicht, ob der Patient ihn weiterhin konsultieren oder zu einem anderen Arzt wechseln wird und wie konsequent er an der Therapie mitwirken wird.[460] Muss der Arzt befürchten, dass der Patient den Arzt-Patienten-Kontakt abbrechen oder eine mangelnde Compliance zeigen wird, hat er kein Interesse an einer zeitaufwändigen Suche nach der optimalen Behandlungsstrategie.

Der Patient ist seinerseits nur bereit, einen Arzt so lange zu konsultieren, solange der empfundene Nutzen einer weiteren Arztkonsultation höher wiegt als der Nutzen der Aktivität, der er andernfalls nachgehen würde.[461] So wird er bisweilen auf die Wahrnehmung eines Arzttermins zur Verlaufskontrolle seiner Erkrankung verzichten, wenn sich nach seinem Empfinden ein positiver Krankheitsverlauf einstellt, und er die Zeit für das Verfolgen anderer Interessen benötigt. Ebenso verringert sich für den Patienten die Motivation, die ärztlichen Verhaltensempfehlungen einzuhalten, wenn sich nach der Entscheidung für einen Therapieplan herausstellt, dass dieser mit erheblichen Zeit- und Wegkosten verbunden ist.[462]

4.3.4 Informations- und Anreizprobleme

Die Beauftragung des Arztes als Agenten erfolgt im Modell der souveränen Entscheidungsfindung in einem zweistufigen Prozess (vgl. Kap. 4.3.2). Informationsprobleme und in der Folge Möglichkeiten zu opportunistischem Verhalten können hierbei auf jeder Stufe auftreten. Die Diagnosestellung und folglich die Bandbreite der in Betracht kommenden Gesundheitsleistungen ist von der Symptomschilderung des Patienten abhängig ist. Für das Vorhandensein vieler Symptome, wie beispielsweise das Ausmaß von Schmerzen, besteht häufig keine Überprüfungsmöglichkeit durch den Arzt. Für den Patienten eröffnet sich hierdurch der diskretionäre Spielraum, über die Schilderung seiner Symptome die Erbringung bestimmter Leistungen zu erwirken. Auf der anderen Seite hängen die Entscheidungsalternativen des Patienten hinsichtlich der Therapie entscheidend von der Diagnose sowie der Informationsvermittlung seitens

---

[459] Vgl. Schwartz/Busse (2003), S. 535.
[460] Vgl. Schneider (1998), S. 22 sowie Schneider (2002c), S. 129.
[461] Vgl. Vick/Scott (1998), S. 599.
[462] Vgl. Geisler (1987), S. 166 ff.

des Arztes ab. Der Patient als medizinischer Laie sieht sich jedoch mit einer Unsicherheit hinsichtlich der Richtigkeit der Diagnose konfrontiert.[463] So ist es denkbar, dass der Arzt unbeabsichtigt eine falsche Diagnose stellt, ungünstige Diagnosen positiver darstellt, um den Patienten nicht unnötig zu belasten, oder bei Nichtvorliegen behandlungsbedürftiger Symptome dem Patienten eine Behandlungsbedürftigkeit bescheinigt, weil er ein ökonomisches Interesse an der Erbringung von Gesundheitsleistungen hat.[464] Der Patient weiß zumeist nicht, ob und welche Gesundheitsleistungen existieren, die geeignet sind, seinen Gesundheitszustand positiv zu beeinflussen.[465] Somit befindet sich der Arzt als Agent des Patienten in der Lage, durch eine gezielte Informationspolitik die Bedürfnisse und Präferenzen des Patienten zu beeinflussen.[466] Für den Arzt eröffnet sich ein diskretionärer Handlungsspielraum, den er zur gezielten Steuerung der Sekundärnachfrage des Patienten zu seinen Gunsten nutzen kann. Dieses Moral Hazard-Verhalten des Arztes bezeichnet man auch als angebotsinduzierte Nachfrage.[467]

Die angebotsinduzierte Nachfrage kann in zwei Formen auftreten: Ärzte sind aufgrund der Informationsasymmetrie in der Lage, die Nachfrage des Patienten nach Gesundheitsleistungen entweder auszuweiten oder einzuschränken. In welche Richtung die Nachfrage gesteuert wird, ist insbesondere von den Anreizen abhängig, die das Vergütungssystem für ärztliche Leistungen setzt.[468] Innerhalb des GKV-Systems ist die angebotsinduzierte Ausweitung der Sekundärnachfrage durch die Vergütung über Regelleistungsvolumina begrenzt. Ist die maximal abrechenbare Anzahl an Leistungen erreicht, ist es für den Arzt unattraktiv weitere Leistungen zu erbringen, da der erwartete Nutzenzuwachs in Form von zusätzlichen Erlösen geringer ist als die Kosten, die

463 Vgl. Rochaix (1998), S. 356.

464 Vgl. Bürger (2003), S. 67, McGuire et al. (1988), S. 40 sowie Toepffer (1997), S. 32.

465 Vgl. Musil (2003), S. 46.

466 Untersuchungen haben gezeigt, dass die Präferenzen des Patienten für oder wider eine Behandlungsoption von der Präsentation der Wahrscheinlichkeitsinformation über den voraussichtlichen Erfolg der Intervention, dem sog. Framing, abhängig sind. So wird beispielsweise eine Therapie subjektiv als vorteilhafter bewertet, wenn deren Erfolgsaussicht als Reduktion des Sterberisikos dargestellt wird statt als Zunahme der Überlebenswahrscheinlichkeit. Für den Arzt eröffnet sich hierdurch die Möglichkeit, die Präferenzen des Patienten in die Richtung zu beeinflussen, die seinen Zielen am nützlichsten ist (vgl. Büchi et al. (2000), S. 2778 f).
Vgl. Büchi et al. (2000), S. 2778 f sowie Schwartz (1997), S. 83 f.

467 Vgl. Evans (1974), S. 163 f.

468 Vgl. McGuire (2000), S. 466 sowie S. 505 f.
Neben den vergütungsimmanenten Anreizen ist auch zu beobachten, dass aus Angst vor einem Behandlungsfehler mehr Leistungen als nötig erbracht werden (vgl. McGuire (2000), S. 516).

bei der Erbringung der Leistung anfallen.[469] Hat der Arzt hingegen sein Regelleistungsvolumen noch nicht ausgeschöpft, besteht für ihn ein Anreiz, die Nachfrage des Patienten auszuweiten und auf die Leistungen zu lenken, die in seinem Regelleistungsvolumen enthalten sind; ist die Grenze der voll abrechenbaren Leistungen schließlich erreicht, wird der Arzt versuchen, die Nachfrage des Patienten einzuschränken.

Die fallpauschalierte Vergütung im stationären Bereich setzt hingegen Anreize, das angestrebte Behandlungsziel mit einem möglichst geringen Ressourceneinsatz zu erzielen, so dass der Erlös aus der Fallpauschale größer ist als die Fallkosten. Für den Arzt ergibt sich hieraus der Anreiz, die Nachfrage des Patienten so zu steuern, dass dieser möglichst wenige Leistungen nachfragt, bzw. Leistungen als separate Behandlungsfälle abzurechnen.[470]

Für den Patient als Prinzipal bestehen kaum Möglichkeiten, dem Moral Hazard-Verhalten des Arztes entgegenzuwirken. Der Patient vermag aufgrund unzureichender medizinischer Fachkenntnisse die Richtigkeit der vom Arzt weitergegebenen Informationen nicht zu beurteilen.[471] Er weiß nicht, wann die angebotene Anzahl an Leistungen, das medizinisch erforderliche Maß übersteigt, bzw. wann ihm der Zugang zu sinnvollen Maßnahmen verwehrt wird. Als Folge einer überwiegend vollständigen Kostenübernahme durch die Krankenkasse wird dem Patienten häufig unterstellt, dass er keinen Anreiz habe, seinen Informationsstand zu Kontrollzwecken zu verbessern und Leistungsausdehnungen des Arztes zu begrenzen.[472] Durch die selektive Weitergabe von Informationen besteht für den Arzt also die Möglichkeit, den Patienten zu der vom Arzt präferierten Entscheidung zu veranlassen, indem er diese als einzig richtige erscheinen lässt.[473]

Der Patient mag zwar keinen finanziellen Anreiz haben, die vom Arzt vorgeschlagene Vorgehensweise kritisch zu hinterfragen. Da er den Nutzen und die Nebenwirkungen einer Leistung aber am eigenen Körper erfährt, existiert für ihn ein großer immaterieller Anreiz, die vom Arzt vorgeschlagene Vorgehensweise auf ihre Angemessenheit hin zu beurteilen. Der Patient möchte keine überflüssigen, ineffektiven, unnötig zeitintensiven oder den Körper übermäßig belastenden Leistungen konsumieren. Ebenso wenig ist er gewillt, einem Behandlungsplan zu folgen, der eine deutliche Einschränkung seiner bisherigen

---

469 Vgl. Musil (2003), S. 47.
470 Vgl. Schmidt-Rettig (2008), S. 408 sowie Fleßa/Weber (2010), S. 361.
471 Vgl. Musil (2003), S. 46.
472 Vgl. Oberender et al. (2002), S. 53 und S. 135.
473 Vgl. Ryan/Mooney (1992), S. 18.

Lebensgewohnheiten mit sich bringt, ohne einen positiven Effekt auf seine Gesundheit in Aussicht zu stellen. Ein Kontrollinteresse seitens Patienten kann zudem auch im Falle der Leistungsbeschränkung unterstellt werden. Angesichts der zumeist budgetierten bzw. fallpauschalierten Vergütung für Gesundheitsleistungen möchte der Patient wissen, ob ihm alle in seinem Fall erforderlichen Leistungen angeboten und zeitnah erbracht werden.

Die hierfür erforderlichen Informationen wird der Patient jedoch nur bedingt vom Arzt erhalten. Aus ärztlicher Sicht besteht unter den gegebenen Rahmenbedingungen kein Interesse, das Informationsgefälle zwischen Arzt und Patient zu verringern, da sich hierdurch der Spielraum für eine angebotsinduzierte Nachfrage reduzieren würde. Hinzu kommt, dass der Transfer von Informationen, wie zuvor bereits angesprochen, mit erheblichen Zeitkosten für den Arzt verbunden ist.[474] Oftmals überschätzen die Leistungserbringer auch die Fülle ihrer gegebenen Informationen und befriedigen in der Folge das Informationsbedürfnis ihrer Patienten nicht vollständig.[475] Zur Behebung dieser Informationsdefizite zieht der Patient deshalb häufig die Familie, Freunde, Bekannte, gleichermaßen Betroffene in Selbsthilfegruppen und in zunehmender Weise auch das Internet und andere Medien als Informationsquelle heran.[476] Der Erfahrungsaustausch mit anderen Betroffenen stellt vielfach eine sinnvolle Ergänzung zum Arztgespräch dar, da hier persönliche Erfahrung mit der Diagnose, Therapieoptionen und dem Krankheitsverlauf vorzufinden ist, über die der Arzt in dieser Weise zumeist nicht verfügt.[477] Es können jedoch auch Fehlinformationen an den Patienten weitergegeben werden und ein sozialer Druck auf den Patienten erzeugt werden, infolgedessen der Patient veranlasst wird, Leistungen nachzufragen, die in seiner jeweiligen gesundheitlichen Situation nicht angebracht sind.[478] Ähnliches gilt in Anbetracht der qualitativen Mängel vieler Internetinformationen für die Online-Recherche.[479] Bei dem Versuch des Patienten, sein Informationsdefizit zu beheben, besteht folglich die Gefahr, dass er irrelevante sowie falsche Informationen findet. Hieraus kann eine Ver-

474 Vgl. Gafni et al. (1998), S. 351.
475 Vgl. Mayer (2004), S. 321 sowie Bürger (2003), S. 133.
476 Vgl. Bürger (2003), S. 202 ff, Mayer (2004), S. 321 f sowie Lenz (2004), S. 99.
477 Vgl. Herxheimer et al. (2000), S. 1540 sowie Oehlrich/Stroh (2001), S. 147.
478 Vgl. Chapple (2002), S. 263.
479 Das Internet stellt zwar beispielsweise eine Fülle an leicht zugänglichen Gesundheitsinformationen bereit, die jedoch häufig qualitative Mängel aufweisen. Für den Patienten ist es zumeist schwierig, seriöse Informationen von rein kommerziellen Angeboten zu unterscheiden. Vielfach werden die Informationen undifferenziert verwendet (vgl. Hebenstreit/Prümel-Philippsen (2004), S. 91 sowie Mayer (2004), S. 322 f).

schlechterung anstelle einer Verbesserung seiner Kontrollmöglichkeiten und seiner Entscheidungsbasis resultieren.[480]
Die begrenzten Kontrollmöglichkeiten der Leistungserbringung durch den Patient sind auch durch die Komplexität von Gesundheitsleistungen bedingt. Der Patient kann zwar die Handlungen des Arztes beobachten, für ihn ist aber schwer zu unterscheiden, inwieweit eine Veränderung seines Gesundheitszustands auf die konsumierten Gesundheitsleistungen und damit auf die Anstrengungen des Arztes zurückzuführen ist, oder ob sich dasselbe Ergebnis auch ohne Behandlung eingestellt hätte.[481] Hierdurch eröffnet sich zusätzlich ein diskretionärer Handlungsspielraum für den Arzt, den er zur Verfolgung seiner Ziele nutzen kann.
Zugleich räumt die Tatsache, dass der Erfolg einer medizinischen Intervention auch von patientenspezifischen Faktoren abhängig ist, dem Patienten die Möglichkeit zu eigenem Moral Hazard-Verhalten ein. Für den Arzt besteht nämlich ein Informationsdefizit, ob sich der Patient an die Therapieanweisungen gehalten oder ob der Patient die hierfür erforderliche Zeit anderweitig eingesetzt und sich das Behandlungsergebnis aufgrund der Selbstheilungskräfte des Körpers eingestellt hat.[482] Die mangelnde Compliance des Patienten, die vom Arzt nicht beobachtet werden kann, versieht zusammen mit der mangelnden Beurteilbarkeit des ärztlichen Handelns durch den Patienten die Interaktion von Arzt und Patient mit einem zweiseitigen Moral Hazard-Problem.[483]
Eine mangelnde Compliance kann jedoch auch darauf zurückzuführen sein, dass der Patient die transferierte Information des Arztes infolge einer übermäßigen Verwendung medizinischen Fachvokabulars nicht richtig versteht[484], die Informationen falsch interpretiert[485] oder sich zu Hause nicht mehr an die Therapieempfehlungen erinnern kann:

> *„While information may be supplied by the doctor [...] it will not always be converted into knowledge – information that is understood and retained for at least some period of time – by the patient."*[486]

Insbesondere bei der Diagnose einer schweren Erkrankung ist eine starke emotionale Belastung des Patienten zu verzeichnen, wodurch die Aufnahmefähigkeit des Betroffenen herabgesetzt wird. Zudem wird der Patient bei der

480 Vgl. Entwistle/O`Donnell (2001), S. 40.
481 Vgl. Arrow (1963), S. 949 sowie Musil (2003), S. 45 f.
482 Vgl. Schneider (1998), S. 22.
483 Vgl. Schneider (2002b), S. 448 f.
484 Vgl. Geisler (1987), S. 168 f.
485 Vgl. Scott/Vick (1999), S. 114 und Schwartz (1997), S. 85.
486 McGuire et al. (1988), S. 40.

Diagnosestellung häufig mit Informationen versorgt, die zum aktuellen Zeitpunkt für ihn noch nicht relevant sind.[487] In ähnlicher Weise führt die Angst vor den auf Beipackzetteln geschilderten Nebenwirkungen dazu, dass bei geringem Leidensdruck Therapieanweisungen nicht eingehalten werden.[488] Dies ist insbesondere dann der Fall, wenn aufgrund des begrenzten ärztlichen Zeitkontingents für die Versorgung eines Patienten keine Möglichkeit gegeben wird, diese Ängste im Arzt-Patienten-Gespräch anzusprechen und zu relativieren. In der Folge wird der Nutzen einer Therapie falsch eingeschätzt und keine Erfordernis gesehen, die Therapiepläne einzuhalten.

4.4 Resultierende Qualitätsdefizite

Analog zum Zielkonflikt auf der Makroebene lässt sich Darstellung 7 auf die Dilemmastruktur zwischen den Interaktionspartnern auf der Mikroebene des Gesundheitssystems übertragen (vgl. Darst. 18):

Darst. 18: Dilemmastruktur zwischen Patient, Leistungserbringer und Krankenkasse

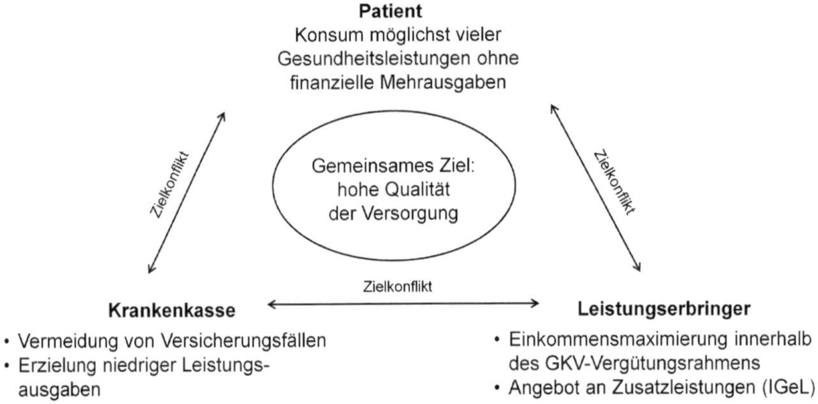

Quelle: Eigene Darstellung.

Das Vorliegen konträrer Interessen von Patient, Leistungserbringer und Krankenkasse führt zusammen mit dem Auftreten von Informations- und Anreizproblemen dazu, dass die gesundheitliche Versorgung durch zahlreiche Qualitätsdefizite geprägt ist.

---

[487] Vgl. Sänger et al. (2009), S. 1101 sowie Timmermans/Veld (2001), S. 722.
[488] Vgl. Geisler (1987), S. 163 ff.

So wird auf Seiten des Patienten eine medizinische Überversorgung und u. U. sogar eine Fehlversorgung durch die fehlende preisliche Steuerung der Nachfrage nach Gesundheitsleistungen und dem Anreiz, als Gegenleistung für den gezahlten Krankenversicherungsbeitrag möglichst viele Gesundheitsleistungen zu konsumieren, begünstigt.[489] Eine verstärkende Wirkung hat hierbei der Umstand, dass aufgrund mangelnder Informationen über die Effektivität einzelner Gesundheitsleistungen aus Sicht des Patienten eine hohe Versorgungsqualität mit einer hohen Leistungsintensität korreliert.[490] Beim Versuch sein Informationsdefizit zu beheben, kann der Patient zudem an Fehlinformationen gelangen, die zu ungerechtfertigten Hoffnungen bzw. übertriebenen Leistungsvorstellungen kommen, mit denen der Patient an den Leistungserbringer herantritt.[491] Führt die Fehlinformation dazu, dass unangemessene Leistungen in Anspruch genommen werden oder auf eine sinnvolle Maßnahme (zunächst) verzichtet wird[492], besteht die Gefahr, dass der Patient einen körperlichen Schaden erleidet.[493]

Die Nachfrage nach Gesundheitsleistungen wird allerdings durch die mit dem Konsum von Gesundheitsleistungen verbundenen Opportunitätskosten begrenzt.[494] So kann z. B. die Zeit, die für Fahrten zum Arzt, Wartezeit und Behandlungszeit aufgewendet werden muss, nicht anderweitig eingesetzt werden.[495] Ebenso fließen in die Abwägung der Vor- und Nachteile einer Gesundheitsleistung Aspekte wie Lebensqualität und Lebenszeit ein. Wird die Einbuße an Lebensqualität infolge einer therapiebedingten Änderung der Lebensführung höher bewertet, als die mit einer Versorgungsstrategie möglicherweise verbundene Lebenszeitverlängerung, so erfolgt eine Entscheidung gegen diese Maßnahme. Dies äußert sich beispielsweise in der Nichtinanspruchnahme eines Programms zur Gewichtsreduktion oder einer Chemotherapie.[496]

Der Arzt in seiner Funktion als doppelter Agent hat zwar gegenüber der Krankenkasse die Aufgabe, die Ausgaben für das Versichertenkollektiv möglichst gering zu halten; er wird einer medizinischen Überversorgung jedoch nur entgegen wirken, insofern er damit nicht seinem eigenen Ziel der Einkommens-

[489] Vgl. Oberender et al. (2002), S. 55 f und S. 135.
[490] Vgl. ebd., S. 55.
[491] Vgl. Hebenstreit/Prümel-Philippsen (2004), S. 91 sowie Mayer (2004), S. 322 f.
[492] Abzugrenzen hiervon ist der bewusste Verzicht eines umfassend informierten, souveränen Patienten auf eine aus ärztlicher Sicht gebotene Maßnahme, wenn gemessen an seinen Präferenzen eine Leistung mehr Nach- als Vorteile mit sich bringt.
[493] Vgl. Hebenstreit/Prümel-Philippsen (2004), S. 91 sowie Mayer (2004), S. 322 f.
[494] Vgl. Oberender et al. (2002), S. 55 sowie Breyer et al. (2005), S. 336,
[495] Vgl. Musil (2003), S. 42 sowie Schulenburg/Greiner (2000), S. 72.
[496] Vgl. hierzu auch Oberender et al. (2002), S. 14.

maximierung zuwiderläuft. So lässt sich auch erklären, dass mitunter aus Gefälligkeitsgründen oder zu Marketingzwecken Leistungen zu Lasten der GKV erbracht werden, die lediglich aus der subjektiven Sicht des Patienten zur Deckung des Versorgungsbedarfs beitragen.[497] Werden dem Patienten nämlich gewünschte Leistungen verwehrt, obwohl sie aus objektiver Sicht nicht bedarfsgerecht sind, besteht die Gefahr, dass der Patient aufgrund fehlender Informationen über die Effektivität der Maßnahme mit der Versorgungsqualität unzufrieden ist und zu einem anderen Arzt wechselt. Hierdurch kann dem Arzt u. U. ein Einkommensverlust entstehen, weswegen er vielfach gewillt sein wird, Leistungen auch ohne zugrunde liegenden Bedarf zu erbringen.

Zu Qualitätsproblemen bei der medizinischen Versorgung trägt jedoch nicht nur die Erwartungshaltung des Patienten bei. Die Informationsasymmetrie zu Lasten des Patienten eröffnet dem Leistungserbringer die Möglichkeit, durch die selektive Auswahl von Informationen sein Ziel der Einkommensmaximierung durchzusetzen.[498] Die Einkommensmaximierung auf Seiten der Leistungserbringer steht jedoch selten im Einklang mit einer optimalen Versorgung des Patienten und kann mitunter sogar zu einer Fehlversorgung des Patienten führen. In Abhängigkeit von der Anreizsituation für das Handeln der Leistungserbringer kann sich die Angebotsinduzierung in einer Leistungsausdehnung bzw. einer Leistungsbeschränkung äußern.[499] Solange der Patient die Leistungen nicht aus eigener Tasche bezahlen muss, steht er den vom Arzt als erforderlich deklarierten Leistungen weniger skeptisch gegenüber.[500]

Die Versorgungsqualität lässt sich durch zusätzliche Untersuchungen und Behandlungsmaßnahmen allerdings nur bis zu einem bestimmten Punkt erhöhen und nimmt dann wieder ab (vgl. Darst. 19). Dies ist darauf zurückzuführen, dass sich die Verdachtsdiagnose, zu der der Arzt nach der Anamnese und der körperlichen Untersuchung des Patienten gelangt, zunächst mittels technischer Zusatzuntersuchungen genauer differenzieren lässt. Folglich trägt der Einsatz weiterer diagnostischer Maßnahmen dazu bei, ein genaueres Bild über den Patienten und seine Beschwerden zu gewinnen, bestimmte Erkrankungen auszuschließen und dem Patienten auf sein Erkrankungsbild abgestimmte, potenziell nutzenstiftende Behandlungsoptionen zu unterbreiten.[501]

---

[497] Studien aus den USA zeigen beispielsweise, dass aus Furcht, den Patienten zu verlieren, auf Patientenwunsch auch unwirksame Medikamente verschrieben werden (vgl. Hasenbein et al. (2003), S. 368).

[498] Vgl. Schwartz (1997), S. 83 f sowie Ryan/Mooney (1992), S. 18.

[499] Vgl. McGuire (2000), S. 466 sowie S. 505 f.

[500] Vgl. Neuffer (1997), S. 50.

[501] Vgl. Breyer et al. (2005), S. 336.

Ebenso lässt sich das vom Patient angestrebte Behandlungsziel in der Regel nicht mit einer Einzelmaßnahme erreichen, sondern erfordert aufeinander aufbauende Therapieschritte.[502] Somit trägt eine größere Anzahl an Leistungen zu einer Verbesserung der Versorgungsqualität bei (siehe Abschnitt I der Kurve). Führt eine weitere diagnostische Maßnahme zu keinem zusätzlichen Erkenntnisgewinn bzw. eine zusätzliche Therapie zu keiner Besserung des Gesundheitszustandes des Patienten, so ist der höchste Punkt der Kurve erreicht (siehe Punkt II der Kurve). Ab diesem Punkt stellen alle weiteren Maßnahmen eine Überversorgung des Patienten dar, da die Leistungen über den Bedarf hinausgehen und keinen zusätzlichen Nutzen für den Patienten bringen (siehe Abschnitt III der Kurve). Zusätzliche Gesundheitsleistungen können sogar mit einem potenziellen Schaden für den Patienten verbunden sein und demzufolge eine Fehlversorgung darstellen, wie dies beispielsweise angesichts unkoordinierter Behandlungsabläufe auf wiederholt durchgeführte Röntgenaufnahmen oder endoskopische Untersuchungen zutrifft.[503]

Darst. 19: Schematische Darstellung des Zusammenhangs zwischen Leistungsintensität und Versorgungsqualität

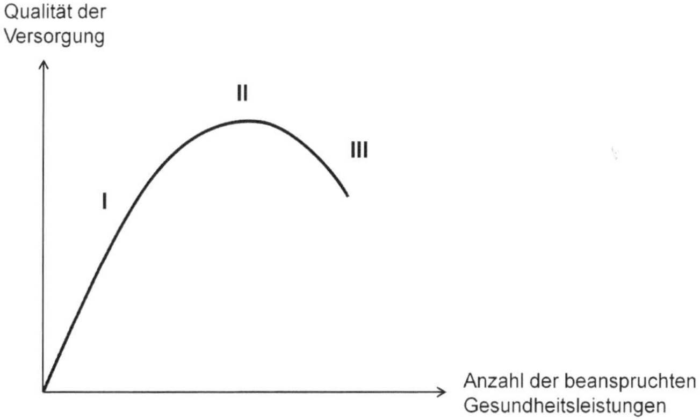

Quelle: Eigene Darstellung.

Anzumerken ist an dieser Stelle, dass eine angebotsseitige Leistungsausdehnung nicht unbedingt ökonomische Beweggründe haben muss. Ärzte möchten

502 Vgl. Schaeffer (1995), S. 145.

503 Zum Zusammenhang von Leistungsintensität und Versorgungsqualität vgl. Daugs (2002), S. 47.

aufgrund ihres Berufsethos und dem Wunsch, Gutes zu tun, häufig nichts unversucht lassen, um dem Patienten zu helfen.[504]
Die derzeit praktizierte Vergütung ambulanter ärztlicher Leistungen anhand von Regelleistungsvolumina sowie die fallpauschalierte Vergütung stationärer Leistungen sollen einer angebotsinduzierten Nachfrage und somit auch der Erbringung medizinisch nicht erforderlicher Leistungen entgegenwirken. Allerdings können beide Vergütungsformen wiederum negative Effekte auf die Qualität der Versorgung nach sich ziehen.
Arztbezogene Regelleistungsvolumina bergen die Gefahr, dass die Erbringung erforderlicher Leistungen aufgeschoben wird bzw. Patienten nicht mehr angenommen werden, falls die mit vollem Punktwert abrechenbare Leistungsmenge je Quartal bereits ausgeschöpft ist. Zudem können Regelleistungsvolumina dazu führen, dass Ärzte ihr Leistungsspektrum einschränken und nur noch die Leistungen anbieten, die aus ihrer Sicht das beste Kosten-Nutzen-Verhältnis gemessen an Zeit- und Ressourcenaufwand (Personal, Material) je Punktwert bieten.[505] Mittels Regelleistungsvolumina wird also nicht nur ein Anreiz zum Abbau von Überversorgung gesetzt, sondern es besteht die Gefahr, dass die Patienten unter- bzw. fehlversorgt werden. Entgegen der gängigen Annahme, dass Leistungserbringer ihren Informationsvorsprung zu einer künstlichen Nachfrageausweitung nutzen, kann das Vergütungssystem sie nämlich veranlassen, über eine eigennützige Steuerung des Informationsflusses die Nachfrage nach Gesundheitsleistungen zu verknappen und auf ein medizinisch zu niedriges Maß zu reduzieren.[506]
Dies trifft auch auf die budgetierte, fallpauschalierte Vergütung stationärer Leistungen zu. Sie soll ebenfalls einer beliebigen Leistungsausweitung seitens der Leistungserbringer entgegenwirken. Allerdings besteht auch hier das Problem, dass sich unter der Prämisse einkommensmaximierenden Verhaltens die Leistungserbringung nicht primär an den Präferenzen des Patienten und dem tatsächlichen Bedarf orientiert. Die fallpauschalierte Vergütung setzt Anreize, die Behandlungskosten je Fall zu reduzieren. Dies kann jedoch negative Auswirkungen auf die Qualität der stationären Leistungen nach sich ziehen. So besteht die Gefahr, dass die Patienten zu früh entlassen werden, um über eine Verweildauerverkürzung eine Kostensenkung zu erreichen.[507] Zu beobachten

504 Vgl. Mooney/Ryan (1993), S. 130.
505 Vgl. hierzu die entsprechenden Ausführungen zur Anreizwirkung der Einzelleistungsvergütung bei Evans (1974), S. 163.
506 Vgl. Bürger (2003), S. 77.
507 Vgl. Fleßa/Weber (2010), S. 361.

ist darüber hinaus auch, dass Medikamente rationiert werden oder der Off-Label-Use[508] von Präparaten propagiert wird, wenn sich dadurch eine Reduktion der Arzneimittelkosten erzielen lässt. Zudem wird der Anreiz gesetzt, bei mehreren möglichen Behandlungsweisen in erster Linie die Fallpauschale zu erbringen, die aus Sicht des Krankenhauses das beste Kosten-Nutzen-Verhältnis aufweist.[509]

Durch die verschiedenen Vergütungsformen im ambulanten und stationären Sektor mangelt es zudem an einer Gesamtverantwortung für die Effektivität und Effizienz der Versorgung. Hieraus ergeben sich negative Folgen für die Versorgungsqualität. Da die Vergütung budgetiert und sektoral erfolgt, besteht die Gefahr, dass die Patienten bei ausgeschöpftem Budget zwischen den Sektoren verschoben werden und ihre Versorgung nicht auf der Versorgungsstufe erfolgt, die dem aktuellen Bedarf und den Patientenbedürfnissen am besten entspricht.[510] Alle beteiligten Leistungserbringer versuchen in erster Linie, unter den gegebenen Bedingungen ihr Einkommen zu maximieren, die optimale Versorgung des Patienten steht hingegen an zweiter Stelle.

Die ökonomischen Rahmenbedingungen ärztlichen Handelns sowie die Unsicherheit hinsichtlich des Verhaltens des Patienten führen dazu, dass der Arzt nur gewillt ist, ein begrenztes Zeitkontingent für Fortbildungsmaßnahmen, die Ermittlung der optimalen Behandlungsstrategie sowie den Informationstransfer an den Patienten aufzuwenden. Dies hat wiederum nachteilige Folgen für die Versorgungsqualität: Erfolgt keine Suche nach der optimalen Vorgehensweise, so bleibt die Versorgungsqualität unter dem theoretisch erreichbaren Niveau zurück. Darüber hinaus besteht die Gefahr, dass aufgrund einer verminderten Fortbildungsaktivität des Arztes die Versorgung nicht dem aktuellen medizinischen Erkenntnisstand entspricht und eine Fehlversorgung resultiert.

Da die Vergütung für Leistungen, die zu Lasten der GKV erbracht werden können, budgetiert ist, ergibt sich für die Leistungserbringer durch das Ange-

---

508 Der Off-Label-Use bezeichnet den Einsatz von Medikamenten außerhalb des zugelassenen Indikationsbereichs (vgl. § 35 c Abs. 1 SGB V). Als problematisch im Hinblick auf die Qualität der Versorgung kann sich hierbei z. B. der Umstand erweisen, dass keine expliziten Dosisempfehlungen für den Off-Label-Use vorliegen. Darüber hinaus wurden die Nebenwirkungen bei Anwendung an Patienten, die nicht zum Patientenkreis zählen, für den das Medikament zugelassen ist, nicht systematisch untersucht. Zudem können „unerwünschte“ Nebenwirkungen in Form der primären Wirkung des Arzneimittels auftreten. Schließlich stellt sich das Problem, dass keine expliziten Angaben zu den Kontraindikationen für den Off-Label-Use existieren, sondern erst im Laufe der Anwendungsbeobachtung eruiert werden können.

509 Vgl. Fleßa/Weber (2010), S. 368 f.

510 Vgl. Neuffer (1997), S. 109 ff.

bot von IGeL-Leistungen eine Möglichkeit der Einkommenserhöhung. Angeboten werden zahlreiche Leistungen außerhalb des gesetzlichen Leistungskatalogs, die medizinisch nicht zwingend notwendig sind, im Einzelfall aber durchaus empfehlenswert sein können. Allerdings sind auch Leistungen im Angebot, deren Wirksamkeit wissenschaftlich noch nicht geklärt ist.[511] Der Patient sieht sich bei der Konsumentscheidung mit einem Informationsdefizit konfrontiert: er weiß nicht, ob die angebotene Leistung bezogen auf seinen individuellen Fall tatsächlich sinnvoll ist oder ausschließlich der Erhöhung des Arzteinkommens dient. Die Inanspruchnahme von IGeL-Leistungen kann mitunter also zu einer Überversorgung führen.

Durch die fehlenden medizinischen Fachkenntnisse und die Probleme, die bestehenden Informationsdefizite zu beheben, kann der Patient kaum beurteilen, ob er angemessen und ausreichend versorgt wird. Somit kann er dem Moral-Hazard-Verhalten der Leistungserbringer bzw. der Krankenkasse nur schwer entgegenwirken.[512] Aufgrund der fehlenden Kontroll- und Beurteilungsmöglichkeiten des Patienten hinsichtlich des ärztlichen Verhaltens sowie des Verhaltens der Krankenkasse bei der Leistungsgewährung, besteht die Gefahr, dass Arzt bzw. Krankenkasse den diskretionären Handlungsspielraum zur Verfolgung ihrer eigenen Interessen ausnutzen und das Qualitätsniveau der medizinischen Versorgung sinkt.[513]

Eine hohe Versorgungsqualität kann zudem nur erreicht werden, wenn der Patient an der Umsetzung der gewählten Versorgungsstrategie mitwirkt. Werden die Informationen über den Sinn und die Notwendigkeit der Einhaltung von Therapieempfehlungen jedoch zu knapp gefasst oder falsch verstanden und wird dem Patient nicht ausreichend Zeit für Rückfragen gegeben, so wird der Patient nur eine mangelnde Therapietreue aufweisen.[514] Wenn der Patient die angebotenen Leistungen jedoch schlecht nutzt oder durch seine Lebensweise den Therapiezielen entgegenwirkt, kann auch mit einer hochwertigen medizinischen Versorgung der angestrebte Erfolg nicht erzielt werden.[515]

511 Vgl. Verbraucherzentrale NRW (2007), S. 3.
512 Vgl. Arrow (1963), S. 949.
513 Vgl. Neuffer (1997), S. 44.
514 Vgl. Geisler (1987), S. 163 ff.
515 Vgl. Musil (2003), S. 19.

5 Relevanz von Leitlinien zur Erzielung einer hohen Qualität im Gesundheitswesen

5.1 Chancen für die Qualität der Versorgung

5.1.1 Leitlinien als Grundlage eines kontinuierlichen Verbesserungsprozesses

Evidenzbasierte Leitlinien geben Empfehlungen, welche Vorgehensweise sich gemäß der Erkenntnisse aus der externen Evidenz bei der Versorgung eines definierten Gesundheitsproblems als wirksam erwiesen hat, um den Gesundheitszustand des Patienten positiv zu beeinflussen. Evidenzbasierte Leitlinien können somit im Rahmen des PDCA-Zyklus (vgl. Kap. 3.3.7) zur Definition des Soll-Zustandes der Versorgung herangezogen werden.[516]
Von ihrer Konzeption beschränken sich Leitlinien jedoch nicht nur auf die Funktion als Qualitätsreferenz. Sie wollen vielmehr Wege aufzeigen, wie das angestrebte Qualitätsniveau erreicht werden kann, und bilden somit ein wesentliches Element bei der Umsetzung von Verbesserungsmaßnahmen.[517]
Leitlinien stellen in erster Linie ein Instrument zur Steigerung der Prozessqualität (vgl. Kap. 5.1.2) dar, können aber auch Empfehlungen zur Strukturqualität enthalten. Durch eine möglichst breite Umsetzung der Leitlinienempfehlungen in die Versorgungspraxis erhofft man sich, die angestrebten Qualitätsziele zu realisieren.
Zur Evaluation der erreichten Versorgungsqualität lassen sich von den Leitlinienempfehlungen Indikatoren und Indizes[518] ableiten. Anhand dieser Kennzahlen lässt sich das Versorgungsgeschehen quantitativ erfassen. Mittels einer Gegenüberstellung der Soll- und Ist-Werte lassen sich sodann Teilberei-

516 Vgl. hierzu auch Timmermans/Veld (2001), S. 719 sowie Kopp et al. (2001), S. 1469.
517 Vgl. Schrappe (2010b), S. 512.
518 Indikatoren stellen Hilfsgrößen dar, die Einzelaspekte der Gesundheitsversorgung messen und die interessierende Zielgröße indirekt über Zahlen(-verhältnisse) abbilden. Zur Darstellung komplexerer gesundheitlicher Phänomene werden die quantitativen Indikatoren zu Indizes aggregiert (vgl. Schwartz/Busse (2003), S. 536 sowie Schrappe (2001a), S. 390).

che mit Optimierungsbedarf identifizieren und weiterführende Maßnahmen der Qualitätssicherung ableiten.[519]

In diesem Zusammenhang ist zu berücksichtigen, dass evidenzbasierte Leitlinien selbst eine „Sekundärtechnologie"[520] darstellen und ihrerseits ebenfalls einer Überprüfung hinsichtlich ihrer Eignung zur Steuerung und Evaluation der Qualität im Gesundheitswesen bedürfen (vgl. hierzu Kap. 5.2 und Kap. 6.3).[521]

5.1.2 Steigerung der Prozessqualität

In Kapitel 3.3.4 wurden als wesentliche Kriterien für eine gute Prozessqualität eine hohe Entscheidungsqualität, eine gute technische Kompetenz der Leistungserbringer, die Sicherstellung einer koordinierten und kontinuierlichen Leistungserbringung sowie die Ausrichtung des Versorgungsgeschehens an den Präferenzen der Patienten herausgearbeitet.

Evidenzbasierte Leitlinien können positive Effekte auf zwei dieser Aspekte ausüben, nämlich auf die Entscheidungsqualität sowie die Ausrichtung der Leistungserbringung an den Präferenzen des Patienten.

Evidenzbasierte Leitlinien stellen ein wichtiges Instrument zur Verbesserung der Qualität von Entscheidungen im Versorgungsalltag dar.[522] Sie bewerten die Evidenz des für den Einzelnen oftmals unüberschaubaren externen Wissens zur Diagnose und Therapie eines Krankheitsbildes anhand wissenschaftlicher Kriterien und fassen es in Empfehlungen zusammen. Insofern stellen sie eine qualitativ hochwertige Informationsquelle dar, die einen schnellen Überblick über verschiedene Vorgehensweisen und deren Angemessenheit als Grundlage für medizinische Versorgungsentscheidungen ermöglicht.

Anhand von Leitlinien kann der Leistungserbringer an wichtige Aspekte im Zusammenhang mit der Anamnese, der körperlichen Untersuchung, der Differenzialdiagnose sowie weiterführende Untersuchungen erinnert werden, die in der Hektik der Betriebsabläufe bisweilen vergessen werden.[523] Dies kann zu einer höheren Qualität der Diagnose führen.

Die Akkuratheit einer Diagnose bildet wiederum eine entscheidende Voraussetzung für die Auswahl einer Behandlungsalternative. Je genauer und je sicherer eine Diagnose ist, umso besser lässt sich eine Versorgungsstrategie

---

519 Vgl. Kopp et al. (2001), S. 1468 ff, Hasenbein et al. (2003), S. 372 sowie Albert et al. (2004), S. 347.

520 Helou et al. (2002), S. 207.

521 Vgl. ebd. sowie Oberender/Daumann (1997b), S. 219.

522 Vgl. Helou et al. (2002), S. 211.

523 Vgl. Romano/Stafford (2011), S. 898.

finden, die zur Besserung oder zumindest zum Erhalt des Gesundheitszustands des Patienten beiträgt.
Angesichts der Zeitknappheit mit der sich ein Arzt bei seiner täglichen Arbeit konfrontiert sieht, verbleibt ihm nur wenig Zeit für die Suche nach der bestmöglichen Behandlungsmethode bei einem Patienten. Leitlinien helfen den Suchprozess abzukürzen.[524] Sie geben evidenzbasierte Empfehlungen zur therapeutischen Vorgehensweise in Abhängigkeit von der Art und der Schwere einer Erkrankung und können auch an diesem Punkt des Entscheidungsprozesses als wertvolle Informationsgrundlage dienen. Je verlässlicher die Evidenz hinsichtlich verschiedener Versorgungsoptionen ist, umso besser kann der Arzt dem Patienten eine Behandlungsstrategie empfehlen, die dem Patienten am ehesten Nutzen bringen wird.[525] Der Einsatz von Leitlinien führt dazu, dass bei der Auswahl der angebotenen Leistungen nicht nur die persönliche Einschätzung des Arztes hinsichtlich der Wirksamkeit und Angemessenheit, sondern vielmehr die beste verfügbare Evidenz zum Tragen kommt.[526]
Zur Erzielung einer hohen Prozessqualität reicht es jedoch nicht aus, dass die Leitlinienempfehlungen nur dem Arzt vorliegen. Wie in Kapitel 4.3.4 dargelegt wurde, verfügt der Arzt über einen Informationsvorsprung gegenüber dem Patienten. Auf diese Weise eröffnet sich für ihn die Möglichkeit, durch die selektive Informationsweitergabe die Entscheidung des Patienten in die von ihm gewünschte Richtung zu steuern.[527] Damit der Patient jedoch in der Lage ist, eine souveräne Versorgungsentscheidung zu treffen, ist es erforderlich, dass er relevante Behandlungsmöglichkeiten mit ihren jeweiligen Wirkungen und Nebenwirkungen kennt.[528] Leitlinien, die auch dem Patienten zugänglich sind, reduzieren die Informationskosten für den Patienten und tragen dazu bei, die Informationsasymmetrie zu Lasten des Patienten abzubauen. Sie erhöhen für den Patienten die Transparenz hinsichtlich der Wirksamkeit von Gesundheitstechnologien und üben somit eine positive Wirkung auf das Nutzenniveau des Patienten aus.[529] Dies trifft selbst dann zu, wenn anhand der Forschungsevidenz nur wenig über die relative Effektivität einer Maßnahme gesagt werden kann.[530] Solche Informationen verdeutlichen, dass nicht alle verfügbaren medizinischen Leistungen einen gesicherten Nutzen mit sich bringen und führen

[524] Vgl. Musil (2003), S. 177.
[525] Vgl. Ashcroft et al. (2001), S. 53.
[526] Vgl. Entwistle/O`Donnell (2001), S. 43.
[527] Vgl. Schwartz (1997), S. 83 f.
[528] Vgl. Mayer (2004), S. 320 sowie Entwistle/O`Donell (2001), S. 35.
[529] Vgl. Mayer (2004), S. 322 sowie Bürger (2003), S. 169.
[530] Vgl. Entwistle/O`Donnell (2001), S. 42.

zu realistischeren Einschätzungen der Möglichkeiten der Medizin. Leitlinien können ferner zu genaueren Erwartungen des Patienten hinsichtlich des Krankheitsverlaufs sowie zu einer konsequenteren Umsetzung der gewählten Behandlungsstrategie beitragen, indem sie die Chancen und Risiken unterschiedlicher Therapieoptionen transparent machen. Sie ermöglichen es dem Patienten, aus mehreren relevanten Behandlungsalternativen die seinen Präferenzen entsprechende und damit die für ihn optimale Vorgehensweise auszuwählen, die er auch gewillt ist, umzusetzen.[531] Dies schließt auch die Option ein, nichts zu tun. Evidenzbasierte Leitlinien stellen somit eine wesentliche Grundlage für eine souveräne Versorgungsentscheidung des Patienten dar. Im Rahmen des Beauftragungsprozesses (vgl. Kap. 4.3.2) kann der Patient die in den Leitlinien enthaltenen Informationen zur Vor- und Nachbereitung des Arzt-Patienten-Gespräches einsetzen.[532]

Damit Leitlinien jedoch wirklich zu einer Verbesserung der Entscheidungssituation des Patienten beitragen, ist es erforderlich, dass der Patient den Inhalt der Leitlinien versteht (vgl. hierzu auch Kap. 5.2.2 und 6.2.2).

---

[531] Vgl. Härter (2004), S. 89 f, Dierks/Seidel (2005), S. 36 sowie Petermann/Mühlig (1998), S. 82 f und S. 98 f.

[532] Vgl. hierzu auch Elwyn/Edwards (2001), S. 7.

Darst. 20: Idealtypische Wirkung von Leitlinien auf die Prozessqualität

Qualitätseffekt	Ursache für Qualitätsdefizit	Beitrag von Leitlinien zur Erzielung des Qualitätseffekts
Steigerung der Entscheidungsqualität	• unüberschaubares externes Wissen zur Diagnose und Therapie eines Krankheitsbildes • Zeitknappheit des Arztes für die Suche nach relevanten Informationen • Vergessen wichtiger Aspekte im Zusammenhang mit der Diagnose und Therapie aufgrund von hektischen Betriebsabläufen	• evidenzbasierte Bewertung und Zusammenfassung des externen Wissens • Abkürzung des Suchprozesses für den Arzt • Erinnerung an wichtige Versorgungsaspekte
Ermöglichung souveräner, präferenzorientierter Entscheidungen des Patienten	• Informationsvorsprung des Arztes • selektive Informationsweitergabe an den Patienten	• Reduktion der Informationskosten für den Patienten • Verbesserung des Kenntnisstandes hinsichtlich relevanter Versorgungsoptionen mit ihren jeweils zu erwartenden Wirkungen und Nebenwirkungen

Quelle: Eigene Darstellung.

5.1.3 Abbau von medizinischer Über-, Unter- und Fehlversorgung

Wie in Kapitel 4.4 dargelegt wurde, führen die der Arzt-Patienten-Interaktion inhärenten Informationsasymmetrien in Verbindung mit den fehlsteuernden Anreizen aus dem komplementären Versicherungs- und Versorgungsvertrag dazu, dass die Patientenversorgung von zahlreichen Qualitätsdefiziten geprägt ist. Diese äußern sich darin, dass Teilbereiche der Gesundheitsversorgung von Über-, Unter- oder Fehlversorgung gekennzeichnet sind.

Im vorangegangenen Abschnitt wurde aufgezeigt, dass evidenzbasierte Leitlinien das Potenzial haben, die Informationsasymmetrie zu Lasten des Patienten zu reduzieren. In der Folge wird der diskretionäre Verhaltensspielraum des Arztes eingeschränkt.[533] Mit evidenzbasierten Leitlinien erhält der Patient ein Instrument an die Hand, mit dem er die vom Arzt vermittelten Informationen überprüfen und das Handeln des Arztes in gewisser Weise beurteilen kann. So erhält der Patient durch Leitlinien eine Kontrollmöglichkeit, ob die ärztliche Diagnostik und Therapie dem aktuellen Stand der Wissenschaft entsprechen.[534] Die Existenz von Leitlinien kann den Arzt darüber hinaus dazu bewegen, sein komplexes Wissen in verständlicher und unverfälschter Weise an den Patienten zu transferieren, um seine Aussagen nicht durch die Leitlinieninhalte widerlegt zu sehen.[535] Hat der Patient nämlich Zugriff auf Leitlinieninformationen zu seinem Erkrankungsbild, so ist es dem Arzt nicht länger möglich, nur diejenigen Therapieoptionen anzubieten, die mit seinen Einkommensinteressen in Einklang stehen, und die Patientenbelange nur nachrangig zu berücksichtigen.

Leitlinien unterstützen den Patienten, die vom Arzt vorgeschlagene Vorgehensweise kritisch hinsichtlich deren Evidenz zu hinterfragen.[536] Sie eröffnen dem Patienten somit eine bessere Beurteilungsmöglichkeit, ob die empfohlene Vorgehensweise angemessen ist oder ob auch eine weniger leistungsintensive Behandlung bzw. ein weniger invasives und damit weniger belastendes Verfahren ausreichend wäre. Ebenso vermag der Patient anhand der in den Leitlinien enthaltenen Informationen das unnötig häufige Wiederholen bestimmter Maßnahmen zu identifizieren. Das Ablehnen unangemessener diagnostischer und therapeutischer Verfahren seitens des Patienten kann zu einer Begrenzung der angebotsseitigen Überversorgung und der Vermeidung einer Fehlversorgung führen.[537]

Existieren für eine Versorgungssituation nationale Versorgungsleitlinien, so kann der Patient darüber hinaus beurteilen, ob seine Versorgung auf der Versorgungsstufe erfolgt, die seinem aktuellen Bedarf entspricht und im Einklang mit seinen Bedürfnissen nach einer niedrigschwelligen Versorgung steht, oder ob er angesichts ausgeschöpfter Budgets zwischen den Sektoren verschoben wird.[538]

---

533 Vgl. hierzu auch Musil (2003), S. 178.

534 Vgl. Mayer (2004), S. 322.

535 Vgl. Gray (2001), S. 27.

536 Vgl. Windeler (2003), S. 153.

537 Vgl. Dierks/Schwartz (2003), S. 318, Dierks/Seidel (2005), S. 36 sowie Ahrens/Wöllenstein (2005), S. 80.

538 Zum Problem des intersektoralen Verschiebens der Patienten aus finanziellen Gründen vgl. Neuffer (1997), S. 109 ff.

Anhand von Leitlinien kann der Patient ferner kontrollieren, ob ihm alle für seinen individuellen Versorgungsfall erforderlichen und angemessenen Maßnahmen vorgeschlagen wurden oder ob aufgrund begrenzter Budgets bzw. aus Gründen der Kostenreduzierung sinnvolle Leistungen verwehrt, gar nicht angeboten oder nur mit zeitlicher Verzögerung erbracht werden. Dies trifft sowohl auf die Leistungserbringung durch den Arzt als auch die Leistungsgewährung der Krankenkassen zu. Leitlinien stellen also auch in diesem Zusammenhang ein probates Mittel dar, einer Unter- und Fehlversorgung entgegenzuwirken.

Wenn die Leitlinien zudem Informationen zum zusätzlichen Nutzen von Versorgungsmaßnahmen enthalten, die nicht Bestandteil des gesetzlichen Leistungskatalogs sind, so vermag der Patient abzuschätzen, ob das Angebot von IGeL-Leistungen nur auf das Einkommensinteresse des Arztes zurückzuführen oder tatsächlich geeignet ist, positive Gesundheitseffekte zu bewirken. Anhand der Leitlinieninformationen kann der Patient also ein Überangebot an Leistungen identifizieren.

Die patientenseitige Kontrolle der Leistungserbringung setzt voraus, dass der Patient ein Eigeninteresse an einer bedarfsgerechten Inanspruchnahme effektiver Leistungen hat. Dies kann bei Leistungen, die nicht nur mit einem Nutzen für den Patienten verbunden sind, sondern auch Nebenwirkungen mit sich bringen können oder die der Patient selbst zu finanzieren hat, durchaus unterstellt werden. Bei Leistungen, auf die dies nicht zutrifft, wie beispielsweise Krankengymnastik oder Massagen, besteht dieses Kontrollinteresse aufgrund der fehlenden preislichen Steuerung hingegen nicht. Zur Beschränkung einer angebotsinduzierten bzw. versichertenseitigen Ausweitung der Nachfrage ist deshalb eine Kontrolle seitens der Krankenkasse nötig. Evidenzbasierte Leitlinien erhöhen auf Krankenkassenseite die Transparenz des Versorgungsgeschehens. Sie ermöglichen der Krankenkasse, die Leistungserbringung und das Konsumverhalten des Patienten auf dessen Angemessenheit hin zu kontrollieren.[539] Evidenzbasierte Leitlinien bilden somit die Grundlage für Utilization Review-Ansätze[540] seitens der Krankenkasse. Damit werden Maß-

---

539 Vgl. Amelung (2012), S. 239.

540 Im gegenwärtigen System der Leistungserbringung innerhalb der GKV hat insbesondere das begleitende und retrospektive Utilization Review Bedeutung. Beim begleitenden Utilization Review erfolgt bei einer länger andauernden Versorgung eine Überprüfung, ob und wie lange Krankenkassenleistungen erforderlich sind, welche Leistungen im Anschluss daran nötig sind und wie diese zu organisieren sind (vgl. Neubourg (2002), S. 107). Der retrospektive Utilization Review zielt hingegen auf die ex-post Evaluation der Leistungserbringung ab (vgl. Amelung (2012), S. 253 f).

nahmen zum fallindividuellen Management der Leistungsinanspruchnahme beschrieben.[541] Anhand von Leitlinien ist es der Krankenkasse möglich, die Leistungserbringung systematisch zu analysieren. Werden hierbei Abweichungen von den Leitlinienempfehlungen festgestellt, so erzeugt dies einen Rechtfertigungsdruck auf Seiten der Leistungserbringer und auch Patienten.[542] Dieser Rechtfertigungsdruck kann die Hemmschwelle für die Erbringung und Inanspruchnahme unangemessener Leistungen erhöhen und somit zu einem Abbau von Über-, Unter- und Fehlversorgung beitragen.[543]

Leitlinien bieten also nicht nur die Möglichkeit, den diskretionären Handlungsspielraum der Leistungserbringer zu beschränken, sondern stellen auch ein geeignetes Mittel dar, um das Moral Hazard-Verhalten des Patienten einzudämmen und eine über den Bedarf hinausgehende Nachfrage nach Gesundheitsleistungen einzuschränken. Dies gilt nicht nur im Zusammenhang mit dem Utilization Review der Krankenkasse. Leitlinien können auch seitens des Arztes und der Krankenkasse als Kommunikationshilfe eingesetzt werden, um dem Patienten zu erklären, welche Leistungen gemäß evidenzbasierter Erkenntnisse als effektiv einzustufen sind, welche Maßnahmen hiervon dem Versorgungsbedarf seiner gesundheitlichen Situation entsprechen und welche Leistungen nicht wirksam sind oder keinen gesicherten Nutzen haben. Leitlinien sind in dieser Beziehung nicht nur geeignet, um einer übermäßigen Inanspruchnahme von Gesundheitsleistungen infolge der fehlenden preislichen Steuerung der Nachfrage entgegen zu wirken.[544] Sie können dem Arzt auch helfen, die Informationen, die der Patient im Zuge seiner Recherchen im Internet bzw. im Rahmen seines Erfahrungsaustausches mit nahe stehenden Personen oder anderen Betroffenen erhalten hat, im gemeinsamen Gespräch zu erörtern und Fehlinformationen aufzudecken.

Alternativ zu den Leitlinieninhalten könnten Arzt oder Krankenkasse dem Patienten auch nützliche Informationsquellen in Ergänzung zum Arzt-Patienten-Gespräch empfehlen und auf diese Weise versuchen, das Informationsdefizit des Patienten zu beheben und einer Fehlinformation des Patienten vorzubeugen.[545] Hierbei ergibt sich jedoch das Problem, dass die weiterführenden Informationen gezielt im Interesse des Arztes oder der Krankenkasse ausge-

541 Vgl. Szathmary (1999), S. 217 f sowie Amelung (2012), S. 251.
542 Vgl. Amelung (2012), S. 252.
543 Vgl. ebd., S. 255.
544 Zu bedenken ist, dass der Arzt nur dann gewillt sein wird, die Nachfrage des Patienten nach Gesundheitsleistungen zu begrenzen, insofern er damit nicht sein eigenes Ziel der Einkommensmaximierung konterkariert.
545 Vgl. Bölter et al. (2010), S. 665.

sucht sein könnten, um eine Entscheidung des Patienten in ihrem Sinne zu befördern. Evidenzbasierte Leitlinien stellen hingegen eine objektive Informationsquelle dar, die Aufschluss über die in einem konkreten Behandlungsfall erforderlichen sowie angemessenen Schritte liefert. Sie können somit einen wichtigen Beitrag zur Vermeidung von Über- und Fehlversorgung leisten.
Leitlinien helfen darüber hinaus, dem Patienten die Bedeutung einer Therapie, die Notwendigkeit bestimmter Maßnahmen, wie beispielsweise Blutzuckermessungen, sowie die möglichen Folgen einer Nichteinhaltung der Therapiepläne zu verdeutlichen. Dies kann zu einer höheren Compliance führen und fördert die Kompetenz des Patienten, zu eigenständigem, zielgerichtetem Handeln.[546] Leitlinien ermöglichen dem Patienten, die Therapieempfehlungen zu seinem Erkrankungsbild sowie deren Bedeutung zu Hause in Ruhe nachzulesen. Sie können zudem aufgrund ihrer standardisierten Aussagen relativ einfach in Patientenerinnerungssysteme eingebunden werden, so dass sich der Patient an die Einnahme seiner Medikamente oder anstehende Vorsorge- und Kontrolluntersuchungen erinnern lassen kann.[547] Durch die Leitlinie kennt ein Patient ferner die Chancen und Risiken einer Maßnahme, wie beispielsweise Nebenwirkungen, genau und kann selbst besser beurteilen, ob eine Therapie bei ihm wirkt oder unerwünschte Effekte auftreten. Die verbesserte Informationslage befähigt den Patienten, seinen Krankheitsverlauf kontinuierlich selbst zu kontrollieren und Zustände zu erkennen, die zwingend einen Arztbesuch erforderlich machen.[548] Er kann dem Arzt Rückmeldung geben, inwieweit die eingeleiteten Maßnahmen erfolgreich waren. Hierauf aufbauend vermag der Arzt abzuschätzen, ob die gewählte Versorgungsstrategie zielführend ist oder ob eine Adjustierung der Therapiepläne angezeigt ist. Das Patient Empowerment kann zu einer Verbesserung der Versorgungsergebnisse führen, da der Gesundheitszustand nicht nur fragmentiert im Rahmen eines Arzttermins, sondern kontinuierlich durch den Patienten selbst kontrolliert und idealweise dokumentiert wird, so dass frühzeitig gegengesteuert und auf eine bedarfsgerechte Versorgung hingewirkt werden kann.[549]
Darstellung 21 fasst die wesentlichen Ursachen für das Bestehen von Über-, Unter- und Fehlversorgung zusammen und zeigt den Beitrag von evidenzbasierten Leitlinien zur Überwindung der Qualitätsdefizite auf.

---

546 Vgl. Dierks (2001a), S. 9 f, Petermann/Mühlig (1998), S. 73, Mühlhauser, Lenz (2008), S. 255 sowie Sänger et al. (2008), S. 29 f..

547 Zur Bedeutung und Ausgestaltung von Erinnerungssystemen für das Selbstmanagement einer Erkrankung durch den Patienten vgl. Seelos (2012), S. 497 f.

548 Vgl. Mayer (2004), S. 322 sowie Sänger et al. (2008), S. 29 f.

549 Vgl. Mühlhauser/Lenz (2008), S. 226.

Darst. 21: Idealtypische Wirkung von Leitlinien zum Abbau von Über-, Unter- und Fehlversorgung

Qualitätsdefizit	Ursache	Beitrag von Leitlinien zur Überwindung des Qualitätsdefizits
Überversorgung, ggf. Fehlversorgung	**Patient:** • Moral Hazard-Verhalten infolge des Versicherungsvertrags • fehlende preisliche Steuerung der Nachfrage • Anspruchsdenken und hohe Erwartungshaltung • mangelnde Informationen über die Effektivität einer Leistung • Gefahr der Fehlinformation durch Dritte und Medien → ungerechtfertigte Hoffnungen und übermäßiges Nachfrageverhalten • fehlende Kontrollmöglichkeit der Leistungserbringung, z. T. fehlendes Kontrollinteresse • mangelnde Compliance infolge fehlender/falsch verstandener Informationen **Leistungserbringer:** • Einkommensmaximierungstendenz unter Ausnutzung der Informationsasymmetrien zu Lasten des Patienten und der Krankenkasse • Leistungsausdehnung bei nicht budgetierten Leistungen • teilweises Angebot von IGeL-Leistungen ohne gesicherten Zusatznutzen • Minimierung des Zeitaufwandes zur Versorgung eines Patienten	**Patient:** • Reduktion der Informationsasymmetrie zu Lasten des Patienten • höhere Transparenz hinsichtlich - aktuellem medizinischen Erkenntnisstand - Angemessenheit der vorgeschlagenen Versorgungsstrategie - richtigem Umfang und Zeitpunkt einer Versorgungsmaßnahme - Nutzen und Risiken einer Gesundheitsleistung, einschließlich IGeL-Leistungen • Kontrollmöglichkeit der ärztlichen Informationsvermittlung • Kontrollmöglichkeit der Leistungsgewährung seitens der Krankenkasse • höhere Compliance und verbesserte Kooperation mit dem Arzt aufgrund von Patient Empowerment **Leistungserbringer:** • schneller Überblick über aktuelle, laut wissenschaftlicher Erkenntnis anzubietende Gesundheitsleistungen • Rechtfertigungsdruck bei Abweichen von Leitlinienempfehlung

	Krankenkasse: • Informationsasymmetrie zu Lasten der Krankenkasse • fehlende Kontrollmöglichkeit des Versorgungsgeschehens	• Leitlinien als Kommunikationshilfe: - objektive Informationsquelle - Bewertung von Sekundärinformationen und Aufdecken von Fehlinformationen - Beratung des Patienten im Hinblick auf eine angemessene Inanspruchnahme von Gesundheitsleistungen
Unterversorgung, ggf. Fehlversorgung	**Patient**: • Mangelnde Informationen über angemessene Gesundheitsleistungen und deren Nutzen → Unterinanspruchnahme von Gesundheitsleistungen, mangelnde Compliance • keine/verspätete Leistungsinanspruchnahme infolge von Fehlinformationen • fehlende Kontrollmöglichkeit der Leistungserbringung/-gewährung **Leistungserbringer:** • verminderte Fortbildungsaktivitäten aufgrund von Zeitknappheit • Nichterbringung/zeitliche Verschiebung der Leistungserbringung bei ausgeschöpften Regelleistungsvolumina • Leistungseinschränkung mit Verweildauerverkürzung infolge von DRGs **Krankenkasse:** • restriktive Leistungsgewährung • fehlende Kontrollmöglichkeit des Versorgungsgeschehens	• frühzeitige Adjustierungsmöglichkeit von Therapieplänen infolge von Patientenrückmeldungen **Krankenkasse**: • Höhere Transparenz hinsichtlich einer angemessenen Leistungserbringung/-inanspruchnahme • Leitlinien als Grundlage für Utilization Review-Maßnahmen • Einschränkung des diskretionären Verhaltensspielraums von Leistungserbringer und Patient • Leitlinien als Kommunikationshilfe: - objektive Informationsquelle - Bewertung von Sekundärinformationen und Aufdecken von Fehlinformationen - Einschränkung eines übermäßigen Anspruchsdenkens des Patienten

Quelle: Eigene Darstellung.

5.1.4 Steigerung der Effizienz des Versorgungsgeschehens

Wie bereits in Kapitel 3.4.3.2 dargelegt wurde, erhofft man sich infolge der Entwicklung und Implementierung von evidenzbasierten Leitlinien positive Effekte auf die Effizienz des Versorgungsgeschehens.
Die Effizienz lässt sich anhand des ökonomischen Prinzips bewerten, das zwei Ausprägungen aufweist. Formuliert als Minimalprinzip, fordert es, dass das angestrebte Ziel mit einem minimalen Einsatz an Ressourcen erreicht wird. Im Rahmen des Maximalprinzips wird hingegen versucht, mit den vorhandenen Ressourcen ein höchstmögliches Ergebnis zu erzielen.[550]
Angesichts des Grundsatzes der Beitragssatzstabilität (vgl. Kap. 3.2.2) und der hohen Bedeutung der Gesundheit für das Individuum und die Gesellschaft (vgl. 3.1.3) sind die Bestrebungen zur Erhöhung der Effizienz im Bereich der GKV zumeist am Maximalprinzip orientiert. Dies bedeutet, dass mit den verfügbaren Mitteln aus den Beitragseinnahmen und Steuerzuweisungen versucht wird, möglichst gute Versorgungsergebnisse zu erzielen.[551]
Evidenzbasierte Leitlinien tragen zu dieser Zielerreichung bei, indem sie Aufschluss über die Wirksamkeit von Gesundheitsleistungen im Hinblick auf das Erreichen eines bestimmten Versorgungsziels sowie die damit verbundenen Risiken geben. Sie informieren die Interaktionspartner auf der Mikroebene des Gesundheitssystems über generell indizierte, effektive Leistungen bei Vorliegen bestimmter Kriterien sowie deren adäquaten Zeitpunkt und geben Hinweise auf nicht angezeigte bzw. mitunter sogar schädliche Maßnahmen. Über die Bereitstellung dieser Informationen schränken sie den diskretionären Verhaltensspielraum der Interaktionspartner ein und vermögen zum Abbau von Über-, Unter- und Fehlversorgung beizutragen (vgl. Kap. 5.1.3).
Durch die Vermeidung ineffektiver, nicht bedarfsgerechter Leistungen verbleiben finanzielle Mittel innerhalb des Systems der GKV. Entsprechendes gilt für den Abbau von Fehlversorgung, durch den mitunter kostspielige Folgeleistungen vermieden werden können. Mit den frei gesetzten Mitteln lassen sich Leistungen in den Bereichen finanzieren, die bislang von einer Unterversorgung geprägt waren. Hierbei ist es durchaus denkbar, dass infolge des Einsatzes von evidenzbasierten Leitlinien mehr unterversorgte Patienten identifiziert werden und in der Folge adäquat versorgt werden wollen und müssen, als dass Über- und Fehlversorgung abgebaut werden.[552] Sind die zusätzlich er-

[550] Vgl. Schlüchtermann et al. (2005), S. 49 sowie Haubrock/Schär (2002), S. 21.
[551] Vgl. hierzu auch Selbmann (2007), S. 394 f.
[552] Vgl. Ollenschläger (2003), S. 59 f.

forderlichen Leistungen Bestandteil einer budgetieren Vergütung, so kann sich ein wirtschaftlicher Druck auf die Leistungserbringer ergeben. Diese werden sich angehalten sehen, ihre Leistungserbringung nicht nur auf Wirksamkeit und Bedarfsgerechtigkeit hin zu überprüfen, sondern nach weiteren Ineffizienzen in personeller, materieller und zeitlicher Hinsicht zu suchen.[553] In der Summe resultiert eine höhere Effizienz des Versorgungsgeschehens, da mit denselben Mitteln eine bessere Versorgung erzielt werden kann.

Begründen die zusätzlichen Leistungen jedoch zusätzliche Honoraransprüche der Leistungserbringer außerhalb des Budgets und sind bereits alle Rationalisierungsreserven ausgeschöpft, so ist es von der gesellschaftlichen Präferenzentscheidung abhängig, ob vom Grundsatz der Beitragssatzstabilität abgewichen wird und mehr Mittel zur Erzielung weiterer Qualitätssteigerungen bereitgestellt werden.[554] Wird die Mittelrestriktion hingegen beibehalten, so hat dies eine implizite bzw. explizite Rationierung zur Folge (vgl. hierzu auch Kap. 5.3.1).

5.2 Einschränkungen

5.2.1 Verbleibende Verhaltensspielräume und Anreizdefizite

In Kapitel 5.1 wurde die idealtypische Wirkung von evidenzbasierten Leitlinien auf die Qualität im Gesundheitswesen herausgearbeitet. Die Existenz von evidenzbasierten Leitlinien allein wird jedoch noch nicht dazu führen, dass die theoretisch erzielbaren Verbesserungspotenziale auch wirklich realisiert werden können.

Leitlinien vermögen zwar, einen Beitrag zur Reduzierung der diskretionären Handlungsspielräume auf Seiten der Leistungserbringer zu leisten, der Einschränkung der angebotsinduzierten Nachfrage anhand von evidenzbasierten Leitlinien sind aber Grenzen gesetzt. Wie in Kapitel 4.3.2 dargelegt wurde, beauftragt der Patient den Arzt vor der Durchführung einer Behandlung mit der Diagnosestellung, d. h. mit der Vermittlung von Informationen über die Art seiner Erkrankung. An dieser Stelle verbleibt für den Arzt ein Spielraum, die Nachfrage nach Gesundheitsleistungen zu steuern. Ohne das Einholen einer Zweitmeinung kann der Patient nämlich nicht beurteilen, ob der Arzt die richtige Diagnose gestellt hat oder ob er sich bei der Diagnosefindung von ökonomischen Interessen leiten ließ und den Spielraum bei der Diagnosestellung

553 Vgl. hierzu auch Schlüchtermann et al. (2005), S. 53 ff.
554 Vgl. Amelung (2012), S. 240 sowie Preuss (2001), S. 222.

nutzte, um dem Patienten die von ihm präferierte Behandlungsstrategie nahe zu legen. Mit diesem Beurteilungsproblem sieht sich ebenso die Krankenkasse konfrontiert.

Auch das Moral Hazard-Verhalten des Patienten lässt sich nicht allein durch die Existenz von Leitlinien eindämmen. Leitlinien geben zwar Aufschluss über die Effektivität verschiedener Versorgungsmaßnahmen. Nur mit dieser Information wird aber noch nicht einer übermäßigen Nachfrageausdehnung des Patienten entgegengewirkt werden können. Der Patient wird ohne entsprechende monetäre bzw. nicht-monetäre Anreize nicht gewillt sein, seine Nachfrage nach Leistungen, die zwar nicht unmittelbar zur Verbesserung seines Gesundheitszustands beitragen, zumindest aber nicht schädlich sind, einzuschränken.[555] Dies ist darauf zurückzuführen, dass der Patient mit seinem individuellen Konsumverhalten aufgrund des kollektiven Finanzierungsprinzips nur wenig Einfluss darauf ausüben kann, ob im Bedarfsfall wirklich Mittel für seine adäquate Versorgung zur Verfügung stehen. Dementsprechend besteht auf Seiten des Patienten – abgesehen von einem sich ggf. ergebenden Rechtfertigungsdruck gegenüber der Krankenkasse – nur ein geringer Anreiz zu einer effizienten Leistungsinanspruchnahme. Auch der Arzt wird nur dann gewillt sein, die Nachfrage des Patienten nach Gesundheitsleistungen wirksam zu begrenzen, solange er damit nicht sein eigenes Ziel der Einkommensmaximierung konterkariert.

Da die Krankenkasse ein Interesse an möglichst niedrigen Leistungsausgaben hat, wird sie eher gewillt sein, das Versorgungsgeschehen auf Über- und Fehlversorgung hin zu kontrollieren, als unterversorgte Bereiche zu identifizieren. Dies trifft insbesondere dann zu, wenn die Behebung der Unterversorgung mit der Erbringung nicht budgetierter Leistungen verbunden ist.

Zusätzlich zur Bereitstellung und Implementierung von evidenzbasierten Leitlinien sind deshalb weitere Maßnahmen erforderlich, die insbesondere auch eine Modifikation der Anreizsituation der Interaktionspartner beinhalten müssen.[556]

---

[555] Vgl. hierzu auch Breyer et al. (2005), S. 336.
[556] Vgl. Oberender/Zerth (2005), S. 21.

5.2.2 Anwendungshindernisse von Leitlinien

Den obigen Ausarbeitungen zum Effekt von Leitlinien auf die Qualität im Gesundheitswesen liegt die implizite Annahme zugrunde, dass zu einem Erkrankungsbild *eine* Leitlinie existiert, die beruhend auf evidenzbasierten Erkenntnissen erstellt wurde, den Interaktionspartnern bekannt ist, von diesen als sinnvolle Entscheidungsgrundlage und Kontrollinstrument geschätzt und entsprechend genutzt wird. Dass dies jedoch nicht immer der Fall ist, zeigen Untersuchungen zur Umsetzung von Leitlinien im Versorgungsalltag.[557]
Diesen Studien zufolge erfolgt die Versorgung vieler Patienten trotz des Potenzials, das Leitlinien für die Erzielung einer qualitativ hochwertigen Versorgung zugeschrieben wird, nicht immer leitliniengerecht. Hierfür sind mehrere Gründe anzuführen, wobei zunächst die Seite der Leistungserbringer beleuchtet werden soll.
Der Arzt stellt eine wesentliche Informationsquelle für den Patienten und seine Versorgungsentscheidung dar.[558] Seitens der Ärzte können Leitlinienempfehlungen jedoch nicht als eine mögliche bzw. als die zu favorisierende Versorgungsstrategie in den Entscheidungsfindungsprozess eingebracht werden, wenn diese selbst keine Kenntnis von der Existenz der Leitlinie bzw. deren Inhalte haben.[559] Zudem kommt es vor, dass aufgrund hoher Patientenfluktuationen und hektischer Betriebsabläufe die Anwendbarkeit einer Leitlinie übersehen oder vergessen wird.[560]
Ferner zeigen Ärzte zum Teil eine ablehnende Haltung gegenüber Leitlinien. Dies betrifft zum einen das Leitlinieninstrumentarium an sich. So werden Leitlinien häufig als Kochbuchmedizin kritisiert, die die ärztliche Therapiefreiheit einschränken und die Autonomie der Ärzteschaft bedrohen würde.[561] Zum anderen ist oftmals eine Skepsis hinsichtlich der Interpretation der Evidenz spezieller Leitlinien zu konstatieren. So fehlen den Leitlinienentwicklern mitunter

---

557 Den Studien liegt in der Regel die Annahme zugrunde, dass das Arzt-Patienten-Verhältnis paternalistisch geprägt ist und die Behandlungsentscheidung dementsprechend vom Arzt getroffen wird. Folglich wurde nach den Gründen geforscht, die dazu führen, dass die Leitlinienempfehlungen vom Arzt nicht eingehalten werden, sondern eine davon divergierende Behandlungsstrategie gewählt wird. Die Ergebnisse lassen sich jedoch auch auf die souveräne Entscheidung des Patienten übertragen, da der Arzt als medizinischer Experte eine wesentliche Informationsquelle für den Patienten darstellt (zur Rolle des Arztes als Informationsquelle angesichts unterschiedlicher Entscheidungspräferenzen vgl. Dierks/Seidel (2005), S. 39).

558 Vgl. Dierks/Seidel (2005), S. 39, Thompson (2001), S. 73 sowie Bürger (2003), S. 202 ff.

559 Vgl. Cabana et al. (1999), S. 1460, Schneider et al. (2001), S. 343 sowie Hasenbein et al. (2003), S. 365.

560 Vgl. Hasenbein et al. (2003), S. 365.

561 Vgl. Oberender/Zerth (2005), S. 23 sowie Cabana et al. (1999), S. 1459.

Zeit und Ressourcen, um alle Studien zu einem Gesundheitsproblem zu überblicken und auszuwerten. Selbst wenn die Datenlage sicher ist, erfordern Empfehlungen für oder wider eine Behandlungsoption eine subjektive Bewertung des Nutzens und der Risiken einer Maßnahme.[562] Diese Wertung divergiert mitunter von der Einschätzung der Vor- und Nachteile einer Intervention für den Patienten durch den behandelnden Arzt, so dass die Leitlinie abgelehnt und nicht als Entscheidungshilfe in den Entscheidungsfindungsprozess eingebracht wird.[563] Aus methodischer Sicht ergibt sich zudem das Problem, dass sich evidenzbasierte Leitlinien besonders auf die Evidenz aus randomisierten kontrollierten Studien stützen. Diese werden vielfach als Goldstandard angesehen, schließen jedoch nur ein stark selektives Patientenklientel ein. Dieses kann sich von der alltäglichen Patientenpopulation eines Arztes beträchtlich unterscheiden. Wenn Begleiterkrankungen und Kombinationsbehandlungen in den Leitlinien nicht berücksichtigt sind, ist es jedoch schwierig, die Empfehlungen auf den individuellen Patienten zu übertragen.[564] So kann die Anwendung eines Arzneimittels mit einem neuen Wirkstoff bei Patienten, die noch weitere Medikamente einnehmen, unerwünschte Wechselwirkungen hervorrufen, die in klinischen Studien nicht berücksichtigt wurden.[565] Aus diesem Grund wird vielfach die bisherige Therapie aus Furcht vor potenziellen Nebenwirkungen einer neuen Medikation beibehalten.[566]

Leitlinienempfehlungen werden des Weiteren nicht an den Patienten weitergegeben, wenn sich die Ärzte infolge einer mangelnden Compliance oder einer falschen Umsetzung der Empfehlungen seitens des Patienten keine positiven Effekte auf die Versorgungsergebnisse verhoffen. Dies betrifft insbesondere Leitlinien, deren Gegenstand präventive Ratschläge und Maßnahmen sind, wie beispielsweise Programme zur Veränderung des Rauch-, Ernährungs- und Bewegungsverhaltens oder die Anleitung zur Tastuntersuchung der Brust.[567]

Ebenso können fehlende Fertigkeiten oder das mangelnde Vertrauen des Arztes in die eigenen (Kommunikations-)Fähigkeiten einen Hinderungsgrund dafür darstellen, dass der Patient nicht über Behandlungsoptionen informiert wird, die in seinem Fall laut Leitlinie in Erwägung zu ziehen wären.[568]

[562] Vgl. Woolf et al. (1999), S. 529.
[563] Vgl. Cabana et al. (1999), S. 1460.
[564] Vgl. Hoppe (2003), S. 822.
[565] Vgl. Mühlhauser/Müller (2009), S. 49.
[566] Vgl. Hoppe (2003), S. 822.
[567] Vgl. Cabana et al. (1999), S. 1461 sowie Hoppe (2003), S. 822.
[568] Vgl. Hasenbein et al. (2003), S. 365 sowie Cabana et al. (1999), S. 1462.

Zu einer ablehnenden Haltung der Ärzte gegenüber Leitlinien trägt auch der Umstand bei, dass zu einem Versorgungsproblem mitunter eine Vielzahl von Handlungsempfehlungen mit zum Teil widersprüchlichen Inhalten existiert, die unabgestimmt nebeneinander stehen.[569] Diese Widersprüche rühren daher, dass Leitlinien nicht immer auf der bestmöglich verfügbaren Evidenz beruhen und bisweilen auch Eigeninteressen der Leitlinienentwickler in die Empfehlungen einfließen. Die Umsetzbereitschaft von Leitlinien steht deshalb auch in engem Zusammenhang mit der eingeschätzten Seriosität der Leitlinienentwickler.[570]

Darüber hinaus besteht seitens der Ärzte Unsicherheit, welche rechtlichen Konsequenzen mit der Einhaltung bzw. Nichteinhaltung von Leitlinienempfehlungen verbunden sind.[571]

Ferner können Zeit- und Ressourcenknappheit sowie organisatorische Beschränkungen dazu führen, dass das tatsächliche Versorgungsgeschehen nicht der empfohlenen Vorgehensweise gemäß der Leitlinie entspricht. So kann eine leitliniengerechte Versorgung zu einem höheren Zeitaufwand für die Behandlung eines Patienten führen. Ebenso kann die Einstellung zusätzlichen Personals, die Anschaffung neuer Geräte oder eine Veränderung bestehender Routine- und Praxisabläufe erforderlich werden.[572] Finanzielle Anreize, die zu einer Nichtbeachtung einer Leitlinie führen, bestehen zudem angesichts sektoraler Budgets. Erfordert eine Leitlinie die Verordnung zusätzlicher Medikamente, so wird dies bei einer drohenden Überschreitung des Arzneimittelbudgets unterbleiben, auch wenn sich dadurch Einsparungen bei den Hospitalisierungskosten erzielen ließen.[573]

Bei der bisherigen Analyse wurde davon ausgegangen, dass der souveräne Patient die vom Leistungserbringer vermittelten Informationen kritisch hinterfragt und dargelegt haben möchte, auf welcher Evidenzbasis die ärztlichen Aussagen zur Wirksamkeit und Angemessenheit einer Gesundheitsleistung beruhen.[574] Der Patient muss hierzu aber um die Problematik der vielfach mangelnden Evidenz medizinischer Maßnahmen wissen.[575] Ohne dieses Wissen wird er den Arzt nicht nach der Evidenzbasis seiner Therapieempfehlun-

---

569 Vgl. Hoppe (2003), S. 820 f sowie Schrappe (2001b), S. 479.
Als Leitlinienherausgeber fungieren neben den medizinischen Fachgesellschaften, auch die Bundesärztekammer, Berufsverbände und -genossenschaften,

570 Vgl. Hasenbein et al. (2003), S. 365.

571 Vgl. Hoppe (2003), S. 822 sowie Cabana et al. (1999), S. 1459.

572 Vgl. Cabana et al. (1999), S. 1461 f sowie Hasenbein et al. (2003), S. 365.

573 Vgl. Hoppe (2003), S. 822 f.

574 Vgl. Windeler (2003), S. 153.

575 Vgl. Gray (2001), S. 27.

gen fragen oder selbst nach Informationen zur Beurteilung der Effektivität einer Versorgungsstrategie suchen. Auch wenn der Patient das Leitlinieninstrumentarium kennt und Zugang zu evidenzbasierten Leitlinien hat, kann eine Barriere für die Nutzung von Leitlinien als Informationsquelle darin bestehen, dass der Patient aufgrund mangelnder medizinischer und biostatistischer Kenntnisse die in den Leitlinien enthaltenen Informationen nicht auswerten kann.

Ein weiteres patientenseitiges Anwendungshindernis für Leitlinien besteht darin, dass Patienten anderen Informationsquellen als Forschungsergebnissen oftmals mehr Glauben schenken und ihre Entscheidung vielmehr von ihren persönlichen Erfahrungen bzw. den Erlebnissen anderer oder Berichten über Wunderheilungen in den Medien abhängig machen.[576]

Ferner kann die individuelle Kosten-Nutzen-Bewertung einer empfohlenen Maßnahme seitens des Patienten von der Sicht der Leitlinienentwickler abweichen und in der Folge eine von den Leitlinienempfehlungen abweichende Vorgehensweise gewählt werden.[577] Dies wird insbesondere dann der Fall sein, wenn der Patient die aktuelle Lebensqualität höher bewertet als eine mögliche Lebensverlängerung infolge einer medizinischen Intervention und auf eine Behandlung verzichtet.[578]

Hinzu kommt, dass evidenzbasierte Leitlinien häufig keine Aussagen zu den Entscheidungskriterien enthalten, die aus Sicht des Patienten am relevantesten sind.[579] Dies ist zum einen darauf zurückzuführen, dass bei der Erstellung von Leitlinien eine biomedizinische Sichtweise dominiert und somit der Fokus auf der somatischen Komponente von Erkrankungen liegt.[580] Zum anderen wird den Ergebnissen aus randomisierten, kontrollierten klinischen Studien eine große Bedeutung beigemessen, während eine Evaluation dieser Ergebnisse im Versorgungsalltag häufig fehlt.[581] Für den Patienten ist jedoch von Interesse, wie eine Therapie abläuft, inwieweit sie sich in den Alltag integrieren lässt und welche Auswirkungen eine Intervention auf die weitere Lebensführung haben wird. Er möchte wissen, welche gesundheitlichen Ergebnisse zu erwarten sind, wenn keine absolute Compliance wie unter artifiziellen Studienbedingungen gegeben ist, welcher zeitliche Aufwand, welche psychosozialen und welche finanziellen Konsequenzen mit einer Maßnahme verbunden sind.

[576] Vgl. Entwistle/O`Donnell (2001), S. 44.
[577] Vgl. Woolf et al. (1999), S. 529.
[578] Vgl. hierzu auch Oberender et al. (2002), S. 14.
[579] Vgl. Entwistle/O`Donnell (2001), S. 44.
[580] Vgl. Danner (2005), S. 226 f.
[581] Vgl. ebd., S. 225 f sowie Woolf et al. (1999), S. 527.

Darüber hinaus erhofft er sich Informationen zu komplementären Gesundheitsleistungen sowie weiterführenden Beratungs- und Unterstützungsangeboten.[582] Leitlinien enthalten somit nur bedingt entscheidungsrelevante Informationen für den Patienten. Wenn sie ohne explizite Patientenbeteiligung erstellt wurden, neben klinischen Ergebnissen nicht auch das Erfahrungswissen der Patienten widergeben und sich an den Informationsbedürfnissen der Patienten orientieren, werden sie seitens der Patienten nur selten als Entscheidungsgrundlage herangezogen werden.[583]

Die Krankenkasse wird hingegen Leitlinien nicht zur Kontrolle des Versorgungsgeschehens und Beratung des Versicherten einsetzen, wenn ihr die Verfügbarkeit einer Leitlinie zu einem Krankheitsbild nicht bekannt ist. Analog zur Leistungserbringer- und Patientenseite kann die Kosten- und Nutzenbewertung einer Gesundheitsleistung durch die Krankenkasse von der Einschätzung durch die Leitlinienentwickler abweichen.[584] Dies kann dazu führen, dass die Krankenkasse zur Bewertung der Leistungserbringung von den Leitlinienempfehlungen abweichende Kriterien zugrunde legt. Ferner stellt sich das Problem, dass die Krankenkasse anhand der GKV-Routinedaten nur bedingt überprüfen kann, ob die Leistungserbringung leitliniengerecht erfolgt. So lässt sich basierend auf EBM-Ziffern, Operationen- und Prozedurenkodes sowie verfügbaren Daten zur Arzneimittelverordnung das Versorgungsgeschehen nur eingeschränkt abbilden und auf seine Leitlinienkonformität hin beurteilen.[585]

Darstellung 22 fasst die wesentlichen Anwendungshindernisse von Leitlinien zusammen. Es lässt sich festhalten, dass die Kenntnis des Leitlinieninstrumentariums zusammen mit einer positiven Einstellung diesem gegenüber die Grundlage für eine leitliniengerechte Versorgung bildet. Ob jedoch wirklich eine Verhaltensänderung erfolgt, ist, wie in Kapitel 5.2.1 bereits herausgearbeitet wurde, zusätzlich von den Rahmenbedingungen und den damit gesetzten Anreizen für das Verhalten der Interaktionspartner abhängig.

[582] Vgl. Entwistle/O`Donnell (2001), S. 44 und 46 sowie Steckelberg et al. (2005), S. 344.
[583] Vgl. Danner (2005), S. 224.
[584] Vgl. hierzu auch Woolf (1999), S. 527.
[585] Vgl. Zeidler/Neubauer (2013), o. S..

Darst. 22: Anwendungshindernisse von Leitlinien

Verhaltensänderung

↗ ↑ ↖

Wissen

Leistungserbringer:

- keine Kenntnis der Leitlinie
- Anwendbarkeit einer Leitlinien wird übersehen/vergessen

Patient:

- mangelndes Wissen über die fehlende Evidenz vieler medizinischer Maßnahmen
- fehlende Kenntnis des Leitlinieninstrumentariums
- fehlende Zugangsmöglichkeit zu evidenzbasierten Leitlinien
- fehlende medizinische und biostatistische Kenntnisse

Krankenkasse:

- fehlende Kenntnis relevanter Leitlinien zu einem Versorgungsproblem

Einstellung

Leistungserbringer:

- ablehnende Haltung (Kochbuchmedizin)
- Skepsis hinsichtlich der Evidenzinterpretation, der Seriosität der Leitlinienentwickler sowie der erzielbaren Ergebnisse unter Alltagsbedingungen
- abweichende Einschätzung der Vor- und Nachteile einer Gesundheitsleistung
- mangelnde Übertragbarkeit auf das eigene Patientenklientel
- Existenz mehrerer, z. T. widersprüchlicher Leitlinien
- mangelndes Vertrauen in die eigenen Fähigkeiten und Fertigkeiten

Patient:

negative Beurteilung des Leitlinieninstrumentariums:

- Glaubwürdigkeit anderer Informationsquellen wird höher eingeschätzt
- abweichende Kosten-Nutzen-Bewertung durch den Patienten
- fehlende Aussagen zu patientenrelevanten Entscheidungskriterien
- unzureichende Befriedigung des Informationsbedürfnisses des Patienten durch Leitlinien

Krankenkasse:

- abweichende Kosten-Nutzen-Bewertung durch die Krankenkasse

Rahmenbedingungen

Leistungserbringer:

- Unsicherheit hinsichtlich der rechtlichen Konsequenzen von Leitlinien
- Zeit- und Ressourcenknappheit
- organisatorische Beschränkungen
- Anreizdefizite

Patient:

- Zeit- und Ressourcenknappheit
- Anreizdefizite

Krankenkasse:

- GKV-Routinedaten nur bedingt für Utilization Review geeignet
- Anreizdefizite

Quelle: Eigene Darstellung in Anlehnung an Cabana et al. (1999), S. 1459.

5.2.3 Begrenzte Einsatzgebiete von Leitlinien

Ebenso wie eine mangelhafte Qualität Folgekosten nach sich ziehen kann, so ist auch der Einsatz von Instrumenten zur Qualitätsverbesserung mit Kosten verbunden. Dies trifft auch auf die Erstellung und Implementierung von Leitlinien zu.[586] Zur Optimierung des Kosten-Nutzen-Verhältnisses wird die Entwicklung von Leitlinien deshalb nur für diejenigen Krankheiten und Gesundheitsprobleme empfohlen, die durch eine hohe Inzidenz bzw. Prävalenz gekennzeichnet sind, erhebliche Krankheitskosten nach sich ziehen und ein großes Verbesserungspotenzial in Form von Kosteneinsparungen oder einer Qualitätssteigerung vermuten lassen.[587] Darüber hinaus wird die Erstellung von Leitlinien dann als sinnvoll erachtet, wenn die Informationsasymmetrien zu Lasten von Krankenkasse und Patient sehr hoch und infolgedessen die Kontrollmöglichkeiten der Leistungserbringung eingeschränkt sind.[588] In diesem Zusammenhang sind evidenzbasierte Leitlinien insbesondere bei Versorgungsentscheidungen zu begrüßen, bei denen eine hohe Beteiligungspräferenz des Patienten zu konstatieren ist (vgl. Kap. 3.5.4).

An der Beschränkung des Einsatzgebietes von Leitlinien ist ersichtlich, dass der Qualitätssteuerung anhand von Leitlinien Grenzen gesetzt sind. Leitlinien stellen kein Allheilmittel zur Behebung der Qualitätsdefizite im Gesundheitswesen dar. Die in Kapitel 5.1 herausgearbeiteten positiven Effekte auf die Qualität im Gesundheitswesen können nur in den Bereichen erzielt werden, für die Leitlinien entwickelt und wirksam implementiert wurden. Selbst in diesen Bereichen bestehen aber noch Verhaltensspielräume für die Interaktionspartner, die dazu führen, dass die Qualität der Versorgung hinter dem theoretisch erreichbaren Niveau zurückbleibt. Evidenzbasierte Leitlinien bedürfen also neben einer erfolgreichen Implementierung der Kombination mit weiteren Instrumenten der Qualitätssicherung, um eine hohe Qualität im Gesundheitswesen erzielen zu können. Insbesondere gilt es auch Qualitätsbemühungen in den Bereichen anzustrengen, die bei der Leitlinienentwicklung nicht berücksichtigt wurden. Ansonsten besteht die Gefahr, dass die Qualität in diesen Bereichen systematisch vernachlässigt wird (vgl. hierzu auch Kap. 6.4.2).

586 Vgl. Selbmann (2007), S. 393 ff sowie Amelung (2012), S. 297.
587 Vgl. Lauterbach/Stock (2001), S. A1936 sowie Amelung (2012), S. 238.
588 Zur Erstellung von Leitlinien zum Abbau von Informationsasymmetrien vgl. auch Amelung (2012), S. 238 f.

5.3 Risiken für die Qualität der Versorgung

5.3.1 Leistungsreglementierung durch Leitlinien

Neben ihrer qualitätssteigernden Funktion werden Leitlinien auch in Zusammenhang mit der Beschränkung von Leistungen, die zu Lasten der GKV erbracht bzw. beansprucht werden können, diskutiert. Leitlinien könnten somit nicht mehr nur als Qualitätssicherungsinstrument, sondern in zunehmendem Umfang auch mit dem Ziel, Gesundheitsleistungen zu rationieren, angewendet werden.[589]

In diesem Zusammenhang ist die Unterscheidung von vier idealtypischen Zielsetzungen von Leitlinien anzusprechen, die auf Marckmann (2004) zurückgeht (vgl. Darst. 23).[590]

Darst. 23: Ergebnis- vs. Kostenorientierung von Leitlinien

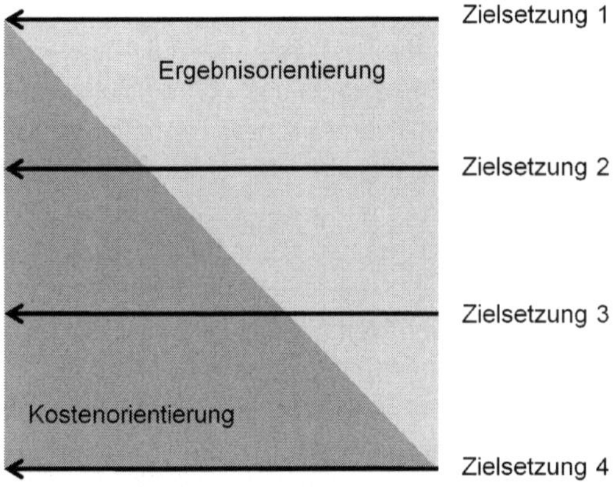

Quelle: Darstellung leicht modifiziert nach Marckmann (2004), S. 239.

Die Zuordnung einer Leitlinie zu einer Zielsetzungskategorie ist davon abhängig, ob die jeweilige Leitlinie eher zur Erhöhung der Ergebnisqualität oder zur Erzielung von Kosteneinsparungen eingesetzt werden soll. Die beiden Extrempositionen optimale Ergebnisse ohne Berücksichtigung der Kosten (Zielsetzung 1) bzw. kostengünstigste Versorgung ohne Berücksichtigung der erzielten Ergebnisse (Zielsetzung 4) sind als unrealistisch einzustufen. Angesichts begrenzter finanzieller Mittel der GKV lässt sich das Versorgungsergeb-

589 Vgl. Gerlach (2004), S. 100 sowie Dietrich (2004), S. 20.

590 Vgl. Marckmann (2004), S. 239 f.

nis nicht ohne Blick auf die damit verbundenen Kosten diskutieren. Ebenso wäre die Verfolgung des reinen Kostenziels und damit die Vernachlässigung der erzielten Ergebnisse aus medizinischen und gesellschaftlichen Gründen wenig erstrebenswert.[591]

Realistische Strategien stellen hingegen Zielsetzung 2, bei der ein bestmögliches Ergebnis zu angemessenen Kosten angestrebt wird, und Zielsetzung 3, die eine angemessene Ergebnisqualität zu möglichst niedrigen Kosten erreichen will, dar. Aufgrund dieser unterschiedlichen Zielsetzungen, die mit einer Leitlinie verfolgt werden können, sollte aus Transparenzgründen immer explizit dargelegt werden, welche Zielsetzung eine Leitlinie vorrangig verfolgt.[592]

Eine Rationierung im Gesundheitswesen würde bedeuten, dass an sich effektive Gesundheitsleistungen im Hinblick auf die angestrebten Versorgungsergebnisse von der Erstattung seitens der Krankenkasse herausgenommen werden. Denkbar ist z. B., dass generell bestimmte Leistungen von der Erstattung ausgeschlossen werden oder der Leistungsausschluss differenziert nach Erkrankungen erfolgt und die Leistungsgewährung auf die Leistungen beschränkt wird, die explizit in einer evidenzbasierten Leitlinie zu einem bestimmten Krankheitsbild genannt sind.[593] Eine andere Möglichkeit besteht darin, die Leistungserbringung von festgelegten Kriterien wie beispielsweise Alter, Indikation oder Erfolgsaussicht abhängig zu machen, so dass bestimmte Gesundheitsleistungen nur bestimmten Patientengruppen zugänglich sind.[594] Einen entsprechenden Ansatz verfolgt beispielsweise das Konzept der kostensensiblen Leitlinien. Kostensensible Leitlinien versuchen anhand evidenzbasierter Erkenntnisse zu den Kosten und Nutzen medizinischer Maßnahmen Patientengruppen zu identifizieren, die am meisten von einer Maßnahme profitieren. Patienten, bei denen nur ein sehr geringer Nutzenzuwachs durch den Konsum der jeweiligen Gesundheitsleistung zu erwarten ist, wird hingegen nur eine kostengünstigere Alternative angeboten. Hinter dieser Vorgehensweise steckt die Überlegung, mit der Rationierung bei den Patientengruppen anzusetzen, für die der Verzicht auf eine Gesundheitsleistung nur mit einem relativ geringen Nutzenentgang verbunden ist.[595]

Durch den Einsatz von Leitlinien als Rationierungsinstrument erlangen Leitlinien einen anderen Stellenwert als ursprünglich intendiert war. Sie stellen

591 Vgl. Marckmann (2004), S. 239 f.
592 Vgl. ebd..
593 Vgl. hierzu auch Entwistle/O`Donnell (2001), S. 43.
594 Vgl. Imhoff (2004), S. 128.
595 Zum Konzept der kostensensiblen Leitlinien vgl. Marckmann (2010), S. 13.

dann nicht mehr nur ein Instrument zur Information und Steuerung des Verhaltens der unmittelbar an der Patientenversorgung Beteiligten auf der Mikroebene dar[596], sondern werden auf übergeordneter Ebene zur Definition des Versorgungsumfangs des gesamten GKV-Kollektivs herangezogen.
Angesichts des Primats der Beitragssatzstabilität erscheinen nach dem Ausschöpfen von Wirtschaftlichkeitsreserven Rationierungsüberlegungen unumgänglich. Eine Rationierung von Gesundheitsleistungen auf Basis der besten verfügbaren wissenschaftlichen Evidenz bietet den Vorteil, dass eine explizite Rationierung erfolgt, die sich nach festgelegten, weitgehend objektiven Kriterien richtet und zu einer Gleichbehandlung aller Patienten führt. Sie ist einer impliziten, d. h. versteckten, Rationierung vorzuziehen, die vielfach von den Leistungserbringen angesichts der budgetierten bzw. pauschalisierten Vergütung durchgeführt wird und mit von Patient zu Patient wechselnden Kriterien erfolgen kann.[597] Allerdings unterliegen die Ziele, die mit Rationierungsentscheidungen auf der Meso- oder Makroebene verfolgt werden, dem Einfluss gesellschaftspolitischer Interessensgruppen und entsprechen nicht unbedingt den Präferenzen des Patienten.[598]
Während der Einsatz von Leitlinien auf der Mikroebene eine an den Präferenzen des Patienten orientierte Versorgung begünstigt (vgl. Kap. 5.1.2), kann die Rationierung von Leistungen anhand von Leitlinien diesem Qualitätsziel zuwiderlaufen. Werden evidenzbasierte Leitlinien lediglich als Entscheidungshilfe eingesetzt, so ist es wahrscheinlicher, dass der Arzt den Patienten über Versorgungsstrategien informiert, die zwar nicht der Leitlinienempfehlung entsprechen, ihm aber unter Berücksichtigung der Patientencharakteristika als geeignete Maßnahme erscheinen.[599] Ebenso steht es dem Patienten bei einem Einsatz von Leitlinien als Entscheidungskorridor offen, sich gegen die laut Leitlinie empfohlene Vorgehensweise zu entscheiden und andere Gesundheitsleistungen zu Lasten der GKV in Anspruch zu nehmen, die seinen Präferenzen besser entsprechen.
Erfolgt jedoch seitens der Krankenkasse keine Kostenübernahme für eine von der Leitlinie abweichende Leistungsinanspruchnahme oder muss diese zuvor beantragt werden, so besteht die Gefahr, dass der Patient ohne explizite Nachfrage nicht über andere als die in der Leitlinie empfohlenen Gesundheits-

---

596 Vgl. hierzu auch Rüther/Dauben (2010), S. 528.
597 Vgl. Spitzley (2004), S. 131 und S. 134, Imhoff (2004), S. 130 sowie Marckmann (2004), S. 250 f.
598 Vgl. Marckmann (2004), S. 250.
599 Vgl. hierzu auch Entwistle/O`Donnell (2001), S. 43.

leistungen informiert wird. Dies wird insbesondere dann der Fall sein, wenn der Arzt davon ausgeht, dass der Patient die Leistungen nicht selbst finanzieren möchte. Eine Herausnahme von Leistungen aus der kollektiven Finanzierung wird zwar mit einer Veränderung der Kosten- Nutzen-Bewertung einer Leistung durch den Patienten verbunden sein. Dies kann in der Tat dazu führen, dass der Patient nur die in der Leitlinie enthaltenden Leistungen in Anspruch nimmt. Allerdings ist dieses Verhalten Ausdruck einer präferenzorientierten souveränen Entscheidung des Patienten.

Eine Rationierung von Gesundheitsleistungen führt also vor allem dann zu einer Minderung der Versorgungsqualität, wenn dem Patienten Informationen über in Betracht zu ziehende Gesundheitsleistungen vorenthalten werden und seine Wahlfreiheit eingeschränkt wird. Negative Effekte auf die Qualität im Gesundheitswesen können sich zudem dadurch ergeben, dass rationierte Gesundheitsleistungen infolge einer erforderlichen Selbstzahlung seltener nachgefragt werden und dadurch seitens der Leistungserbringer weniger in die Strukturqualität dieser Leistungen investiert wird. Außerdem können als Folge der selteneren Leistungserbringung die Fähigkeiten und Kenntnisse der Gesundheitsdienstleister, die für eine qualitativ hochwertige Erbringung der jeweiligen Leistung nötig sind, sinken. Hierdurch kann sich die Prozessqualität verschlechtern.

5.3.2 Innovationshemmende Wirkung von Leitlinien

Als weitere qualitätsbeeinträchtigende Wirkung von Leitlinien wird immer wieder die Hemmung medizinischer Innovationen infolge der Existenz von Leitlinien angeführt.[600] In diesem Abschnitt soll deshalb der Frage nachgegangen werden, inwieweit Leitlinien tatsächlich einen negativen Einfluss auf die Innovationsfreudigkeit der Gesundheitswirtschaft ausüben.

Für das Gesundheitswesen ist es kennzeichnend, dass medizinische Innovationen nur mit einer beträchtlichen Zeitverzögerung in die medizinische Praxis umgesetzt werden.[601] Dies ist, wie in Kapitel 3.4.3.1 bereits erwähnt, auf das rasche Fortschreiten der Wissenschaft, die damit verbundene Fülle an relevanten wissenschaftlichen Publikationen, sowie die Zeitzwänge, die einer ausführlichen Informationsrecherche des Arztes entgegen stehen, zurückzuführen.[602]

---

[600] Vgl. beispielsweise Ollenschläger (2003), S. 63 oder Loss/Nagel (2005), S. 169 f.

[601] Vgl. Ahlert (2004), S. 110.

[602] Vgl. Spitzley (2004), S. 132.

Die Entwicklung und Implementierung einer evidenzbasierten Leitlinie zu einem definierten Versorgungsproblem, zu dem bislang noch keine Leitlinie existierte, kann hingegen dazu führen, dass innovative Methoden einen zügigeren Eingang in die Versorgungspraxis finden. Bei der Erstellung evidenzbasierter Leitlinien werden die Studien zu einem Versorgungsproblem systematisch aufgearbeitet, gängige Behandlungsempfehlungen ggf. revidiert und die wesentlichen Ergebnisse übersichtlich zusammengefasst.[603] Nutzt der Arzt Leitlinien als vorrangige Informationsquelle und empfiehlt die Leitlinie eine neue Behandlungsmethode, so erlangt der Arzt von dieser schneller Kenntnis und wird diese einem Patienten eher anbieten, als dies ohne Leitlinie bei eigener Informationsrecherche vermutlich der Fall wäre. Selbst wenn ein Arzt nämlich auf systematische, regelmäßig aktualisierte Reviews zu dem jeweiligen Krankheitsbild zurückgreift, so ist diese „Primärevidenz" zu komplex, um eine konkrete Handlungsentscheidung herbeizuführen.[604] Durch ihre komprimierte und somit handhabbare Form ist davon auszugehen, dass evidenzbasierte Leitlinien eher bei der Entscheidungsfindung von Patient und Arzt eingesetzt werden als systematische Reviews. Insofern haben Leitlinien das Potenzial, die Verbreitung von Innovationen zu fördern.

Eine innovationshemmende Wirkung von Leitlinien kann sich jedoch aus deren mangelnden Aktualität ergeben. Aufgrund des sehr aufwendigen und zeitintensiven Verfahrens zur Erstellung und Überarbeitung von evidenzbasierten Leitlinien werden diese nur in größeren Zeitabständen aktualisiert. Kommt in der Zwischenzeit eine innovative Diagnose- und Behandlungsmethode auf den Markt, so wird diese nur schwer Eingang in die Versorgungspraxis finden, wenn sie nicht in der Leitlinie aufgeführt ist.[605] Übersteigt die Gültigkeitsdauer von Leitlinien die Verjährungsdauer evidenzbasierter Erkenntnisse, die mit zwei bis fünf Jahren anzugeben ist[606], so kann aus der Existenz von Leitlinien ein neues Problem für die Qualität der Versorgung resultieren.

Dies wird insbesondere dann der Fall sein, wenn die Abrechnungsmöglichkeit für innovative Verfahren an die Aufnahme der jeweiligen Leistung in die Leitlinie geknüpft wird. Von der Leitlinie abweichende Leistungen würden dann seitens der Krankenkasse nicht oder nur auf Antrag gewährt und vergütet werden. Für medizinische Innovationen würde dies bedeuteten, dass sie nicht nur

[603] Vgl. Stange (2004), S. 139.
[604] Vgl. ebd., S. 138 f; Hervorhebung im Original.
[605] Vgl. hierzu auch Loss/Nagel (2005), S. 169 f.
[606] Vgl. Shojania et al. (2007), S. 224 ff.

einer positiven Bewertung seitens des G-BA bedürften[607], sondern auch in Nationale Versorgungsleitlinien aufgenommen sein müssten, um vergütungsfähig zu sein. Die derzeitigen Evidenz-Anforderungen des G-BA und des Nationalen Versorgungsleitlinien-Programms sind zwar in etwa vergleichbar, so dass hierzu keine separaten Studien erforderlich sein dürften. Medizinische Innovationen müssten aber dennoch zwei Hürden überwinden, um allen GKV-Versicherten zugänglich zu sein. Diese doppelte Hürde könnte sich negativ auf die Innovationsbereitschaft der Gesundheitswirtschaft auswirken, da hierdurch die Gewinnerzielungsmöglichkeiten beeinträchtigt werden.

Werden innovative Gesundheitsleistungen nämlich nicht in eine Leitlinie aufgenommen, so wird zum einen die Bereitschaft der Ärzte sinken, eine entsprechende Leistung anzubieten, da der Einsatz einer neuen Gesundheitstechnologie mit einem bürokratischen Zusatzaufwand für die Beantragung einer Vergütung verbunden ist. Zum anderen dürften die Patienten über den Nutzen einer Leistung verunsichert sein, wenn diese nicht in der Leitlinie aufgeführt ist, und werden nicht gewillt sein, aus eigener Tasche für diese Leistung zu zahlen.

Ebenso ist es denkbar, dass eine Leistung zwar in eine Leitlinie aufgenommen wurde, jedoch keine positive Bewertung seitens des G-BA vorliegt. Dies bedeutet, dass der Patient wiederum selbst den Konsum dieser Leistung finanzieren müsste, was ihm aufgrund beschränkter finanzieller Möglichkeiten nicht immer möglich sein wird. Die schlechteren Gewinnerzielungsaussichten für die Gesundheitswirtschaft können zur Folge haben, dass weniger Innovationen auf den Markt kommen. Nachteilige Konsequenzen für die Qualität der Versorgung hat dies insbesondere, wenn dadurch medizinische Innovationen verpasst werden, die nicht nur Add-on-Technologien[608] darstellen, sondern Verbesserungen für die Effektivität der Versorgung mit sich gebracht und besser den Präferenzen des Patienten entsprochen hätten.

---

607 Im ambulanten Bereich können innovative Versorgungsstrategien zulasten der Krankenkassen nur erbracht werden, wenn eine positive Erstattungsentscheidung seitens des G-BA vorliegt und die Gesundheitsleistung dadurch in den gesetzlichen Leistungskatalog aufgenommen wurde bzw. wenn die Versorgungstechnologie über eine bestehende Gebührenziffer abgerechnet werden kann. Im stationären Bereich hingegen dürfen alle zugelassenen Leistungen erbracht werden, insofern sie nicht vom G-BA explizit ausgeschlossen wurden. Somit ist der Bereich der Krankenhausbehandlungen durch eine innovationsfreundlichere Regelung gekennzeichnet als der Bereich der ambulanten Versorgung (vgl. Reimers (2009), S. 24 f sowie S. 28 f).

608 Zum Begriff der Add-on-Technologien vgl. Oberender et al. (2002), S. 56 sowie S. 135.

5.3.3 Mangelnde Individualisierung der Versorgung

Wenngleich evidenzbasierte Leitlinien Handlungs- und Entscheidungskorridore darstellen und die Versorgungsstrategie im konkreten Behandlungsfall die Individualität des jeweiligen Patienten zu berücksichtigen hat (vgl. Kap. 3.4.3.1), so besteht die Gefahr, dass infolge eines fehl verstandenen Einsatzes von Leitlinien als Steuerungsinstrument keine individualisierte Versorgung mehr erfolgt.[609]

Dies wird dann der Fall sein, wenn die Leitlinienempfehlungen als generell anwendbar erachtet werden oder eine konkrete Versorgungsstrategie vorgegeben wird, an deren Einhaltung Patient und Arzt gebunden sind.

Hierbei ist jedoch zu berücksichtigen, dass Leitlinien immer nur Auskunft über die zu erwartenden Effekte einer Versorgungsmaßnahme bezogen auf die zugrunde liegende Studienpopulation geben.[610] Die Empfehlungen sind deshalb vom Arzt auf ihre Übertragbarkeit auf den individuellen Patienten zu prüfen. Unterscheidet sich der Patient zu sehr von der Studienpopulation, so kann eine abweichende Versorgungsstrategie angemessen sein.[611] Erfolgt stattdessen eine ungeprüfte Anwendung von Leitlinien, da die dort empfohlene Vorgehensweise als allgemein gültig für das jeweilige Versorgungsproblem angesehen wird, so ist die Versorgung durch eine mangelnde Entscheidungsqualität gekennzeichnet. Dies kann weitere negative Qualitätswirkungen nach sich ziehen: Weist der Patient nämlich eine geringere Morbidität auf als die Patienten, die in der Studie eingeschlossen wurden, so wird eine Über-/ Fehlversorgung des Patienten die Folge sein. Unterscheidet sich der Patient dahingehend von der Studienpopulation, dass er schwerer erkrankt ist und Komorbiditäten aufweist, so besteht die Gefahr, dass eine leitlinienkonforme Versorgung zu einer Unter- und infolgedessen möglicherweise zu einer Fehlversorgung des Patienten führt.

Als problematisch erweist sich zudem, wenn seitens der Krankenkasse oder einer übergeordneten Ebene die durchzuführenden Diagnose- und Therapieschritte detailliert vorgegeben werden und die Erbringung hiervon abweichender Leistungen zu Lasten der GKV ausgeschlossen wird.[612] Eine normative Vorgabe von Art und Umfang der Versorgung kann bewirken, dass dem Patienten keine Wahl zwischen Versorgungsoptionen gelassen wird (vgl. hierzu auch Kap. 5.3.1). Eine solche Vorgehensweise kommt einer Bevormundung

609 Vgl. Ollenschläger (2003), S. 63.
610 Vgl. Gray (2001), S. 30 f.
611 Vgl. Woolf (1999), S. 529 sowie Stange (2004), S. 139.
612 Vgl. hierzu auch Woolf (1999), S. 529 sowie Kolkmann (2004), S. 30 f.

des Patienten (und auch des Leistungserbringers) gleich und erfüllt nicht die in Kapitel 3.3.5 notwendige Bedingung für das Erreichen einer hohen Qualität im Gesundheitswesen. Sie ist besonders dann als kritisch zu bewerten, wenn mehrere wirksame Versorgungsstrategien existieren, die jedoch unterschiedliche Effekte auf die Lebensqualität und Lebenserwartung des Patienten mit sich bringen.[613]

613 Vgl. Oberender/Zerth (2006), S. 70 ff.

6 Handlungsbedarf und -optionen

6.1 Institutionengerechte Ausgestaltung von Leitlinien

6.1.1 Generell erforderliche Implementierungsvoraussetzungen

Wie in Kapitel 5.1 herausgearbeitet wurde, haben Leitlinien das Potenzial, eine wichtige Informationsfunktion für die Interaktionspartner zu erfüllen und als verhaltenskanalisierende Institution zu wirken, indem sie den diskretionären Handlungsspielraum der Interaktionspartner einschränken. Die Ausführungen zu den verbleibenden Verhaltensspielräumen und Anwendungshindernissen (vgl. Kap. 5.2.1 und 5.2.2) zeigen jedoch, dass die derzeitige Wirkungsweise von Leitlinien innerhalb des Versorgungssystems noch unzureichend ist, um die erhofften Effekte auf die Qualität im Gesundheitswesen auch wirklich erzielen zu können. Es stellt sich somit die Frage, wie Leitlinien ausgestaltet und in die Versorgung integriert werden müssen, um ihre Informationsfunktion erfüllen und wirksame Anreize für das Verhalten der Interaktionspartner setzen zu können.

Eine wichtige Implementierungsvoraussetzung stellt die Einstufung von Leitlinien als verlässliche Institution seitens der Interaktionspartner dar. Hierzu sind hohe Ansprüche an ihre methodische und inhaltliche Qualität zu stellen.[614] Hinsichtlich der Anforderungen an die Leitlinienqualität besteht mittlerweile nicht nur in Deutschland, sondern auch europaweit und international ein breiter Konsens[615], wenngleich weiterhin eine große Anzahl an Leitlinien existiert, die das angestrebte Qualitätsniveau noch nicht erreicht. Das Ende der 1990er Jahre in Deutschland institutionalisierte Leitlinienclearing-Verfahren hat zum Ziel, die bestehenden Leitlinien zu bewerten und die besten verfügbaren nationalen Leitlinien zu einer Erkrankung zu identifizieren. Auf diese Weise erhofft man sich, die Existenz widersprüchlicher Leitlinien zu vermeiden und über eine Steigerung der formellen Qualität auch die Akzeptanz und Wirksamkeit von Leitlinien zu erhöhen.[616] Die methodische Überprüfung erfolgt dabei anhand des Deutschen Leitlinien-Bewertungs-Instruments (DELBI), das die Kriterien

---

614 Vgl. hierzu auch Farin et al. (2011), S. 430 f.
615 Vgl. Hart (2005), S. 9.
616 Vgl. Ollenschläger et al. (2002), S. 515 f sowie Ollenschläger et al. (2005b), S. 17.

für eine hohe methodische Qualität in einer kommentierten Checkliste aufführt.[617] Ein Abstrich hinsichtlich der Verlässlichkeit und des Vertrauens, das in eine Leitlinie gesetzt wird, ergibt sich jedoch durch die rasche Überholung des Wissens und der damit verbundenen Gefahr einer mangelnden Aktualität der Leitlinienempfehlungen.[618] Eine regelmäßige Überarbeitung und Aktualisierung von Leitlinien ist somit als unabdingbare Voraussetzung zu erachten, dass Leitlinien von den Interaktionspartnern zur Entscheidungsfindung herangezogen werden und ihre positiven Effekte auf die Qualität im Gesundheitswesen entfalten können. Hierzu zählt auch, dass medizinische Innovationen über aktuell gehaltene Leitlinien Eingang in die medizinische Versorgungspraxis finden können.

Über die Leitlinienqualität hinaus muss die rechtliche Stellung von Leitlinien geklärt und bekannt sein. Die Unsicherheit über die rechtlichen Konsequenzen einer leitlinienorientierten Versorgung führt nämlich dazu, dass Leitlinien vielfach nicht als verlässliche und glaubwürdige Institution eingestuft werden.[619] Zur rechtlichen Stellung von Leitlinien lässt sich sagen, dass Leitlinien gemäß ihrer Definition einen medizinischen Entscheidungskorridor vorgeben und auch rechtlich für den Arzt nicht bindend sind.[620] Aus dem Behandlungsvertrag schuldet der Arzt eine Behandlung gemäß dem medizinischen Standard zum Zeitpunkt der Behandlung.[621] Dies bedeutet, dass die Behandlung dem jeweiligen Stand der medizinischen Entwicklung in Wissenschaft und Praxis entsprechen muss.[622] Die unreflektierte Einhaltung einer Leitlinie ist somit weder haftungserleichternd noch haftungsbegründend.[623] Leitlinien spiegeln den Stand der medizinischen Erkenntnisse zum Zeitpunkt ihrer Verabschiedung wider. Ein Erkenntnisfortschritt zwischen dem Erstellungsdatum der Leitlinie und dem Behandlungszeitpunkt führt folglich dazu, dass die Leitlinie nicht den medizinischen Standard wiedergibt und der Arzt gerade dann, wenn er leitliniengerecht behandelt, einen Behandlungsfehler begeht.[624] Entspricht die Leitlinie hingegen dem medizinischen Standard, so kann dem Arzt, der der Leitlinie entsprechend handelt und dem Patienten eine der Leitlinie entsprechende Vorgehensweise empfiehlt, prinzipiell kein Behandlungsfehlervorwurf gemacht

617 Vgl. ÄZQ (2009), S. 63.
618 Vgl. Bölter et al. (2010), S. 664.
619 Vgl. hierzu auch Hoppe (2003), S. 822 sowie Cabana et al. (1999), S. 1459.
620 Vgl. Ulsenheimer/Biermann (2008), S. 105.
621 Vgl. Hart (2000b), S. 142.
622 Vgl. ebd., S. 140.
623 Vgl. Ulsenheimer/Biermann (2008), S. 105.
624 Vgl. Hart (2000b), S. 141 sowie Dressler (2000), S. 163.

werden.[625] Wäre aufgrund der speziellen Situation des Patienten dennoch eine abweichende Behandlung erforderlich gewesen, hat den Nachweis hierüber der Patient zu führen.[626] Umgekehrt wird die Nichteinhaltung einer aktuellen Leitlinie als Indiz für eine Verletzung der ärztlichen Pflichten gewertet und der Arzt wird für das Abweichen von den Leitlinienempfehlungen begründungspflichtig.[627]

Das Heranziehen von Leitlinien bei gerichtlichen Auseinandersetzungen führt dazu, dass den Leitlinien aus Sicht der Ärzte oftmals ein normierender Charakter zugeschrieben wird.[628] Zumindest befindet sich der Arzt bei Behandlungsfehlerprozessen in einer vorteilhafteren Position, wenn er leitliniengerecht behandelt hat und die Leitlinie den medizinischen Standard widerspiegelt. Dieser Umstand könnte sich negativ auf die Bereitschaft der Ärzte auswirken, nach der für den individuellen Fall besten Versorgungsmöglichkeit zu suchen und bewusst von den Leitlinienempfehlungen abzuweichen. Entsprechend werden die Leistungserbringer ein innovatives Verfahren seltener oder gar nicht in Betracht ziehen, wenn dieses noch nicht Eingang in die Leitlinien gefunden hat und als medizinischer Standard erachtet wird. Die Leistungserbringer werden haftungsrechtliche Konsequenzen befürchten, wenn sie nicht den Leitlinienempfehlungen gefolgt sind und die angewandte Methode nicht zum gewünschten Erfolg geführt hat. Selbst wenn die Behandlungsentscheidung nach einer ausführlichen Aufklärung über die Vor- und Nachteile leitlinienkonformer bzw. nicht konformer Vorgehensweisen letztendlich vom Patienten getroffen wird, so kann das Abweichen von der Leitlinie bei evtl. Rechtsstreitigkeiten einen Rechtfertigungsdruck für den Leistungserbringer erzeugen.[629]

Dieses Problem sollte sich durch eine ausführliche Dokumentation der Gründe, die zu einem Abweichen von der Leitlinie geführt haben, vermindern lassen. Hierzu ist es erforderlich, dass die Ärzte über den Stellenwert einer gründlichen Dokumentation informiert werden. Hinsichtlich des Ziels, einer institutionengerechten Ausgestaltung von Leitlinien ist die rechtliche Wertung von Leitlinien in Behandlungsfehlerprozessen jedoch positiv zu sehen. Sie führt dazu, dass Leitlinien eine höhere Glaubwürdigkeit zukommt und sie somit ein wichtiges Institutionenmerkmal erfüllen.

---

625 Vgl. Dressler (2000), S. 163 sowie Hart (2000b), S. 144.
626 Vgl. Dressler (2000), S. 163.
627 Vgl. ebd. sowie Hart (2000b), S. 144.
628 Vgl. Bölter et al. (2010), S. 666.
629 Vgl. Hasenbein et al. (2003), S. 366.

Neben dem Informationsbedarf über die rechtlichen Konsequenzen einer leitlinienkonformen bzw. nicht konformen Versorgung besteht auch Kommunikationsbedarf hinsichtlich der Zielsetzung evidenzbasierter Leitlinien und deren Bedeutung im Rahmen der evidenzbasierten Medizin.[630] Dies ist am Kritikpunkt seitens der Ärzte ersichtlich, dass der Einsatz von Leitlinien zu einer Kochbuchmedizin führen würde.[631] Evidenzbasierte Medizin und Versorgung bedeutet keinesfalls, dass die Leitlinienempfehlungen unreflektiert auf einen Patienten übertragen werden sollen. Ziel des ärztlichen Handelns muss es vielmehr sein, die bestmögliche Versorgung für den individuellen Patienten sicherzustellen.[632] Den Ärzten ist häufig jedoch nicht bewusst, dass evidenzbasierte Leitlinien nur einen integralen Bestandteil der Entscheidungsfindung darstellen (vgl. Kap. 3.4.3.1).[633] An dieser Stelle besteht noch Informationsbedarf, um eine positive Einstellung der Ärzte gegenüber dem Leitlinieninstrumentarium zu erzielen. Aber nicht nur den Leistungserbringern, sondern auch der Krankenkasse muss bewusst sein, dass evidenzbasierte Leitlinien nicht dazu konzipiert sind, den Ablauf des Versorgungsprozesses konkret vorzugeben. Nur so kann ein Fehleinsatz von Leitlinien als Steuerungsinstrument und damit eine mangelnde Individualisierung der Versorgung vermieden werden. Ebenso ist eine Informationsvermittlung an den Patienten über die Verfügbarkeit und Ziele von evidenzbasierten Leitlinien unabdingbar.

Darstellung 24 fasst die wesentlichen Implementierungsvoraussetzungen zusammen. Sie gibt zudem einen Überblick über die Strategien und Ziele der Leitlinienimplementierung (vgl. Kap. 6.2) sowie die wesentlichen Kriterien, an denen der Erfolg der Leitlinienimplementierung bemessen wird (vgl. Kap. 6.3).

---

630 Vgl. Bölter et al. (2010), S. 661 ff.
631 Vgl. Oberender/Zerth (2005), S. 23 sowie Cabana et al. (1999), S. 1459
632 Vgl. Oberender/Zerth (2005), S. 23.
633 Vgl. Bölter et al. (2010), S. 665 f.

Darst. 24: Voraussetzungen, Prozess und Evaluation der Leitlinienimplementierung

Implementierungs-voraussetzungen ⇨	Implementierungs-prozess ⇨	Evaluation des Implementierungserfolgs
• inhaltliche und methodische Leitlinienqualität • Aktualität von Leitlinien • Klärung der rechtlichen Stellung • Klärung der Zielsetzungen von Leitlinien • Offenlegung einer ggf. leistungsreglementierenden Zielsetzung	Kombination unterschiedlicher Strategien: • informatorische, • edukative, • finanzielle, • organisatorische, • regulatorische, Maßnahmen Ziel: Leitliniengerechte Versorgung infolge einer • positiven Einstellung gegenüber Leitlinien • Modifikation der Anreiz-situation	• Leitlinienadhärenz • erzielte Ergebnisse unter Alltagsbedingungen

Quelle: Eigene Darstellung in Anlehnung an Farin et al. (2011), S. 430.

6.1.2 Erforderliche Leitlinieninhalte im Falle eines leistungsreglementierenden Einsatzes

Wenngleich eine Leistungsreglementierung anhand von Leitlinien aus Gründen der Kostenbegrenzung naheliegend sein mag, so besteht die Gefahr, dass hierbei die Präferenzen des Patienten vernachlässigt werden und keine individualisierte Versorgung mehr erfolgt (vgl. Kap. 5.3.1). Dies wäre mit negativen Folgen für die Qualität im Gesundheitswesen verbunden.

Es stellt sich also die Frage, wie eine Leistungsreglementierung anhand von Leitlinien sinnvoll durchgeführt werden könnte. Eine mögliche Lösung bestünde darin, in einer Leitlinie alle für ein definiertes Versorgungsproblem zur Verfügung stehenden Gesundheitsleistungen mit ihren Chancen und Risiken sowie ihren Kosten aufzuführen, und nicht nur die Leistungen, die von den Krankenkassen vergütet werden. In einem zweiten Schritt könnte dann entschieden und gekennzeichnet werden, welche Leistungen davon von der GKV getragen bzw. welche nicht übernommen werden. Eine Auflistung aller Optionen einschließlich ihrer Effektivität und Kosten würde Transparenz über die beiden relevanten Dimensionen einer Gesundheitsleistung schaffen, nämlich über den Beitrag einer Leistung im Hinblick auf das Erzielen der angestrebten Versorgungsergebnisse sowie die damit verbundenen Kosten für den Einzelnen und die Gesellschaft.[634] Eine derartige Aufstellung könnte dem Patienten als hilfreiche Entscheidungsgrundlage dienen und würde hinreichend Raum für Patientenpräferenzen lassen.[635] Dies ist insbesondere auch deshalb wichtig, da medizinische Interventionen zumeist Effekte auf mehrere patientenrelevante Endpunkte haben. Sind diese Effekte gegenläufiger Natur, so ist für die Behandlungsentscheidung bzw. für das Formulieren einer Versorgungsempfehlung eine Wertung dieser Effekte notwendig.[636] Anstatt die patientenrelevanten Endpunkte jedoch durch Patientenorganisationen gewichten zu lassen[637], darauf basierend eine Empfehlung für oder wider eine Therapiemaßnahme auszusprechen und nur diese in der Leitlinie aufzuführen, sollten alle erwägenswerten Vorgehensweisen mit ihren jeweiligen Effekten in der Leitlinie dargelegt werden und die Bewertung der Effekte dem individuellen Patienten überlassen werden. Die Wertung der Patientenvertreter kann nämlich durchaus stark von der subjektiven Sicht des jeweiligen Patienten, der vor dem unmittelbaren Konsum einer Gesundheitsleistung steht, abweichen. Insbesondere die Lebensqualität gilt als schwer konsensfähig zu operationalisierender und damit zu bewertender Endpunkt.[638]

Als Einwand gegen eine Auflistung aller Versorgungsoptionen und eine Kennzeichnung, welche davon nicht Bestandteil des gesetzlichen Leistungskatalogs sind, könnte angebracht werden, dass hieraus eine Unzufriedenheit der GKV-Versicherten mit dem Gesundheitssystem resultieren könnte. Durch die Angabe von Informationen zur fehlenden bzw. ungewissen Wirksamkeit einer Gesundheitsleistung sollten sich zwei Gründe für den Leistungsausschluss jedoch hinreichend verdeutlichen lassen.[639] Darüber hinaus schärft eine entsprechende Aufstellung bei allen Beteiligten das Bewusstsein, dass die solidarische Finanzierung aller wünschenswerten Gesundheitsleistungen nicht möglich ist, wenn der Beitragssatz stabil gehalten werden soll. Die vorgeschlagene Vorgehensweise stellt für die Interaktionspartner somit eine pareto-superiore Verbesserung gegenüber einer bisweilen praktizierten verdeckten Rationierung dar.

Ist der Patient über alle verfügbaren Versorgungsoptionen informiert, so steht es ihm offen, sich für eine aus objektiver Sicht weniger effektive Maßnahme

---

634 Vgl. Marckmann (2004), S. 239 f.
635 Vgl. Woolf et al. (1999), S. 529.
636 Vgl. Strech (2007), S. 476.
637 Zur Problematik der Gewichtung unterschiedlicher Endpunkte und dem Vorschlag, die Gewichtung an Patientenvertreter zu delegieren, vgl. Scheibler et al. (2008), S. 375.
638 Vgl. Strech (2007), S. 476.
639 Vgl. Entwistle/O`Donnell (2001), S. 45 f.

bzw. nicht zu Lasten der GKV beanspruchbare Gesundheitsleistung zu entscheiden und diese selbst zu finanzieren, falls die Effekte dieser Leistung eher seinen Präferenzen entsprechen sollten.[640]

Durch die Auflistung von Kosten und Nutzen einzelner Gesundheitsleistungen und dem Ausschluss bestimmter Leistungen verändert sich das Entscheidungskalkül des Patienten. Die monetären Konsequenzen, die mit dem Konsum von Gesundheitsleistungen verbunden sind, bezieht der Patient nunmehr in die individuelle Abwägung der Vor- und Nachteile einer Maßnahme ein. Somit erhält der Kostenaspekt eine entscheidungsrelevante Gewichtung. In der Folge wird der Patient mitunter andere Gesundheitsleistungen konsumieren, als dies bei einer vollständigen Kostenübernahme seitens der Krankenkasse der Fall wäre. Inwieweit hierdurch jedoch das ex-post Moral Hazard-Verhalten des Patienten wirksam begrenzt werden kann, bleibt offen. Es ist nämlich durchaus möglich, dass Patienten gerade, wenn sie den Gegenwert einer Versorgungsmaßnahme kennen, ihre Nachfrage nach Gesundheitsleistungen, die von der GKV getragen werden, ausdehnen, um eine entsprechend hohe Gegenleistung für ihre gezahlten Krankenkassenbeiträge zu erhalten.[641]

Allerdings erhalten die Ärzte durch die evidenzbasierte Leitlinie ein Kommunikationsmittel, um übertriebenen Forderungen des Patienten entgegenzuwirken.

In ähnlicher Weise kann eine Aufstellung aller verfügbaren Gesundheitsleistungen einschließlich ihrer Effektivität und ihren Kosten der angebotsinduzierten Nachfrage entgegenwirken, da sich der Patient anhand der Leitlinie informieren kann, wann welche Leistung tatsächlich indiziert ist.[642] Dieses Kontrollinteresse des Patienten wird jedoch nur dann zum Tragen kommen, wenn der Konsum von Leistungen nicht nur mit gesundheitlichen Vorteilen verbunden ist, sondern auch deutliche Risiken mit sich bringt, bzw. wenn eine Unterversorgung mit Leistungen die Gefahr einer Verschlechterung des Gesundheitszustandes oder der Lebensqualität des Patienten birgt.

---

640 Vgl. Elwyn/Edwards (2001), S. 4.
641 Vgl. Meusch (2011), S. 124 f sowie Oberender et al. (2002), S. 57 ff.
642 Vgl. Gray (2001), S. 27.

6.2 Maßnahmen zur Disseminierung und Implementierung von Leitlinien

Damit Leitlinien im Versorgungsalltag angewendet werden, ist es erforderlich, dass die Interaktionspartner Kenntnis von der Existenz und den Inhalten einer Leitlinie zu einem konkreten Versorgungsproblem haben und diese als versorgungsrelevant einstufen.[643] Zur Disseminierung und Implementierung von Leitlinien sind deshalb aufeinander abgestimmte, sich ergänzende Maßnahmen erforderlich. Zu diesem Maßnahmenbündel zählen neben der bereits angesprochenen Informationsvermittlung auch edukative, finanzielle, organisatorische und/oder regulatorische Mittel.[644] Teilweise bedarf die Implementierung von Leitlinien auch der Einbindung in bzw. der Ergänzung durch weitere Qualitätssicherungsinstrumente. Durch den kombinierten Einsatz dieser Strategien soll das versorgungsrelevante Leitlinienwissen der Interaktionspartner verbessert, im Idealfall eine positive Einstellung gegenüber dem Leitlinieninstrumentarium erzielt und letztendlich eine Verhaltensänderung herbeigeführt werden.[645]

6.2.1 Maßnahmen auf Leistungserbringerseite

Auf Seiten der Leistungserbringer kann versucht werden, der Unkenntnis bzw. dem Vergessen einer Leitlinie und den Beharrungstendenzen auf der üblichen Versorgungspraxis mit interaktiven Fortbildungsveranstaltungen, der gezielten Ansprache von Meinungsführern, Qualitätszirkeln, Kolloquien oder computerbasierten Entscheidungsunterstützungs- und Remindersystemen entgegenzuwirken.[646] Die Leitlinienempfehlungen lassen sich beispielsweise in elektronische Patienten- bzw. Gesundheitsakten[647] einbinden. Auf diese Weise kann der Leistungserbringer automatisch an wichtige Teilschritte und Versorgungs-

643 Vgl. Hoppe (2003), S. 821 sowie Ollenschläger et al. (2002), S. 517.
644 Vgl. Ollenschläger et al. (2002), S. 517.
645 Vgl. Selbmann/Kopp (2005), S. 34.
646 Vgl. Spitzley (2004), S. 132, Selbmann/Kopp (2005), S. 35 sowie Schrappe (2010b), S. 516.
647 Eine elektronische Patientenakte ermöglicht, alle versorgungsrelevanten Daten zu einem Patienten parallel zu den Versorgungsabläufen im Computer zu erfassen und digital zu speichern. Die elektronische Gesundheitsakte stellt eine darüber hinausgehende Sammlung gesundheitsrelevanter Informationen über den Patienten dar und befindet sich in der Hand des Patienten. Sie umfasst zum einen alle Daten, die in einer elektronischen Patientenakte gespeichert sind. Zum anderen hat der Patient selbst die Möglichkeit, Anmerkungen zu seinem Gesundheitszustand einzugeben und Aufzeichnungen zu selbstkontrollierten Werten sowie seinen Lebensgewohnheiten vorzunehmen (vgl. Waegemann (1996), S. 199 ff sowie Daugs (2002), S. 4 f).

aspekte gemäß Leitlinienempfehlung erinnert werden, die angesichts des oftmals hektischen Versorgungsgeschehens vergessen werden.[648] Diese Einbindung stellt zusammen mit der Bereitstellung der Leitlinienempfehlungen als Kitteltaschenversion oder in Stationsbüchern sicher, dass die Leitlinieninhalte jederzeit verfügbar sind.[649] Als weitere Maßnahme zur Implementierung von Leitlinien sind zudem begleitende Schulungen anzuraten, in denen Leistungserbringer ggf. fehlende Fertigkeiten, die für die Durchführung einer in der Leitlinie empfohlenen Gesundheitsleistung erforderlich sind, erwerben können. Ein Anreiz zur leitliniengerechten Versorgung kann außerdem gesetzt werden, wenn bei der Zertifizierung und regelmäßigen Rezertifizierung eines Leistungserbringers bzw. einer Klinik der Kenntnisstand und die Umsetzung evidenzbasierter Leitlinien berücksichtigt werden oder im Rahmen der externen Qualitätssicherung leitlinienbezogene Qualitätsindikatoren für Vergleiche herangezogen werden.[650] Infolge des einkommensmaximierenden Interesses der Leistungserbringer (vgl. Kap. 4.3.3) ist schließlich davon auszugehen, dass finanzielle Anreize in Form einer leitlinienorientierten Vergütung zu einer Verhaltensänderung beitragen werden.

Wie bei der Betrachtung der Anwendungshindernisse von Leitlinien (vgl. Kap. 5.2.2) herausgearbeitet wurde, werden die Leistungserbringer nicht gewillt sein, die Leitlinienempfehlungen in die Entscheidungsfindung einzubringen, wenn eine leitliniengerechte Versorgung zu einem finanziellen Verlust führt. Eine leitliniengerechte Therapie und Diagnostik setzt also voraus, dass die Anschaffung der erforderlichen Geräte, die Erbringung der empfohlenen Gesundheitsleistungen sowie der Erwerb der hierfür erforderlichen Kenntnisse durch die Abrechnung entsprechender Gebührenziffern oder Fallpauschalen refinanziert werden kann.

Bedenkt man, dass Leitlinien der Entscheidungsunterstützung dienen sollen und neben der klinischen Erfahrung und den Präferenzen des Patienten nur einen integralen Bestandteil des Entscheidungsfindungsprozesses darstellen (vgl. Kap. 3.4.3.1), so ist zu fordern, dass das Arzt-Patienten-Gespräch im Rahmen einer leitlinienorientierten Vergütung eine angemessene Berücksichtigung erfährt. Durch eine finanzielle Aufwertung des Arzt-Patienten-Gespräches könnte erreicht werden, dass sich der Arzt mehr Zeit nimmt, um ausgehend von der externen Evidenz, wie sie in den Leitlinien zusammengefasst ist, und vor dem Hintergrund seiner Berufserfahrung den Patienten mit

648 Vgl. Romano/Stafford (2011), S. 898.
649 Vgl. Selbmann/Kopp (2005), S. 37.
650 Vgl. ebd., S. 35 f sowie Schneider et al. (2001), S. 343.

entscheidungsrelevanten Informationen zu versorgen, so dass dieser in die Lage versetzt wird, eine seinen Präferenzen und Lebensumständen entsprechende Versorgungsstrategie auszuwählen. Wie Gafni et al. (1998) bereits darlegten, stellen die unhonorierten Zeitkosten, die mit dem Prozess der Informationssuche und des Informationstransfers verbunden sind, nämlich vielfach einen Hinderungsgrund für eine ausführliche Information des Patienten seitens des Arztes dar.[651]

Mit der Forderung nach einer leitliniengerechten Vergütung ist häufig jedoch auch die Idee verbunden, die Vergütung von der Einhaltung der Leitlinienempfehlungen abhängig zu machen.[652] Auf diese Weise würden Leitlinien eine größere Anreizwirkung für die Versorgungsbeteiligten entfalten und eine höhere Glaubwürdigkeit erlangen, da ein abweichendes Verhalten mit einer finanziellen Sanktion verbunden wäre. Im Extremfall könnte dies bedeuten, dass die Ärzte keine Vergütung für von der Leitlinie abweichende Gesundheitsleistungen erhalten, es sei denn, dass der Patient diese Leistungen selbst finanziert. Die Überlegung, die Umsetzung von Leitlinien durch finanzielle Anreize voranzubringen, rührt vom geringen Effekt vieler Fortbildungsveranstaltungen und Informationsangebote zu evidenzbasierten Erkenntnissen her.[653]

Durch eine leitlinienorientierte Vergütung, die an die Einhaltung der Leitlinienempfehlungen gekoppelt ist, soll ein Anreiz für die Ärzte geschaffen werden, sich aktiv um eine Kenntnis der aktuellen Leitlinieninhalte zu bemühen und diese umzusetzen. Es würde jedoch dem Sinn von Leitlinien widersprechen, wenn nur bei Einhaltung der Leitlinienempfehlungen die ärztliche Leistungserbringung vergütet werden würde. Hierbei besteht die Gefahr, dass die Präferenzen des Patienten unzureichend berücksichtigt werden und dem Patienten die Möglichkeit genommen wird, sich für eine von der Leitlinie abweichende Versorgungsstrategie zu entscheiden (vgl. hierzu auch Kap. 5.3.1 und 5.3.3).

Es stellt sich somit die Frage, wie eine leitlinienorientierte Vergütung konkret ausgestaltet werden kann, um eine umfassende Berücksichtigung der Präferenzen des Patienten zu gewährleisten. Die Anwendung von Leitlinien bzw. deren Einbringung in den Entscheidungsfindungsprozess könnte beispielsweise dadurch vergütet werden, dass neben der finanziellen Aufwertung des Arzt-Patienten-Gesprächs eine zusätzliche abrechnungsfähige Position „Information über Leitlinienempfehlungen" eingeführt wird. Durch seine Unterschrift unter einer ausgedruckten Version der Leitlinie könnte der Patient bestätigen,

---

[651] Vgl. Gafni et al. (1998), S. 351.

[652] Vgl. SVR-KAiG (1998), S. 382 ff sowie Musil (2003), S. 178.

[653] Vgl. Stange (2004), S. 148 sowie Schneider et al. (2001), S. 343.

dass er Kenntnis von den Leitlinieninhalten erhalten hat. Auf diese Weise wäre für die Krankenkassen nachprüfbar, ob die Abrechnung der genannten Position gerechtfertigt ist. Einschränkend ist hier anzumerken, dass der Patient mit der Unterschrift nur bestätigt, dass ihm die Leitlinie vorgelegt wurde, aber nicht, ob er die Inhalte gelesen und verstanden hat. Durch die Vorlage der Leitlinie während des Arzt-Patienten-Gesprächs erlangt der Patient jedoch Kenntnis von der Existenz einer Leitlinie zu seinem Versorgungsproblem. Insofern kein dringendes Entscheidungsproblem ansteht, besteht für ihn die Möglichkeit die Versorgungsentscheidung aufzuschieben und die Empfehlungen in Hause zu recherchieren und in Ruhe durchzugehen. Die Einführung der beschriebenen Abrechnungsposition vermag somit zur Disseminierung von Leitlinien beizutragen. Das Wissen um die Leitlinienempfehlungen befähigt den Patienten, die Leistungserbringung zu kontrollieren und auf eine leitliniengerechte Versorgung hinzuwirken, insofern diese im Einklang mit seinen Präferenzen steht.

Um einen direkten finanziellen Anreiz für die Berücksichtigung der Leitlinienempfehlungen seitens der Leistungserbringer setzen, besteht eine Überlegung darin, von den Leitlinien Indikatoren und Indizes zur Messung des Leistungsgeschehens mit entsprechenden Referenzbereichen[654] festzulegen. Befindet sich die Ausprägung des jeweiligen Indikators innerhalb des Referenzbereichs würde die Versorgung als unauffällig erachtet und von einer angemessenen Leitlinienumsetzung ausgegangen werden.[655] Finanzielle Sanktionen, z. B. in Form eines Abschlags von der Vergütung, wären dann erst bei Unter- bzw. Überschreitung der Referenzbereiche vorzunehmen, falls der betreffende Leistungserbringer die Abweichungen nicht begründen kann. Allerdings stellt sich das Problem, wie die Referenzbereiche festgelegt werden sollen. Eine normative Vorgabe käme der „Anmaßung von Wissen“[656] gleich und ist abzulehnen. Vielmehr ist eine empirische Annäherung an geeignete Referenzbereiche erforderlich.[657] Dies kann beispielsweise anhand wissenschaftlicher Untersuchungen oder über den Vergleich der erzielten Indikatorenausprägungen mehrerer Leistungserbringer erfolgen.[658] Eine leitlinienorientierte Vergütung basie-

[654] Zur Problematik der Qualitätsbeurteilung anhand von Qualitätsindikatoren und Referenzbereichen vgl. Kapitel 6.3.1.

[655] Vgl. Rienhoff (2000), S. 594.

[656] Hayek (1974, 1996).

[657] Zur Vorgehensweise bei der Definition von Referenzbereichen vgl. Kleudgen et al. (2011), S. 56 sowie ÄZQ (2010), o. S..

[658] Diese Vorgehensweise lag dem BQS-Verfahren zur externen Qualitätssicherung im stationären Bereich zugrunde. Vgl. BQS (o. J.), Referenzbereiche.

rend auf Qualitätsindikatoren ist jedoch nicht als sinnvoll zu erachten, solange es keine Belege gibt, dass eine leitliniengerechte Vorgehensweise im Versorgungsalltag zu vom Patienten präferierten Ergebnissen führt (vgl. hierzu ausführlicher Kap. 6.3.2).

Anstatt im Rahmen einer Einzelleistungsvergütung das Ob und die Höhe der Vergütung von der Einhaltung der Leitlinienempfehlungen abhängig zu machen, könnten evidenzbasierte Leitlinien auch zur Kalkulation einer Pauschale herangezogen werden, die den Leistungserbringern für die Versorgung eines Patienten mit einem bestimmten Krankheitsbild ausgezahlt wird. Diese Idee liegt dem Konzept der Evidence-Informed Case Rates zugrunde, die in den Vereinigten Staaten im Rahmen des Prometheus-Payment-Modells zum Einsatz kommen. Evidence-Informed Case Rates werden risikoadjustiert auf Basis der sektorenübergreifenden Kosten, die für die leitliniengerechte Versorgung eines definierten Behandlungsfalls anfallen, kalkuliert. Sie setzen einen Anreiz zu einer verbesserten Kooperation aller an der Versorgung eines Patienten beteiligten Leistungserbringer, indem die Honorierung der Gesundheitsleistungen nicht getrennt nach ambulantem und stationären Sektor erfolgt, sondern eine Pauschale für die Koordination der Versorgung über alle Sektoren hinweg ausgezahlt wird.[659] Hierdurch wird dem Verschieben der Patienten zwischen den Sektoren aus Kostengründen entgegengewirkt. Zudem werden die Leistungserbringer dazu angehalten, sich mit den Leitlinienempfehlungen auseinanderzusetzen, da eine abweichende Versorgung höhere Kosten mit sich bringen kann, die durch die Pauschale nicht abgedeckt sind. Genau dieser Umstand kann aber auch dazu führen, dass die Leistungserbringer nicht gewillt sind, eine Versorgungsentscheidung des Patienten umzusetzen, die nicht im Einklang mit den Leitlinienempfehlungen steht. Zugleich birgt eine pauschalierte Vergütung die Gefahr, dass der Leistungsumfang durch die Leistungserbringer eingeschränkt wird, um auf diese Weise einen höheren Gewinn zu erzielen. Diese Probleme können umgangen werden, wenn dem Patienten Informationen zur Verfügung stehen, anhand derer er sich über erforderliche Leistungen informieren und deren Erbringung einfordern kann, oder die Pauschale nicht an die Leistungserbringer, sondern an den Patienten ausbezahlt wird, der hiermit die von ihm präferierten Gesundheitsleistungen finanziert (vgl. hierzu ausführlicher Kap. 6.2.2).

Trotz der Einschränkung des ökonomischen Optimierungsspielraums, der mit dem Einsatz von Leitlinien verbunden sein kann, ist davon auszugehen, dass

[659] Vgl. de Brantes/Camillus (2007), S. 1 sowie Veit et al. (2012), S. A 35.

Leitlinien aus Sicht der Leistungserbringer eine pareto-superiore Verbesserung darstellen, da sie das professionelle Streben nach einer hohen Qualität der erbrachten Leistungen befördern. Erfolgt eine Zertifizierung und damit einhergehend eine Bestätigung, dass die Leitlinienempfehlungen eingehalten werden, lässt sich zudem ein Qualitätssignal an die Patienten und Krankenkassen senden, das die Chance auf weitere Kooperationsgewinne erhöht.

6.2.2 Maßnahmen auf Patientenseite

Damit auf Seiten des Patienten die Leitlinieninhalte als Grundlage für Versorgungsentscheidungen sowie zur Kontrolle der Leistungserbringung herangezogen werden, sind entsprechende Informations-, Bildungs- und Unterstützungsangebote im Sinne einer kritischen Gesundheitsbildung erforderlich.[660] Der Patient kann nur dann ein vermehrtes Augenmerk auf die nachweisliche Wirksamkeit einer Gesundheitsleistung legen, wenn ihm bewusst ist, dass teilweise Gesundheitsleistungen offeriert werden, deren Effektivität nicht bewiesen ist oder die nur marginale gesundheitliche Effekte erzielen.[661] Ebenso ist es nötig, dass der Patient um potenzielle Interessenskonflikte im Gesundheitswesen und dem sich hieraus ergebenden Anreiz einer gezielten Beeinflussung des Patienten bei der Versorgungsentscheidung weiß.[662] Ziel von Angeboten zur Gesundheitsbildung muss es deshalb sein, den Patient zu einer kritischen Bewertung von Gesundheitsinformationen zu befähigen. Der Patient sollte unabhängig davon, ob die Informationen im Arzt-Patienten-Gespräch vermittelt wurden, aus Leitlinien stammen, im Internet gefunden wurden oder auf Erfahrungsberichten Dritter basieren, die Evidenz der Informationen und deren Relevanz für das individuelle Versorgungsproblem kritisch hinterfragen.[663] Hierzu ist es erforderlich, dass der Patient in der Lage ist, Wahrscheinlichkeitsaussagen angemessen zu interpretieren, um den Nutzen einer Gesundheitsleistung richtig einschätzen zu können.[664] Als Anbieter von Maßnahmen zur kritischen Gesundheitsbildung kommen Krankenkassen oder externe Dienstleister, wie beispielsweise Verbraucherschutzorganisationen, Volkshochschulen oder unabhängige wissenschaftliche Institute wie beispielsweise das Institut für Qualität und Wirtschaftlichkeit im Gesundheitswesen in Frage.[665] Dabei ist unabhängigen Anbietern außerhalb der Beziehungs-

---

660 Vgl. hierzu auch Dierks/Seidel (2005), S. 36 sowie Nebling (2012), S. 152 ff.
661 Vgl. Gray (2001), S. 27.
662 Vgl. Nebling (2012), S. 154 ff.
663 Vgl. ebd., S. 154 f.
664 Vgl. Nebling (2011), o. S..
665 Vgl. hierzu auch Amelung (2012), S. 289.

konstellation von Patient, Leistungserbringer und Krankenkasse der Vorzug zu geben, um eine eigennutzorientierte Beeinflussung der Informations- und Schulungsangebote zu vermeiden.

Über diese Kompetenzen hinaus ist es erforderlich, dass der Patient die Leitlinieninhalte versteht und Zugriff auf Informationen zu für ihn entscheidungsrelevanten Kriterien hat. Dies kann mit der Bereitstellung evidenzbasierter Gesundheitsinformationen als Online- und Printversion erreicht werden.[666] Evidenzbasierte Gesundheitsinformationen stellen die Leitlinieninhalte in laienverständlicher Form dar und wollen dem Patienten eine unbeeinflusste, präferenzorientiere Entscheidung ermöglichen.[667] Hierzu enthalten sie Informationen zur Wirkung einer Intervention auf patientenrelevante Endpunkte wie Lebenserwartung, Morbidität und Lebensqualität, erläutern die Vor- und Nachteile einer Maßnahme mit gleicher Betonung und Gewichtung, geben Hinweise auf die ggf. fehlende oder unklare Evidenz bestehender Versorgungsoptionen und prognostizieren den wahrscheinlichen Gesundheitsverlauf bei Nichtintervention.[668] Zusätzlich sollten Hintergrundinformationen zu einer Erkrankung sowie Informationen zu den Kosten und zur Koordination der Maßnahmen innerhalb des Versorgungssystems angegeben sein. Weitere hilfreiche Bestandteile sind Verweise auf (psycho)soziale Unterstützungsmöglichkeiten sowie weiterführende Hilfsangebote wie beispielsweise Selbsthilfegruppen, Hilfestellungen zum Selbstmanagement eines gesundheitlichen Problems und Erfahrungsberichte von Patienten mit derselben Erkrankung.[669] Evidenzbasierte Gesundheitsinformationen stellen also nicht nur eine Übersetzung bestehender Leitlinien in laienverständliche Sprache dar, sondern gehen auf das spezielle Informationsbedürfnis der Patienten ein und enthalten über die medizinische Leitlinie hinausgehende Informationen (vgl. Darst. 25).[670]

---

[666] Vgl. Sänger et al. (2008), S. 10 und S. 29 ff.

[667] Vgl. Bastian et al. (2009), S. 186 sowie Steckelberg et al. (2005), S. 347.

[668] Vgl. Bastian et al. (2009), S. 186, Steckelberg et al. (2005), S. 344 ff sowie Preuss (2001), S. 232.
Ausführliche Erläuterungen zu den Anforderungen an und detaillierte Beispiele für die Gestaltung evidenzbasierter Gesundheitsinformationen finden sich in Steckelberg et al. (2005), S. 344 ff.

[669] Vgl. Sänger et al. (2008), S. 29 ff sowie Steckelberg et al. (2005), S. 344.

[670] Vgl. Sänger et al. (2009), S. 1102.

Darst. 25: Bestandteile von evidenzbasierten Gesundheitsinformationen

Definition der Ziele und der Zielgruppe der evidenzbasierten Gesundheitsinformationen

Hintergrundinformationen zum Erkrankungsbild, zur Verbreitung, zum Schweregrad, zu den Symptomen, zu auslösenden Faktoren sowie zu den physischen, psychischen und psychosozialen Auswirkungen auf den Patienten und seine Angehörigen

Empfehlungen zu Präventionsmöglichkeiten, Nutzen und Risiken einer Maßnahme inkl. Wirkung auf patientenrelevante Endpunkte, Angaben zu Entscheidungsmöglichkeiten und Kostenübernahme seitens der Krankenkasse

Empfehlungen zur diagnostischen Vorgehensweise, Nutzen und Risiken einer Maßnahme inkl. Wirkung auf patientenrelevante Endpunkte, Angaben zu Entscheidungsmöglichkeiten und Kostenübernahme seitens der Krankenkasse, Hinweis auf Übergangsmöglichkeiten und -erfordernisse zwischen ambulantem und stationärem Versorgungsbereich

Empfehlungen zur therapeutischen Vorgehensweise, Nutzen und Risiken einer Maßnahme inkl. Wirkung auf patientenrelevante Ergebnisparameter, Angaben zu Entscheidungsmöglichkeiten und Kostenübernahme seitens der Krankenkasse, Hinweis auf Übergangsmöglichkeiten und -erfordernisse zwischen ambulantem und stationärem Versorgungsbereich

Empfehlungen zur Rehabilitation, Langzeitbetreuung sowie zum Management von akuten Ereignissen im Langzeitverlauf, Nutzen und Risiken einer Maßnahme inkl. Wirkung auf patientenrelevante Ergebnisparameter, Angaben zu Entscheidungsmöglichkeiten und Kostenübernahme seitens der Krankenkasse, Hinweis auf Übergangsmöglichkeiten und -erfordernisse zwischen ambulantem und stationärem Versorgungsbereich, Zeitplan für weitere Betreuung

Empfehlungen zum Selbstmanagement, Nutzen und Risiken einer Maßnahme inkl. Wirkung auf patientenrelevante Endpunkte, bewährtes Selbstmanagement aus Patientensicht, Anleitung zum Umgang mit Notfällen und Gefahrensituationen

Angabe zu weiterführenden Hilfen, Adressen von Anlaufstellen/Fachgesellschaften/Selbsthilfeorganisationen, Hinweise auf weiteres qualitätsgeprüftes Informationsmaterial

Glossar der verwendeten Fachbegriffe und ihrer Erläuterung

Kurze Zusammenfassung der wichtigsten Informationen

Quelle: Eigene Darstellung in Anlehnung an Sänger et al. (2008), S. 32 sowie Sänger et al. (2009), S. 1106.

Die Erstellung von evidenzbasierten Gesundheitsinformationen sollte wiederum durch eine unabhängige Organisation erfolgen, um den Versuch einer gezielten Beeinflussung des Patienten zu unterbinden. Die Verbreitung der Informationen kann jedoch sehr wohl durch die Leistungserbringer oder die Krankenkasse erfolgen. Eine Bereitstellung evidenzbasierter Gesundheitsinformationen durch den behandelnden Arzt oder das Krankenhaus trägt dazu bei, dass dem Patienten die Informationen zum Entscheidungszeitpunkt zur Verfügung stehen. Insbesondere in akuten Situationen, die eine schnelle Entscheidung erfordern, ist der Patient ansonsten in hohem Maße von den Informationen abhängig, die er vom Arzt erhält. Dies ist insbesondere dann der Fall, wenn der Patient unerwartet ins Krankenhaus eingewiesen wird. Dort hat er kaum noch Möglichkeiten, externe Informationen zu Rate zu ziehen. Es stellt sich jedoch die Frage, inwieweit die Leistungserbringer ein Interesse daran haben, dem Patienten über das Arzt-Patienten-Gespräch hinaus entscheidungsrelevante Informationen zugänglich zu machen. Diese könnten nämlich Entscheidungen bewirken, die zu den Interessen des behandelnden Arztes oder Krankenhauses gegenläufig sind. Denkbar ist z. B., dass der Patient aufgrund von umfassenden Informationen eine leistungsintensivere Behandlungsmethode wählt, die für ihn mit geringeren Belastungen verbunden ist, für das Krankenhaus jedoch die Gewinnspanne schmälert. Die Bereitstellung evidenzbasierter Gesundheitsinformationen kann jedoch als Signal an den Patienten dienen, dass dem Krankenhaus bzw. dem niedergelassenen Arzt an einer hohen Versorgungsqualität und einer an den Präferenzen des Patienten orientierten Entscheidung gelegen ist.

Durch evidenzbasierte Gesundheitsinformationen erlangt der Patient einen guten Überblick über bislang bestehende Behandlungsoptionen. Zusammen mit den Maßnahmen der kritischen Gesundheitsbildung wird er im Idealfall befähigt, innovative Verfahren auf ihre Relevanz für seinen Versorgungsfall hin zu beurteilen und zielgerichtet nach innovativen Ansätzen zu suchen, die geeignet sind, seine Versorgungsziele besser zu erreichen. Auf diese Weise kann einer Innovationshemmung, die mit der Existenz von Leitlinien einhergehen kann (vgl. Kap. 5.3.2), entgegengewirkt wird. Um diese Wirkung zu unterstützen, sollte in den evidenzbasierten Gesundheitsinformationen ein Hinweis enthalten sein, dass die dargestellten Behandlungsoptionen nicht abschließend sind. Dem Patienten muss bewusst sein, dass evidenzbasierte Gesundheitsinformationen nur in bestimmten Zeitabständen aktualisiert werden, der medizinische Fortschritt zwischenzeitlich jedoch neue Diagnoseverfahren oder

Therapieansätze hervorbringen kann, die in den Gesundheitsinformationen noch nicht berücksichtigt sind.

Neben den bereits beschriebenen Maßnahmen ist über eine Kombination von evidenzbasierten Leitlinien mit finanziellen Anreizen nachzudenken, um das Kontrollinteresse des Patienten zu steigern und den Patienten zu einer vermehrten Auseinandersetzung mit den Leitlinieninhalten anzuregen.

So könnte die Honorierung von Gesundheitsleistungen in Abkehr vom Sachleistungsprinzip so geregelt werden, dass die Krankenversicherung nicht die Gesundheitsleistungen vergütet, die der Patient in Anspruch nimmt, sondern dem Patienten für seine Versorgung innerhalb eines definierten Zeitraums einen Geldbetrag auszahlt, mit dem der Patient dann selbst seine nachgefragten Gesundheitsleistungen finanziert. Der Patient würde somit völlig frei in seiner Entscheidung sein, welche Gesundheitsleistungen er konsumiert, und es bestünde die Möglichkeit, in Preisverhandlungen mit dem Leistungserbringer zu treten.[671] Das Entscheidungskalkül des Patienten würde gegenüber dem Status quo dahingehend verändert werden, dass der Patient nicht mehr zwischen für ihn quasi kostenlosen Leistungen, die im Leistungskatalog der GKV enthalten sind, und selbst zu finanzierenden Leistungen, wie beispielsweise IGeL-Leistungen, zu entscheiden hätte. Stattdessen würden der Preis der nachgefragten Gesundheitsleistung und der zu erwartende Nutzen einen größeren Stellenwert erhalten. In der Folge würde ein größeres Interesse seitens des Patienten bestehen, die Informationen des Arztes über den Nutzen einer Maßnahme zu hinterfragen und zu einer effizienten Inanspruchnahme von Gesundheitsleistungen zu gelangen. Evidenzbasierte Leitlinien bzw. Gesundheitsinformationen, die alle zur Verfügung stehenden Versorgungsoptionen bei einem definierten Gesundheitsproblem sowie deren Nutzen, Risiken und Kosten auflisten (vgl. hierzu auch Kap. 6.1.2), könnten dem Patienten in diesem Zusammenhang als wertvolle Entscheidungshilfe dienen.

Der Auszahlungsbetrag impliziert auch den Anreiz zu einer höheren Compliance. Ist der Betrag, der für die Finanzierung der gesundheitsbezogenen Aufwendungen innerhalb eines vorgegebenen Zeitraums vorgesehen ist, nämlich ausgeschöpft, sind aber infolge einer schlechten Compliance des Patienten weitere Gesundheitsleistungen erforderlich, so müsste der Patient diese aus eigener Tasche bezahlen.

---

[671] Zur Idee des Auszahlungsbetrags vgl. McGuire (2000), S. 466 sowie Godman (2004), S. 216 f.

Evidenzbasierte Leitlinien könnten bei dieser Art der Leistungsfinanzierung und -vergütung analog zum Konzept der Evidence-Informed Case Rates (vgl. Kap. 6.2.1) dazu herangezogen werden, den jeweiligen Auszahlungsbetrag an den Patienten zu ermitteln. Der vorgestellte Ansatz würde dem Patienten Raum eröffnen, auch innovative Leistungen nachzufragen, die aufgrund der Aktualisierungsproblematik von Leitlinien noch nicht in die Empfehlungen aufgenommen worden sind, auf die der Patient jedoch im Rahmen eigener Recherche gestoßen ist und die seinen Präferenzen besser entsprechen als etablierte Gesundheitsleistungen. Der Ansatz des Auszahlungsbetrags hätte darüber hinaus den Vorteil, dass keine Leistungsreglementierung seitens Dritter erfolgen würde. Stattdessen würde es in der Hand des Patienten liegen, innerhalb seiner finanziellen Möglichkeiten, d. h. unter Rückgriff auf den Auszahlungsbetrag und ggf. unter Einbeziehung eigener finanzieller Mittel, sich frei zwischen allen zur Verfügung stehenden Gesundheitsleistungen zu entscheiden und als souveräner Konsument zu agieren.

Evidenzbasierte Leitlinien erhöhen für den Patienten die Transparenz des Versorgungsgeschehens, ermöglichen ihm zusammen mit dem Hintergrundwissen aus Angeboten zur Gesundheitsbildung den Nutzen und die Risiken von Gesundheitsleistungen kritisch zu bewerten und als souveräner Konsument auf dem Markt für Gesundheitsleistungen zu agieren. Sie stellen für den Patienten eindeutig eine pareto-superiore Verbesserung gegenüber einem Ausgangszustand dar, der von Informationsasymmetrien zu seinen Lasten geprägt ist, und versetzen ihn in die Lage, diejenigen Gesundheitsleistungen in Anspruch zu nehmen, die seinen Qualitätszielen zuträglich sind.

6.2.3 Maßnahmen auf Krankenkassenseite

Damit Leitlinien seitens der Krankenkasse zur Steuerung des Versorgungsgeschehens herangezogen werden, ist zunächst die Kenntnis relevanter Leitlinien zu einem Versorgungsproblem erforderlich. Hierzu kann die Veröffentlichung von Leitlinien im Internet, in Fachzeitschriften oder in Mitteilungen der an der Leitlinienentwicklung beteiligten Organisationen beitragen.[672] In Kapitel 5.2.2 wurde angeführt, dass der Einsatz von Leitlinien im Rahmen von Utilization Review-Maßnahmen in der Routineversorgung nur bedingt möglich ist. Zwar lassen sich die Daten personenbezogen über alle Leistungsbereiche verknüpfen, die Abrechnungsdaten im ambulanten Bereich werden jedoch nur quartalsweise übermittelt. Im stationären Bereich werden darüber hinaus keine

[672] Vgl. Selbmann/Kopp (2005), S. 36.

Informationen zu den eingesetzten Arznei-, Heil- und Hilfsmitteln übermittelt.[673] Demgegenüber eröffnen selektive Verträge zwischen der Krankenkasse und einzelnen Leistungserbringern die Möglichkeit, die Übermittlung von Daten, die zur zeitnahen, leitlinienbasierten Kontrolle des Versorgungsgeschehens erforderlich sind, zu vereinbaren. So können leitlinienbezogene Indikatoren festgelegt werden, die regelmäßig an die Krankenkasse berichtet werden müssen. Auf diese Weise lassen sich Abweichungen von den Leitlinienempfehlungen erkennen.

Selektive Verträge ermöglichen aber nicht nur der Krankenkasse, die eigenen Einsatzmöglichkeiten von Leitlinien zu erhöhen. Anhand von selektiven Verträgen kann die Krankenkasse auch monetäre Anreize für die Berücksichtigung der Leitlinienempfehlungen seitens der anderen Interaktionspartner setzen.[674] So kann beispielsweise die Honorierung auf der Grundlage von Evidence-Informed Case Rates (vgl. Kap. 6.2.1) oder die Finanzierung der konsumierten Gesundheitsleistungen durch den Patienten mit Hilfe eines Auszahlungsbetrags (vgl. Kap. 6.2.2) vereinbart und erprobt werden. Darüber hinaus können die Krankenkassen von den Leitlinien Anforderungen an die Kompetenzen der Leistungserbringer ableiten, deren Vorliegen anhand von Qualifizierungsnachweisen oder Fortbildungspunkten nachgewiesen werden muss und eine Voraussetzung für den Abschluss bzw. Fortführung eines selektiven Vertrags darstellt. Mit Hilfe von selektiven Verträgen kann zudem das Problem einer möglichen Innovationshemmung infolge von Leitlinien angegangen werden, indem die modellhafte Kostenübernahme von innovativen Gesundheitsleistungen vereinbart wird, auch wenn diese noch nicht Eingang in eine Leitlinie gefunden haben.[675]

Durch den Einsatz von evidenzbasierten Leitlinien als Grundlage von Utiliziation Review-Maßnahmen wird die Krankenkasse in die Lage versetzt, ihre eigenen Ziele, nämlich den Versicherten ein qualitativ hochwertiges Versorgungsangebot bereitzustellen und auf die Wirtschaftlichkeit der Leistungserbringung und -inanspruchnahme hinzuwirken, besser zu verfolgen. Dies führt für die Krankenkasse zu einer pareto-superioren Verbesserung gegenüber einem Zustand, bei dem sie die medizinische Erforderlichkeit der erbrachten Leistungen nicht beurteilen kann und keine Informationen darüber hat, welcher funktionaler Zusammenhang zwischen Teilaspekten der Struktur- und Prozessqualität und den erzielten Ergebnissen besteht.

---

673 Vgl. Schneider (2013), S. 28 f.
674 Vgl. hierzu auch Nebling (2012), S. 151 f und S. 189 ff.
675 Vgl. Rupp (2013), S. 22 ff.

6.3 Patientenorientierte Evaluation des Erfolgs der Leitlinienimplementierung

6.3.1 Evaluation der Leitlinienadhärenz

In Kapitel 3.4.3.1 wurde dargelegt, dass evidenzbasierte Leitlinien als probates Mittel diskutiert werden, um die Qualität der Versorgung zu steigern und die Variabilität der Behandlung auf ein Maß zu reduzieren, das in der Individualität des Patienten begründet ist.[676] Demzufolge ist eine möglichst breite Kenntnis und Berücksichtigung der Leitlinienempfehlungen im Versorgungsalltag anzustreben. Die Evaluation des Stands der Leitlinienimplementation anhand von Indikatoren, die von den Leitlinienempfehlungen abgeleitet werden, bemisst, inwieweit die Leitlinieninhalte bekannt sind und über Strukturanpassungen und Verhaltensänderungen bereits Eingang in die Versorgungspraxis gefunden haben (vgl. Kap. 5.1.1).[677] Im Falle einer als unzureichend einzustufenden Implementierung kann mittels wiederholt edukativer, finanzieller, organisatorischer bzw. regulatorischer Maßnahmen versucht werden, diese zu verbessern.[678]

Wie jedoch schon in Kapitel 6.2.1 argumentiert wurde, wäre es der falsche Weg, eine leitlinienkonforme Versorgung um jeden Preis anzustreben. Die Vorgabe fester Werte für die Ausprägung der Qualitätsindikatoren und die Veranlassung von gegensteuernden Maßnahmen bei Über- bzw. Unterschreitung dieser Werte würde dem Sinn von Leitlinien als Entscheidungskorridor widersprechen und eine an den Präferenzen des Patienten orientierte Versorgung behindern.[679]

Zielführender ist hingegen die Definition von Referenzbereichen, innerhalb derer die Ausprägung der jeweiligen Indikatoren liegen sollte.[680] Anhand dieser Bereiche wird berücksichtigt, dass Leitlinien Handlungskorridore aufzeigen, von denen aufgrund der individuellen Krankengeschichte des Patienten oder divergierender Patientenpräferenzen abgewichen werden kann und soll.[681] Eine Variabilität in der Vorgehensweise und das Nichterreichen des definierten Soll-Zustandes deutet nämlich nicht zwangsläufig darauf hin, dass die Versorgung nicht evidenzbasiert erfolgte; sie kann auch Ausdruck einer umfassen-

---

676 Vgl. Neuffer (1997), S. 136 sowie Bollschweiler (2001), S. 457.
677 Vgl. Albert et al. (2004), S. 350 f sowie ÄZQ (2009), S. 63).
678 Vgl. Ollenschläger et al. (2002), S. 517, Musil (2003), S. 177 f und Preuss (2001), S. 226.
679 Vgl. hierzu auch Snyder et al. (2007), S. 792 ff.
680 Vgl. Rienhoff (2000), S. 594.
681 Vgl. Bloch et al. (1997), S. A-2154 sowie Ollenschläger (2008), S. 17.

den Berücksichtigung der Patientenpräferenzen sein.[682] Ein informierter Patient kann sich nämlich durchaus gegen eine laut Leitlinie empfohlene Vorgehensweise entscheiden, wenn aus seiner Sicht die mit einer Gesundheitsleistung verbundenen monetären und nicht-monetären Kosten den zu erwartenden Nutzen übersteigen.

Aber auch bei der Festlegung von Referenzbereichen anhand von Erfahrungswerten stellt sich im Falle einer Über- bzw. Unterschreitung dieser Bereiche die Frage, ob eine unzureichende Leitlinienadhärenz gegeben ist, der Arzt übermäßig viele Patienten behandelt, auf die die Leitlinienempfehlungen nicht anwendbar sind oder die sich gezielt gegen eine leitliniengerechte Versorgung entscheiden. Diese Frage lässt sich anhand der dokumentierten Daten zumeist nicht eindeutig beantworten. Insbesondere geht aus den übermittelten Daten nicht hervor, inwieweit dem Patienten die Leitlinienempfehlungen als Basis für seine Versorgungsentscheidung zur Verfügung standen, er diese verstanden und eine unbeeinflusste Entscheidung getroffen hat. An dieser Stelle zeigt sich die Problematik einer rein quantitativen Herangehensweise der Qualitätssicherung. Wie schon Hayek formulierte, ist für eine adäquate Problemlösung eine rein quantitative Vorgehensweise unangebracht, wenn gerade die zwischen den individuellen Strukturelementen bestehenden Beziehungen relevant sind.[683] So ist auch das alleinige numerische Auszählen leitlinienkonform durchgeführter Maßnahmen als wenig aussagekräftig zu werten.[684] Lediglich auf der Basis quantitativer Angaben können keine Rückschlüsse gezogen werden, welche Gründe für oder gegen eine leitliniengerechte Versorgung sprachen. Numerische Angaben erlauben keine Bewertung, ob ein nichtkonformes Verhalten eine gerechtfertigte und gewollte Abweichung von den Leitlinienempfehlungen darstellt oder das Resultat fehlsteuernder Verhaltensanreize ist. Um die Erforderlichkeit von Maßnahmen für eine verbesserte Leitlinienimplementierung ableiten und diese zielführend ausgestalten zu können, sind zusätzlich qualitative Informationen, z. B. in Form einer Befragung der Patienten und Leistungserbringer hinsichtlich der Gründe für das Nichteinhalten einer Leitlinie, hinderlicher oder förderlicher Aspekte bei der Umsetzung der Leitlinienempfehlungen sowie den jeweiligen Erwartungen und Bedürfnissen unabdingbar.[685] Ohne diese Informationen besteht die Ge-

---

[682] Vgl. Behrens (2010), S. 622.
[683] Vgl. Hayek (1974, 1996), S. 4 ff sowie Hayek (1967, 1996), S. 290 ff.
[684] Vgl. Hasenbein et al. (2003), S. 372.
[685] Vgl. Albert et al. (2004), S. 349 f.
Zur Patientenbefragung im Rahmen der Qualitätssicherung vgl. auch ÄZQ (2009), S. 19.

fahr, dass Maßnahmen angestrengt werden, die im Hinblick auf eine patientenzentrierte Versorgung nicht zielführend sind.[686] Als positives Beispiel kann in diesem Zusammenhang der strukturierte Dialog angeführt werden, der im stationären Bereich bei auffälligen Abweichungen von den Qualitätsstandards zwischen dem jeweiligen Krankenhaus und Fachexperten angestrengt wird. Hierbei werden ungewöhnliche Ergebnisse einer detaillierten Analyse unterzogen und im Falle eines medizinischen Verbesserungsbedarf Zielvereinbarungen mit dem Krankenhaus getroffen.[687]

6.3.2 Evaluation der Effektivität einer Leitlinie

Neben dem Grad der Leitlinienadhärenz hat sich der Implementierungserfolg von Leitlinien auch an den erzielten Ergebnissen infolge des Leitlinieneinsatzes zu bemessen.[688] Dem Einsatz von evidenzbasierten Leitlinien als Instrument zur Steuerung des Versorgungsprozesses (vgl. Kap. 5.1.2) liegt die implizite Annahme eines funktionalen Zusammenhangs zwischen der Steigerung der Prozessqualität sowie der Inanspruchnahme effektiver und bedarfsgerechter Leistungen auf der einen Seite und dem Erzielen einer hohen Ergebnisqualität auf der anderen Seite zugrunde. Die Leitlinienempfehlungen stützen sich überwiegend auf die Ergebnisse klinischer Studien zur Wirksamkeit einer Gesundheitsleistung im Hinblick auf das Erreichen eines bestimmten Versorgungszieles. Bei der Evaluation der Leitlinieneffektivität gilt es deshalb zu betrachten, inwiefern die unter den idealen Studienbedingungen erreichbaren Ergebnisse auch im Versorgungsalltag erzielt werden können.[689] Bei der Bewertung der Community Effectiveness ist jedoch nicht nur die Wirkung von Leitlinien auf sog. harte Endpunkte zu betrachten, sondern es sind alle patientenrelevanten Endpunkte und Ergebnisse (vgl. Darstellung 26) zu berücksichtigen.[690] Anhand dieser Erkenntnisse kann bemessen werden, ob eine Modifikation der Leitlinienempfehlungen vorzunehmen ist.[691]

---

686 Vgl. Snyder et al. (2007), S. 793.
687 Vgl. BQS (o. J.), Strukturierter Dialog.
688 Vgl. Farin et al. (2011), S. 431 f.
689 Vgl. Sinioris/Najafi (1995), S. 150 sowie Donabedian (1990), S. 1115 ff.
690 Vgl. Sawicki (2006), S. 17 sowie Fischer (2003), S. 29.
691 Vgl. Sinioris/Najafi (1995), S. 150 sowie Donabedian (1990), S. 1115 ff.

Darst. 26: Patientenrelevante Endpunkte

patientenrelevante Endpunkte

Anhand objektiver Daten beurteilbar:
- Vermeidung bzw. Verminderung von Morbidität
- Verlängerung der Lebenserwartung

Anhand der subjektiven Einschätzung des Patienten beurteilbar:
- Lebensqualität
- Patientenzufriedenheit

Quelle: Eigene Darstellung in Anlehnung Sawicki (2006), S. 16 f, Fischer (2006), S. 8 f, Bullinger (2006), S. 5 f sowie Donabedian (1992), S. 248.

Aus Sicht des Patienten stellt zunächst die Vermeidung von Morbidität bzw. die Verbesserung seines Gesundheitszustandes ein relevantes Versorgungsergebnis dar. Zudem konsumiert der Patient Gesundheitsleistungen mit dem Ziel, (frühzeitige) Mortalität zu verhindern. Entsprechend können epidemiologische Maßzahlen zur Inzidenz und Prävalenz bestimmter Symptome und Erkrankungen sowie Überlebensraten, die krankheitsspezifische Mortalität und die Gesamtmortalität als sog. harte Endpunkte für die Evaluation der erzielten Ergebnisse Verwendung finden.[692] Diese Maßzahlen lassen sich unabhängig von der subjektiven Einschätzung der Leistungserbringer oder Patienten erheben; bei der Gesamtmortalität besteht zudem der Vorteil, dass Codierungsfehler der Todesursache irrelevant sind und nicht übersehen werden kann, dass der Rückgang einer krankheitsspezifischen Sterbeursache zu Lasten einer anderen Todesursache erfolgt.[693] Da Veränderungen der Mortalität zumeist erst nach langjähriger Beobachtungsdauer erkannt werden können, werden häufig Surrogatparameter herangezogen, um die Langzeitergebnisse vorherzusagen, Fehlentwicklungen im Hinblick auf das eigentliche Ziel, nämlich einer Verminderung von Morbidität und Mortalität, frühzeitig zu erkennen und entsprechend gegensteuernde Maßnahmen ergreifen zu können. Zu den verwendeten Surrogaten zählen beispielsweise Stoffwechselparameter wie Blutzucker- oder Cholesterinwerte, Funktionswerte von Organen oder die Zeit bis zum Nachweis eines Tumorrezidivs.[694] Die Verwendung von Surrogaten kann

692 Zu harten Endpunkten sowie Surrogatparametern vgl. ausführlicher Böger (2002), S. 493 ff sowie Müllhauser/Müller (2009), S. 40 ff.
693 Vgl. Müllhauser/Müller (2009), S. 40.
694 Vgl. Böger (2002), S. 493 f, Albert et al. (2004), S. 351 sowie Mühlhauser/Müller (2009), S. 41.

jedoch mitunter problematisch sein, da medizinische Maßnahmen zwar einen positiven Effekt auf den Surrogatparameter, im Hinblick auf das Erreichen des eigentlichen Zieles jedoch einen gegenteiligen Effekt oder keinen Effekt haben können. Dieses Problem stellt sich insbesondere, wenn eine isolierte Betrachtung eines Parameters erfolgt. So kann die Absenkung des HbA1c-Wertes z. B. mit einer steigenden Gefahr von schwerer Unterzuckerung einhergehen, weswegen die isolierte Erhebung des HbA1c-Wertes und seiner Veränderung wenig aussagekräftig ist.[695] Bei der Bewertung der Versorgungsergebnisse, die infolge einer leitliniengerechten Vorgehensweise erzielt werden, ist es somit dringend erforderlich, Surrogatparameter heranzuziehen, die in der Lage sind, valide den Einfluss einer Intervention auf einen patientenrelevanten Endpunkt zu prognostizieren.[696]

Neben der Vermeidung von Krankheit und dem Erzielen einer Lebensverlängerung stellt die gesundheitsbezogene Lebensqualität einen für den Patienten relevanten Endpunkt dar. Die Lebensqualität umfasst körperliche, emotionale, mentale, soziale und verhaltensbezogene Aspekte von Wohlbefinden und Funktionsfähigkeit.[697] Hierzu zählt beispielsweise der Grad der Beeinträchtigung in Folge von Behinderung oder Schmerzen, die Möglichkeit zur sozialen Teilhabe oder die Fähigkeit zur unabhängigen Lebensführung sowie zum Selbstmanagement einer Erkrankung durch den Patienten.[698] Zur Erfassung der Lebensqualität existieren verschiedene, auf ihre Validität und Reliabilität getestete Messinstrumente mit teilweise unterschiedlichen inhaltlichen Schwerpunktsetzungen und Messansätzen.[699] Die Auswahl eines Instrumentes hat sich dabei daran zu orientieren, welche Aspekte der Lebensqualität aus Sicht des Patienten am wichtigsten sind.

Ein weiterer relevanter Endpunkt ist in der Zufriedenheit des Patienten mit der Versorgung zu sehen. Eine hohe Patientenzufriedenheit stellt ein anzustrebendes Versorgungsergebnis dar, da sie das Wohlbefinden des Patienten positiv beeinflusst und zugleich Voraussetzung für die weitere Inanspruchnahme von Versorgungsleistungen ist.[700] Ist der Patient vom Versorgungsablauf und dessen Ergebnis enttäuscht, so wird er bei zukünftigen Gesundheitsproblemen dem Vermögen von Gesundheitsleistungen im Hinblick auf die Verbesserung oder den Erhalt seines Gesundheitszustandes skeptisch gegenüber stehen

695 Vgl. Mühlhauser/Müller (2009), S. 41 ff.
696 Vgl. Sawicki (2006), S. 17.
697 Vgl. Bullinger (2006), S. 5.
698 Vgl. Fischer (2006), S: 9 f sowie Bullinger (2006), S. 6.
699 Vgl. Bullinger (2006), S. 6.
700 Vgl. Donabedian (1992), S. 248.

oder nicht gewillt sein, sich erneut unangenehmen und nicht zufriedenstellenden Abläufen zu unterziehen. Die Unterinanspruchnahme von Gesundheitsleistungen kann sich jedoch negativ auf den Gesundheitszustand des Einzelnen auswirken und führt dazu, dass die Qualität im Gesundheitswesen unter dem theoretisch erreichbaren Niveau bleibt. Bei der Erhebung der Patientenzufriedenheit sind deshalb die Anforderungen des Patienten an die Versorgung und das Ausmaß, inwieweit die erhaltene Versorgung diesen Ansprüchen genügt, zu betrachten. Als mögliche Evaluationspunkte kommen beispielsweise die Bedürfnisse des Patienten hinsichtlich der Möglichkeit zur souveränen Entscheidungsfindung, der Informiertheit über den Nutzen und Schaden, der mit dem Konsum von Gesundheitsleistungen einhergehen kann, der erforderlichen Aufwendung eigener Ressourcen in Form von Zeit oder Geld, der Einnahmeerfordernisse und Handhabung von Medikamenten oder einer respektvollen Behandlung in Betracht.[701]

Da die Abwägung von Nutzen und Schaden einer Intervention bei gleichen Vorgaben auf der individuellen Ebene unterschiedlich ausfallen kann[702] und letztendlich nur der Patient bemessen kann, welcher Nutzen für ihn relevant sind und welche Bedürfnisse er an die Versorgung hat, darf die Evaluation der Leitlinieneffektivität nicht auf normativen Vorgaben beruhen. Vielmehr ist es unabdingbar, die individuellen Präferenzen des Patienten zu berücksichtigen. Die Bewertung der infolge einer leitliniengerechten Versorgung erzielten Ergebnisse sollte deshalb anhand individuell durch den Patienten festgelegter Behandlungsziele erfolgen.[703]

Hierzu ist es beispielsweise möglich, mit dem Patienten einen Gesundheitsplan zu erstellen, in dem festgelegt wird, welche Erwartungen der Patient an die Qualität der Versorgung hat, welche Endpunkte und Versorgungsziele aus Sicht des Patienten relevant sind, in welchem Zeitraum und mit welchen Maßnahmen diese erreicht werden sollen.[704] Die Festlegung von Behandlungszielen sowie die Beurteilung der Qualität durch den Patienten im Rahmen der Zufriedenheitsmessung setzen wiederum voraus, dass dem Patienten evidenzbasierte Gesundheitsinformationen (vgl. Kap. 6.2.2) als Entscheidungsgrundlage zur Verfügung stehen. Der Patient muss wissen, welche medizinischen Möglichkeiten bestehen, welche positiven Effekte er von den zur

[701] Vgl. Donabedian (1992), S. 247, Fischer (2006), S. 9, Sawicki (2006), S. 16, Mühlhauser/Müller (2009), S. 44 ff sowie Klemperer (2009), S. 149.
[702] Vgl. Sawicki (2006), S. 18.
[703] Vgl. Mühlhauser/Müller (2009), S. 44 sowie Fischer (2006), S. 10.
[704] Vgl. Rienhoff (2000), S. 588, Mühlhaus/Müller (2009), S. 44 f sowie Fischer (2006), S. 10.

Wahl stehenden Gesundheitsleistungen erwarten kann, welche unerwünschten Wirkungen eintreten können und bei welchen medizinischen Leistungen die Studienlage keine eindeutigen Aussagen zum Nutzen oder Schaden einer Maßnahme zulässt. Nur wenn der Patient über diese Informationen verfügt, wird er angemessene Erwartungen an die Versorgung und deren Ergebnisse stellen und nicht unzufrieden mit dem Behandlungsergebnis sein, obwohl Bestmögliches erreicht wurde.[705]

Der erstellte Gesundheitsplan kann die Grundlage für ein umfassendes patientenorientiertes Qualitätsmanagement bilden, da nicht nur die Effektivität einer Leitlinie im Hinblick auf die Vermeidung von Morbidität und Mortalität betrachtet wird, sondern auch die Effekte auf die Lebensqualität des Patienten berücksichtigt werden und infolge der Erhebung der Patientenzufriedenheit inhaltliche, kommunikative bzw. organisatorische Versorgungsdefizite aufgedeckt werden, die durch die Leistungserbringer und die Krankenkasse angegangen werden müssen.[706] Hieraus resultiert für die Interaktionspartner eine pareto-superiore Verbesserung, da die Versorgung gezielt an den Bedürfnissen der Patienten ausgerichtet werden kann.

Durch die Festlegung von patientenindividuellen Gesundheitszielen und entsprechenden Zwischenzielen ist es dem Leistungserbringer und der Krankenkasse zudem eher möglich, Aufschlüsse über die Compliance des Patienten zu erhalten. Bei Nichterreichen der Ziele werden die Interaktionspartner gemeinsam nach den Gründen hierfür suchen und sich über aufgetretene Probleme während der Versorgung austauschen. Damit wird in gewisser Weise das Problem umgangen, dass das Ergebnis der Versorgung vielfach nicht eindeutig auf die zugrundeliegende Versorgungsstrategie zurückgeführt werden kann, sondern auch weitere Faktoren einen Einfluss auf die Ergebnisqualität haben können. So wirken sich beispielsweise die Selbstheilungskräfte des Körpers positiv auf das Ergebnis aus, während das fehlende therapietreue Verhalten des Patienten das erzielte Ergebnis negativ beeinflussen kann.[707]

Darüber hinaus ist es dem Patienten möglich, dem Leistungserbringer durch das Einhalten der im Gesundheitsplan festgelegten Therapieschritte und dem Erreichen von gesetzten Zwischenzielen zu signalisieren, dass ihm an einer guten Zusammenarbeit gelegen ist und er seinen Beitrag zur Zielerreichung leistet. Dies kann auf Seiten des Leistungserbringers die Bereitschaft erhöhen,

---

[705] Vgl. Mühlhauser/Müller (2009), S. 39.

[706] Vgl. Sänger et al. (2008), S. 12.

[707] Vgl. Donabedian (1966, 2005), S. 692 ff, Dierks/Schwartz (2003), S. 317, Schwartz et al. (2003), S. 45 sowie Breyer et. al. (2005), S. 74.

mehr Zeit für die Suche nach innovativen, relevanten Versorgungsstrategien zu investieren und den Therapieplan zu optimieren.

Der Gesundheitsplan stellt für den Patienten zudem ein Instrument dar, das ihm eine Kontrolle des leistungsbezogenen Verhaltens von Leistungserbringer und Krankenkasse ermöglicht und eine bessere Einschätzung erlaubt, ob alle zur Erreichung des festgelegten Zieles förderlichen Gesundheitsleistungen zeitnah erbracht werden. Diese Kontrollmöglichkeit wird von den Leistungserbringern und Krankenkassen nicht unbedingt begrüßt werden. Allerdings sollte die ethische Verantwortung des Arztes bzw. der Krankenkasse für den Patienten über dem eigennutzorientierten Ziel der Gewinnmaximierung stehen und somit die höchste Priorität der Erzielung einer hohen Qualität im Gesundheitswesen zukommen.

Der Einsatz umfassender patientenrelevanter Endpunkte im Rahmen des Qualitätsmanagements bringt mit sich, dass kaum standardisierte Erhebungsverfahren zum Einsatz kommen können. Dies führt zu einem höheren Aufwand für das Qualitätsmanagement, da patientenindividuell die zu erhebenden Qualitätsindikatoren festgelegt werden müssen, und kann eine ablehnende Haltung der Leistungserbringer hervorrufen. Ein patientenorientiertes Qualitätsmanagement erscheint jedoch die einzige Möglichkeit zu sein, die Präferenzen des Patienten angemessen zu berücksichtigen. Nur auf diese Weise kann verhindert werden, dass nur um eine vorgegebene Ausprägung eines leitlinienspezifischen Qualitätsindikators zu erreichen und einen potenziellen Qualitätsabschlag bei der Vergütung zu vermeiden, dem Patienten eine Behandlungsweise nahe gelegt wird, die nicht seinen Präferenzen entspricht. Zur Kompensation des zusätzlichen Aufwandes für die Festlegung und Evaluation patientenrelevanter Endpunkte bietet sich der Einsatz moderner Software, wie beispielsweise einer elektronischen Gesundheitsakte, an. In diese können die patientendefinierten Behandlungsziele eingegeben, automatisch entsprechende valide Qualitätsindikatoren abgeleitet und anhand der vom Patienten und den Leistungserbringern eingegebenen Daten erhoben werden.

6.4 Ergänzende und weiterführende Qualitätssicherungsinstrumente

6.4.1 Ergebnisorientierte Vergütung

Die Vereinbarung eines Gesundheitsplans mit klar definierten Gesundheitszielen (vgl. Kap. 6.3.2) kann als Grundlage für eine ergebnisabhängige Vergütung im System der GKV dienen. Modelle einer retrospektiven, leistungsorientierten Vergütung kommen seit einigen Jahren vor allem in den USA und in Großbritannien zum Einsatz.[708] In Deutschland wurde durch das Pflegeweiterentwicklungsgesetz im Vertragsarztbereich die Möglichkeit geschaffen, leistungsbezogene Zuschläge zu zahlen.[709] Die Erprobung erfolgt im Rahmen von Selektivverträgen.[710] Die ergebnisabhängige Vergütung stellt dabei regelmäßig nur einen modularen Bestandteil der gesamten Vergütung dar und wird als qualitätsabhängiger Zuschlag zu einer Grundvergütung gezahlt.[711] Als Grundlage für Bonuszahlungen an die behandelnden Ärzte werden insbesondere Indikatoren aus dem Bereich der Prozess- und Ergebnisqualität herangezogen und die Zufriedenheit des Patienten mit dem Versorgungsgeschehen, z. B. hinsichtlich der Arzt-Patienten-Kommunikation, des zeitnahen Zugangs zu Gesundheitsleistungen sowie des Versorgungsergebnisses, berücksichtigt.[712]
In den bislang initiierten Projekten zur ergebnisabhängigen Vergütung erfolgt die Festlegung von Qualitätszielen sowie von finanziellen Anreizen zur Erreichung dieser Ziele im Versorgungsvertrag zwischen Krankenkasse und Leistungserbringer.[713] Die Vereinbarung eines Gesundheitsplans zwischen Patient und Leistungserbringer bietet demgegenüber den Vorteil, dass die Kriterien, woran die Qualität der Versorgung bemessen wird, nicht extern vorgegeben werden, sondern sich an den Präferenzen des Patienten orientieren und maßgeblich vom Patienten bestimmt werden. Die Patientenperspektive kommt somit nicht erst bei der retrospektiven Evaluation der Patientenzufriedenheit zum Tragen, für die das Versorgungsergebnis einen verzerrenden Faktor darstellen dürfte. In Abhängigkeit davon, ob sich durch die Inanspruchnahme von Gesundheitsleistungen aus Sicht des Patienten ein gutes oder schlechtes Ergebnis eingestellt hat, wird der Patient nämlich dazu tendieren, den Versor-

[708] Vgl. Bertelsmann Stiftung (2007), S. 61 ff sowie Veit et al. (2012), S. A 30.
[709] Vgl. § 136 Abs. 4 SGB V sowie Schrappe (2010c), S. 330.
[710] Vgl. Veit et al. (2012), S. A 9 sowie S. A 17.
[711] Vgl. SVR-KAiG (1998), S. 374 ff sowie Veit et al. (2012), S. A 31.
[712] Vgl. IHA (2006), S. 9 ff, IC-NHS (2012), S. 7 ff sowie Meyer (2003), S. 197 f.
[713] Vgl. Veit et al. (2012), S. B 4.

gungsprozess positiv oder negativ zu bewerten. Dieses Problem wird umgangen, wenn bereits prospektiv die Sicht des Patienten berücksichtigt wird und in einem Gesundheitsplan explizit dargelegt wird, welche Ziele der Patient anstrebt und welche Versorgungsstrategie gemäß den Präferenzen des Patienten hierfür gewählt wurde. Die ex ante konstatierten Ziele und Präferenzen des Patienten sollten sodann Grundlage für die ex post Erhebung der Patientenzufriedenheit sein.

Entsprechend könnten die im Gesundheitsplan vereinbarten Versorgungsziele und Zwischenschritte auch herangezogen werden, um die Kostenübernahme für vom Patienten in Anspruch genommene Gesundheitsleistung davon abhängig zu machen, ob der Patient seinen Beitrag zur Erreichung der festgelegten Versorgungsziele leistet. Verhält sich der Patient nicht therapietreu, könnten z. B. Abstriche bei der Kostenübernahme vorgenommen werden. Denkbar ist auch, dass Leistungen, die nur aufgrund der mangelnden Mitwirkung des Patienten erforderlich werden, nicht übernommen werden. Da der Patient die Ziele selbst festgelegt hat, käme die Verknüpfung des Gesundheitsplans mit finanziellen Anreizen für den Patienten auch keiner Bevormundung gleich.

6.4.2 Etablierung eines Qualitätswettbewerbs

Wenngleich infolge des Sachleistungsprinzips der Preis als Wettbewerbsparameter weitestgehend ausgeschaltet ist, so kann über die Bereitstellung von Qualitätsdaten in Kombination mit einer ergebnisorientierten Vergütung (vgl. Kap. 6.4.1) die Etablierung eines Qualitätswettbewerbs angestrebt und die Transparenz des Versorgungsgeschehens erhöht werden. Durch die stärkere wettbewerbliche Ausgestaltung des Gesundheitssystems erhofft man sich, Anreize für eine an den Präferenzen des Patienten ausgerichtete, effektive, bedarfsgerechte und effiziente Leistungserbringung zu setzen und über dezentrale Suchprozesse Produkt- und Prozessinnovationen zu fördern.[714]

Hinsichtlich der Ausgestaltung des Qualitätswettbewerbs und der Art der Bereitstellung von Qualitätsindikatoren sind grundsätzlich zwei Ansätze zu unterscheiden, mit denen auf Qualitätsverbesserungen hingewirkt werden kann.[715]

Der erste Ansatz zielt auf die intrinsische Motivation der Leistungserbringer und dem professionellen Streben nach einer hohen Qualität der Versorgung.[716] Hierzu lassen sich im Rahmen der externen, vergleichenden Qualitätssicherung Qualitätsindikatoren in einer standardisierten, strukturierten

[714] Vgl. SVR-KAiG (2012), S. 17 sowie S. 25 f.

[715] Vgl. ebd., S. 67 f.

[716] Vgl. Schrappe (2010d), S. 350 sowie SVR-KAiG (2012), S. 67 f.

Form erheben und durch eine unabhängige Einrichtung[717] unter Berücksichtigung verzerrender Patientenmerkmale auswerten.[718] Die individuellen Ergebnisse werden den Leistungserbringern dann zusammen mit einer (grafischen) Darstellung der Gesamtergebnisse im Vergleich zu den anonymisierten Ergebnissen anderer Leistungserbringer (vgl. Darst. 27) übermittelt. Diese Vorgehensweise ermöglicht es den Leistungserbringern ihre eigenen Ergebnisse einzuordnen.[719] Durch die Orientierung an den Besten ist es den Leistungserbringern sodann möglich, eigene Schwächen zu erkennen und Maßnahmen zur Verbesserung der Qualität zu ergreifen.[720]

Darst. 27: Qualitätsvergleich anhand von Benchmark-Diagrammen

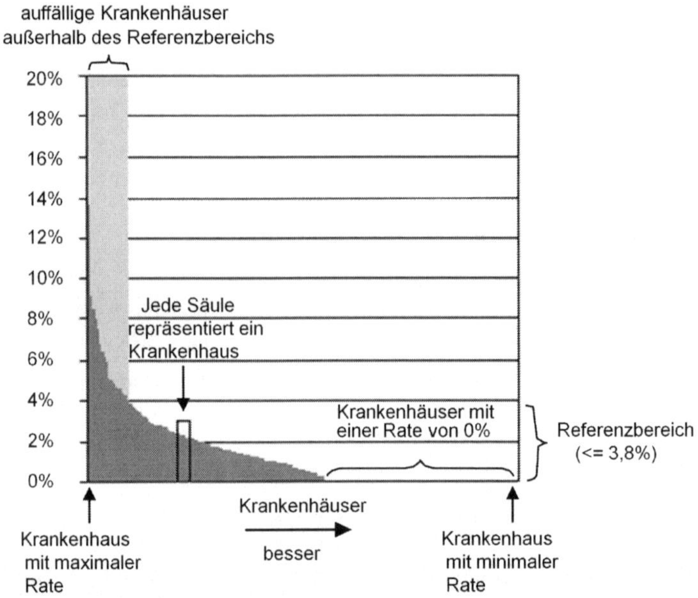

Quelle: BQS (2009), o. S..

[717] Die Erhebung und Auswertung von Qualitätsindikatoren im Rahmen der externen, vergleichenden Qualitätssicherung oblag zunächst dem BQS und wurde 2009 vom AQUA-Institut übernommen.

[718] Vgl. ÄZQ (2009), S. 91.

[719] Vgl. Schrappe (2010d), S. 349 sowie BQS (2009), o. S..

[720] Vgl. SVR-KAiG (2012), S. 67 f sowie ÄZQ (2009), S. 92.

Der zweite Ansatz zielt auf eine extrinsische Motivation zur Steigerung der Qualität, indem Qualitätsdaten in nicht anonymisierter Form veröffentlicht werden.[721] Diesem Ansatz liegt die Annahme zugrunde, dass die Leistungserbringer im Falle einer schlechten Position beim Qualitätsvergleich einen Reputationsverlust und in der Folge finanzielle Verluste befürchten und aus diesem Grund qualitätsfördernde Maßnahmen anstrengen werden.[722] In Deutschland sind die zugelassenen Krankenhäuser beispielsweise per Gesetz verpflichtet, in regelmäßigen Abständen einen Qualitätsbericht zu erstellen, der verbindliche Angaben zu Struktur-, Prozess- und Ergebnisdaten enthalten muss und auf freiwilliger Basis noch weitere Qualitätsindikatoren umfassen kann.[723] Die Verpflichtung zur Bekanntgabe von Qualitätsindikatoren rührt daher, dass nur wenige Leistungserbringer die Chance zur Positionierung im Wettbewerb anhand eines öffentlich zugänglichen Qualitätsberichtes genutzt haben und somit keine wesentliche Erhöhung der Markttransparenz resultierte.[724] Im niedergelassenen Bereich wird hingegen noch an der Entwicklung und Erprobung geeigneter Qualitätsindikatoren, die für die vergleichende externe Qualitätssicherung, als Grundlage für eine ergebnisorientierte Vergütung sowie zur Darlegung der Versorgungsqualität in Qualitätsberichten eingesetzt werden können, gearbeitet.[725]

Die Veröffentlichung eines festgelegten Satzes qualitätsrelevanter Merkmale über alle Leistungserbringer hinweg kann dem Patienten als Grundlage für souveräne Wahlentscheidungen dienen.[726] Anhand der Ausprägung der jeweiligen Qualitätsindikatoren ist es dem Patienten möglich, sich über die Qualität der Anbieter zu informieren und im Falle öffentlich zugänglicher Gesamtergebnisse der externen Qualitätssicherung die Leistungserbringer zu vergleichen. Somit ist der Patient in der Lage, Gesundheitsleistungen bei den Leistungserbringern zu konsumieren, die aus seiner Sicht die beste Qualität anbieten.[727] Die veröffentlichten Informationen können zugleich Leistungserbringern als Entscheidungsgrundlage für Zuweisungen dienen und von den Krankenkassen zur Auswahl geeigneter Vertragspartner beim Abschluss selektiver

---

721 Vgl. Schrappe (2011), S. 203.

722 Vgl. Schrappe (2010d), S. 350 sowie Schrappe (2011), S. 203.

723 Vgl. § 137 Abs. 3 Satz 1 Nr. 4 SGB V sowie Schrappe (2010d), S. 349 und BQS (o. J.), Transparenz durch Qualitätsberichte.

724 Vgl. BQS (o. J.), Nutzung von Qualitätsindikatoren.

725 Vgl. KBV (2009), S. 14, Kleudgen et al. (2011), S. 54 ff sowie AQUA-Institut (2013), o. S..

726 Vgl. Dierks/Schwartz (2001), S. 1 ff, SVR-KAiG (2012), S. 28 sowie Schrappe (2010b), S. 517.

727 Vgl. Schrappe (2010b), S. 517 sowie Schrappe (2010d), S. 350.

Verträge eingesetzt werden.[728] Dies kann dazu führen, dass Anbieter schlechter Qualität mittel- bis langfristig vom Markt gedrängt werden.[729]
Die bislang eingesetzten Qualitätsindikatoren sind im Hinblick auf das Erzielen einer patientenorientierten Versorgung und die Schaffung von Markttransparenz als Grundlage für die Auswahl eines Leistungserbringers durch den Patienten oder die Krankenkasse jedoch noch als unzureichend zu bezeichnen. Qualitätsindikatoren stehen nur für wenige Teilbereiche der medizinischen Versorgung zur Verfügung; zudem wird die Patientensicht bei der Bewertung der Qualität noch vernachlässigt. Es sind zwar Patientenvertreter bei der Identifizierung relevanter Qualitätsindikatoren beteiligt, der Fokus der Betrachtung liegt aber noch stark auf dem Bereich der harten Endpunkte.[730] Dies liegt mitunter daran, dass Patientenbefragungen zumeist in sehr unterschiedlicher Form durchgeführt werden, so dass eine vergleichende Veröffentlichung von Zufriedenheitsdaten noch nicht möglich ist.[731] Bei der Entwicklung der Indikatoren und Kennzahlen für den ambulanten Bereich seitens der KBV war ein Indikator zur Durchführung von Patientenbefragungen zwar angedacht, wurde im Rahmen der Bewertung im Fachgruppenprozess jedoch als nicht relevant und nicht machbar eingestuft, so dass er keinen Eingang in das Indikatorenset fand.[732]
Die Verpflichtung zur Veröffentlichung von Qualitätsdaten ist mit dem Problem verknüpft, dass die Leistungserbringer zu einem Verhalten angereizt werden könnten, das dem Qualitätsziel konträr ist. So besteht die Gefahr, dass bei den Leistungserbringern eine defensive Fehlerkultur bewirkt wird. Dies kann dazu führen, dass Daten manipuliert werden, um gute Ergebnisse vorweisen zu können, oder Patienten früher entlassen werden, um Letalität und Komplikationsraten zu senken. Ebenso könnten eine Risikoselektion sowie eine defensive Medizin resultieren, was sich darin äußert, dass nur junge Patienten mit einem guten Allgemeinzustand behandelt, Hochrisikopatienten verlegt und indizierte, aber prinzipiell komplikationsbehaftete Gesundheitsleistungen nicht erbracht werden. Um diese Probleme zu umgehen, ist die Anwendung von Methoden unumgänglich, die solche Verhaltensweisen vermeiden. Hierzu zählt neben der Entwicklung adäquater Verfahren zur Risikoadjustierung, einer sektorübergreifenden Betrachtung, der Berücksichtigung der Indikationsstel-

728 Vgl. Schrappe (2010d), S. 350 sowie SVR-KAiG (2012), S. 68.
729 Vgl. SVR-KAiG (2012), S. 68.
730 Vgl. KBV (2007), S. 3, BQS (o. J.), Zusammensetzung der Fachgruppen sowie BQS (o. J.), Weiterentwicklung der Qualitätsindikatoren.
731 Vgl. BQS (o. J.), Weiterentwicklung der Qualitätsindikatoren.
732 Vgl. KBV (2009), S. 96.

lung bei der Qualitätsmessung sowie dem Einsatz von Stichprobenverfahren und Audits, auch die Einbeziehung der Erfahrungen des Patienten[733] hinsichtlich des Versorgungsgeschehens.[734]
Bei der Risikoadjustierung stellt sich das Problem, dass zum Teil nicht alle verzerrenden Einflüsse berücksichtigt werden können, um die Vergleichbarkeit der Daten zu gewährleisten. Sollen die Daten namentlich veröffentlicht werden, so sind höhere Anforderungen an die Risikoadjustierung zu stellen, um Fehlschlüsse und eine ungerechtfertigte Stigmatisierung der Leistungserbringer zu vermeiden. Bei externen Verfahren der Qualitätssicherung sind diese Anforderungen hingegen geringer, da die Möglichkeit zur Diskussion der Ergebnisse in einem strukturierten Dialog, an dem der jeweilige Leistungserbringer und Fachexperten beteiligt sind, gegeben ist.[735] Aufgrund der beschriebenen Problematik sind im Qualitätsbericht eines Krankenhauses nur diejenigen Indikatoren verpflichtend enthalten, deren Veröffentlichung uneingeschränkt möglich erscheint.[736] Die Qualitätsindikatoren, die im Qualitätsbericht aufgeführt werden, stellen somit nur eine Teilmenge aller Indikatoren dar, die im Rahmen der externen Qualitätssicherung erhoben werden.[737] Der Informationsgehalt der Qualitätsberichte für die Öffentlichkeit ist daher nur beschränkt. Die Veröffentlichung von ausgewählten Qualitätsindikatoren birgt zudem das Risiko, dass Versorgungsbereiche zu denen keine Indikatoren veröffentlicht werden müssen, systematisch vernachlässigt werden.[738] Diesem Problem wird ein wenig entgegengewirkt, indem die Leistungserbringer auf freiwilliger Basis über die empfohlenen Qualitätsindikatoren hinaus weitere Qualitätsdaten veröffentlichen können.[739] Dies kann den Patienten und die Krankenkasse zur Nachfrage anregen, welche Ausprägung der entsprechende Indikator bei einem Krankenhaus annimmt, das hierzu keine Daten veröffentlicht hat. Durch die Veröffentlichung weiterer Qualitätsindikatoren ist es dem Leistungserbringer zudem möglich, gezielt auf das Informationsbedürfnis von Patient und Krankenkasse einzugehen und selbst zu entscheiden, mit welchen weiteren qualitätsrelevanten Merkmalen er sich im Wettbewerb positionieren möchte.

733 Vgl. hierzu ausführlicher Donabedian (1992), S. 248.
734 Vgl. Schrappe (2010d). S. 352, Kleudgen et al. (2011), S. 55 sowie SVR-KAiG (2012), S. 66 ff.
735 Vgl. BQS (o. J.), Empfehlung zur Veröffentlichung sowie BQS (o. J.), Qualitätsverbesserung.
736 Vgl. BQS (o. J.), Transparenz durch Qualitätsberichte.
737 Vgl. Schrappe (2011), S. 205.
738 Vgl. SVR-KAiG (2012), S. 67.
739 Vgl. BQS (o. J.), Transparenz durch Qualitätsberichte.

Wird mit dem Patienten ein individueller Gesundheitsplan vereinbart, wie in Kapitel 6.3.2 angeregt wurde, könnte die Identifizierung relevanter Qualitätsindikatoren auch auf Grundlage der dort enthaltenen Informationen erfolgen. Dies käme einem Bottom-up-Ansatz gleich. Gegenüber der Entwicklung relevanter Qualitätsindikatoren basierend auf einer systematischen Literaturrecherche, der Befragung von Organisationen sowie Experten aus medizinischen Fachgruppen und Vertretern von Patientenorganisationen[740], bietet diese Vorgehensweise den Vorteil, dass sich besser Aufschluss über die Präferenzen der Patienten gewinnen lässt, als dies durch die stellvertretende Sichtweise eines Patientenvertreters möglich ist (vgl. hierzu auch Kap. 6.1.2).
Die Etablierung eines Qualitätswettbewerbs über den Vergleich und die Veröffentlichung qualitätsrelevanter Indikatoren und die Einführung einer ergebnisorientierten Vergütung führt für die Anbieter guter Qualität zu einer paretosuperioren Verbesserung gegenüber dem Ausgangszustand. Sie sind in der Lage, sich im Wettbewerb von den Mitbewerbern positiv abzuheben und in der Folge höhere Gewinne zu erzielen. Weniger leistungsfähigere Anbieter werden den Maßnahmen hingegen eher ablehnend gegenüberstehen. Durch die Einführung eines Qualitätswettbewerbs können sie jedoch veranlasst werden, in qualitätssteigernde Maßnahmen zu investieren und die Qualität ihres Leistungsangebots zu erhöhen, so dass sie mittel- bis langfristig ebenfalls zu den Gewinnern zählen werden. Aus Sicht des Patienten ist die Erhöhung der Transparenz als positiv zu werten, insbesondere, wenn die Indikatoren, die veröffentlicht und zur Bemessung des ergebnisabhängigen Zuschlags herangezogen werden, am Informationsbedürfnis, den Zielen und den Präferenzen des Patienten orientiert sind. Finanziellen Anreizen, die den Patienten zu einer höheren Compliance bewegen sollen, wird der Patient zunächst skeptisch gegenüber stehen. Sie können jedoch dazu beitragen, dass dem Patienten stärker bewusst wird, dass auch sein Beitrag zur Zielerreichung erforderlich ist, und der Patient letztendlich einen größeren Nutzen aus der Kooperation erzielt.
Seitens der Krankenkasse stellt die Etablierung eines Qualitätswettbewerbs und die Erhöhung der Transparenz ebenfalls eine pareto-superiore Verbesserung dar, da sie so in die Lage versetzt wird, geeignete Kooperationspartner für die Vereinbarung von selektiven Verträgen zu identifizieren. Zugleich kann die Qualität der Versorgung, die im Rahmen von selektiven Verträgen erbracht wird, anhand von Leitlinien bewertet und nach außen kommuniziert werden.

[740] Vgl. hierzu ausführlicher KBV (2007), S. 2 sowie Kleudgen et al. (2011), S. 55 f.

Auf diese Weise erhöht sich für die Krankenkasse die Chance auf weitere Kooperationsgewinne. Entscheidend für die positive Wirkung eines Qualitätswettbewerbs ist jedoch, dass die Probleme, die mit der Veröffentlichung von Qualitätsdaten und dem Einsatz einer ergebnisorientierten Vergütung verbunden sein können, mit geeigneten institutionellen Maßnahmen angegangen werden, damit keine negativen Effekte für die Qualität im Gesundheitswesen die Folge sind.

6.4.3 Zweitmeinungsverfahren

Evidenzbasierte Leitlinien vermögen zwar Informationsasymmetrien zu Lasten des Patienten abzubauen. Allerdings verbleibt dem Leistungserbringer nach wie vor die Möglichkeit, über die Diagnosestellung Einfluss auf die Versorgungsentscheidung des Patienten zu nehmen. Dieser Verhaltensspielraum könnte dadurch eingeschränkt werden, dass vor komplizierten Eingriffen oder vor der Inanspruchnahme von Gesundheitsleistungen mit weitreichenden Folgen eine Zweitmeinung eingeholt wird.[741]

Das Einholen einer Zweitmeinung lässt sich durch den Einsatz moderner Informations- und Kommunikationstechnologien vereinfachen. Stehen dem Patienten seine Befunde in digitaler Form in einer elektronischen Gesundheitsakte zur Verfügung, so steht es dem Patienten frei, eine Zweitmeinung von einem Arzt seines Vertrauens einzuholen, ohne dass hierzu erneute Untersuchungen erforderlich werden. Darüber hinaus existieren auch von den Ärzten initiierte Projekte, bei denen eine Zweitmeinung routinemäßig vor invasiven Eingriffen eingeholt wird. Diese Vorgehensweise stellt quasi ein Signal an die Patienten dar, dass es auch im Interesse des Arztes liegt, eine richtige Diagnosestellung und in der Folge eine bedarfsgerechte Versorgung zu erzielen. Im Bereich der Versorgung von Krebspatienten wurde beispielsweise eine internetbasierte Plattform eingerichtet, auf der Ärzte klinische, pathologische sowie radiologische Befunde einstellen und eine Zweitmeinung von Kollegen eines anderen Krebszentrums anfordern können.[742] Im Idealfall sollten hierbei zusätzliche Informationen zum Allgemeinzustand sowie zur psychosozialen Situation des Patienten bereitgestellt und bei der Erstellung eines Therapievorschlags berücksichtigt werden.[743]

Anhand der Ausführungen ist ersichtlich, dass das Einholen einer Zweitmeinung durchaus im Interesse aller Interaktionspartner sein kann, da hierdurch

[741] Vgl. Szathmary (1999), S. S. 217.
[742] Vgl. Rogenhofer et al. (2012), S. 1074.
[743] Vgl. Schumacher et al. (2007), S. 922.

überflüssige, unverhältnismäßig invasive Leistungen bzw. zu intensive Versorgungsstrategien vermieden, die Qualität der Versorgung weiter erhöht und die Therapiekosten möglicherweise gesenkt werden können.[744]

[744] Vgl. Neubourg (2002), S. 108, Rogenhofer et al. (2012), S. 1074 sowie Schuhmacher et al. (2007), S. 925.

7 Schlussbetrachtung

7.1 Zusammenfassung

Angesichts des hohen Stellenwerts, den Leitlinien seit vielen Jahren in der gesundheitspolitischen Diskussion um die Weiterentwicklung des Gesundheitswesens einnehmen, geht die vorliegende Arbeit der Frage nach, welchen Beitrag evidenzbasierte Leitlinien zur Behebung von Qualitätsdefiziten im Gesundheitswesen zu leisten vermögen. Zugleich werden die Grenzen von Leitlinien im Hinblick auf das Erzielen einer hohen Qualität im Gesundheitswesen betrachtet und potenzielle Risiken herausgearbeitet, die mit dem Einsatz von Leitlinien verbunden sein können. Aufbauend auf diese Ergebnisse will die Arbeit Handlungsempfehlungen zur zielführenden Implementierung von Leitlinien und zur patientenorientierten Evaluation des Leitlinienerfolgs ableiten. Darüber hinaus wird diskutiert, welche Qualitätssicherungsinstrumente ergänzend zum Einsatz von Leitlinien bzw. aufbauend auf die erarbeiteten Handlungsempfehlungen in Betracht zu ziehen sind, um eine hohe Qualität im Gesundheitswesen zu erreichen.

Als notwendige Voraussetzung zur Erzielung einer hohen Qualität im Gesundheitswesen wird die durchgängige Ausrichtung der Versorgung an den Präferenzen des Patienten erachtet. Hierzu ist eine Stärkung der Konsumentensouveränität, die Gewährung von Wahlfreiheit sowie die systematische Berücksichtigung der Patientenperspektive bei der Ausgestaltung und Evaluation der Versorgung erforderlich. Ferner kann eine hohe Qualität nur erreicht werden, wenn effektive, bedarfsgerechte und effiziente Gesundheitsleistungen angeboten und erbracht werden, die geeignet sind, bestmögliche Ergebnisse bezüglich der Endpunkte, die aus Patientensicht relevant sind, zu erzielen.

Zur Identifizierung von Qualitätsproblemen werden die Basisbeziehungen zwischen Patient, Leistungserbringer und Krankenkasse innerhalb der GKV einer detaillierten Betrachtung unterzogen. Dies erfolgt anhand des interaktionstheoretischen Analyseinstrumentariums. Qualitätsdefizite stellen dementsprechend dilemmastrukturbedingte Interaktionsprobleme dar, die darauf zurückzuführen sind, dass für Interaktionen nicht nur das Vorliegen gemeinsamer Interessen kennzeichnend ist, sondern zugleich auch konfligierende Interessen auftreten

können.[745] Durch das Agieren der Interaktionspartner als homines oeconomici wird das angestrebte gemeinsame Ziel, nämlich das Erreichen einer hohen Qualität im Gesundheitswesen, verfehlt: Das Bestehen von Informations- und Anreizproblemen eröffnet den Interaktionspartnern diskretionäre Handlungsspielräume, die ihnen das Verfolgen ihrer eigenen Interessen zu Lasten des gemeinsamen Zieles ermöglichen.[746] Dies führt dazu, dass das Versorgungsgeschehen von Über-, Unter- und auch Fehlversorgung gekennzeichnet ist.
Evidenzbasierte Leitlinien stellen ein geeignetes Instrumentarium zum Abbau bestehender Informationsasymmetrien und zur Koordination konträrer Interessen der Interaktionspartner dar, wenngleich sich aus dem Einsatz von Leitlinien auch Risiken für die Qualität der Versorgung ergeben können.
Zur Einstufung von Leitlinien als verlässliche und glaubwürdige Institution müssen bestimmte Voraussetzungen erfüllt sein. Hierzu zählen eine hohe methodische und fachliche Leitlinienqualität, die regelmäßige Aktualisierung der Leitlinieninhalte, die Klärung der rechtlichen Einordnung von Leitlinien sowie die explizite Darlegung ihrer Zielsetzung. Die alleinige Existenz von Leitlinien wird zudem noch nicht zur Überwindung der Qualitätsdefizite führen. Vielmehr bedürfen Leitlinien einer zielgerichteten Disseminierung und Implementierung. Mittels eines Bündels unterschiedlicher Maßnahmen ist auf eine positive Einstellung der Interaktionspartner gegenüber dem Leitlinieninstrumentarium hinzuwirken und die Anreizsituation dahingehend zu modifizieren, dass Leitlinien als Entscheidungsgrundlage sowie zur Kontrolle der Leistungserbringung herangezogen werden.
Damit seitens der Leistungserbringer die Leitlinieninhalte berücksichtigt werden, findet sich in der Literatur der Vorschlag, die Vergütung von der Einhaltung der Leitlinienempfehlungen abhängig zu machen.[747] Hierzu könnten von der Leitlinie Indikatoren mit Referenzbereichen abgeleitet werden, innerhalb derer die Versorgung als unauffällig einzustufen ist. Finanzielle Sanktionen in Form eines Abschlages von der Vergütung oder einer Nichthonorierung der erbrachten Leistungen würden dann erst bei Über- bzw. Unterschreiten der Referenzbereiche vorgenommen werden. Ein weiterer finanzieller Anreiz zur Umsetzung der Leitlinienempfehlungen im Versorgungsalltag könnte dadurch gesetzt werden, dass Leitlinien zur Kalkulation einer risikoadjustierten Pauschale herangezogen werden[748], die den Leistungserbringern bzw. im Idealfall

[745] Vgl. Homann/Suchanek (2005), S. 31 ff.
[746] Vgl. ebd., S. 34 und S. 50 ff.
[747] Vgl. beispielsweise SVR-KAiG (1998), S. 382 ff sowie Musil (2003), S. 178.
[748] Vgl. de Brantes/Camillus (2007), S. 1 sowie Veit et al. (2012), S. A 35.

dem Patienten für die sektorübergreifende Versorgung bei einem definierten Gesundheitsproblem ausbezahlt wird.[749] Im letzteren Fall wäre es dem Patienten mittels der Pauschale möglich, die von ihm präferierten Gesundheitsleistungen zu finanzieren und auch in Preisverhandlungen mit dem Leistungserbringer zu treten. Der Auszahlungsbetrag führt zu einer Steigerung der Konsumentensouveränität, da er dem Patienten umfassende Wahlfreiheit lässt. So steht es dem Patienten frei, auch Leistungen zu konsumieren, die von den Leitlinienempfehlungen abweichen oder in diesen nicht enthalten sind, wenn diese seinen Präferenzen besser entsprechen sollten. Mittels des Auszahlungsbetrags wird zudem das Interesse des Patienten an der Kontrolle der Leistungserbringung gesteigert und ein finanzieller Anreiz zu einer höheren Compliance gesetzt.

Voraussetzung dafür, dass der Patient souveräne Konsumentscheidungen trifft, die der Erzielung einer hohen Qualität zuträglich sind, ist insbesondere die Befähigung des Patienten zur kritischen Bewertung von Gesundheitsinformationen[750] sowie die Bereitstellung von evidenzbasierten Gesundheitsinformationen zu allen für ein definiertes Versorgungsproblem zur Verfügung stehenden Versorgungsstrategien, deren Nutzen, Risiken und Kosten.

Damit Leitlinien seitens der Krankenkasse zur Kontrolle und Steuerung des Versorgungsgeschehens herangezogen werden, ist die Datengrundlage für den Einsatz von Utilization Review-Maßnahmen zu verbessern. Dies kann über entsprechende Vereinbarungen in selektiven Verträgen erreicht werden. Selektivverträge ermöglichen zudem, die oben formulierten Vorschläge zur Reform des Gesundheitswesen und deren konkrete Ausgestaltung zu erproben.

Dem Einsatz von evidenzbasierten Leitlinien liegt die implizite Annahme eines funktionalen Zusammenhangs zwischen der Steigerung der Prozessqualität sowie der Inanspruchnahme effektiver, bedarfsgerechter und effizienter Leistungen auf der einen Seite und dem Erzielen einer hohen Ergebnisqualität auf der anderen Seite zugrunde. Der Erfolg der Leitlinienimplementierung hat sich entsprechend daran zu bemessen, inwieweit sich unter Alltagsbedingungen Ergebnisse einstellen, die für den Patienten relevant sind. Um dies beurteilen zu können, ist die Kenntnis der Ziele, die ein Patient mit dem Konsum von Gesundheitsleistungen verfolgt, erforderlich. Als Grundlage für eine patientenorientierte Evaluation der Versorgungsergebnisse kann ein individuell mit dem

[749] Zur Idee des Auszahlungsbetrags vgl. McGuire (2000), S. 466 sowie Godman (2004), S. 216 f.

[750] Vgl. Nebling (2012), S. 154 ff.

Patienten vereinbarter Gesundheitsplan dienen, in dem festgehalten wird, welche Erwartungen der Patient an die Versorgung knüpft und welche Versorgungsziele bzw. Endpunkte aus Sicht des Patienten relevant sind.[751]
Das Erreichen der im Gesundheitsplan vereinbarten Ziele kann zugleich als Grundlage für eine ergebnisabhängige Vergütung herangezogen werden. Durch die Festlegung von Gesundheitszielen mit entsprechenden Zwischenzielen ist es dem Arzt und der Krankenkasse möglich, die Compliance des Patienten zu kontrollieren. Damit wird in gewisser Weise das Problem umgangen, dass das Ergebnis der Versorgung vielfach nicht eindeutig auf die zugrundeliegende Versorgungsstrategie zurückgeführt werden kann, sondern beispielsweise auch von den Selbstheilungskräften des Körpers und der Compliance des Patienten abhängig ist. Anstatt nur den Leistungserbringern einen erfolgsabhängigen Bonus auszubezahlen, könnte infolge des Gesundheitsplans die Kostenübernahme für vom Patienten in Anspruch genommene Gesundheitsleistung auch davon abhängig gemacht werden, ob der Patient seinen Beitrag zur Erreichung der festgelegten Versorgungsziele leistet.
Anhand von individuellen Gesundheitsplänen lassen sich diejenigen Qualitätsaspekte identifizieren, die aus Sicht des Patienten relevant sind. Diese Erkenntnisse könnten zur Entwicklung von Qualitätsindikatoren eingesetzt werden, die im Rahmen der externen Qualitätssicherung eingesetzt und in Qualitätsberichten veröffentlicht werden. Auf diese Weise ließe sich ein Qualitätswettbewerb etablieren, bei dem sich die Leistungserbringer gezielt an den Präferenzen und dem entsprechenden Informationsbedürfnis der Patienten orientieren.
Evidenzbasierte Leitlinien stellen jedoch kein Allheilmittel zur Steigerung der Qualität im Gesundheitswesen dar. Sie vermögen nicht alle Verhaltensspielräume der Interaktionspartner einzuschränken und eine Interessensangleichung zu bewirken. So verbleibt dem Leistungserbringer nach wie vor ein Handlungsspielraum, über die Diagnosestellung Einfluss auf die Versorgungsentscheidung des Patienten zu nehmen. Hier könnte als ergänzendes Qualitätssicherungsinstrument das Einholen einer Zweitmeinung institutionalisiert werden.
Einschränkend ist außerdem anzumerken, dass aufgrund des großen Entwicklungsaufwandes nicht für alle Versorgungsfragen und Krankheitsbilder eine evidenzbasierte Leitlinie entwickelt werden wird. Somit sind die beschriebenen positiven Effekte, die sich infolge des Leitlinieneinsatzes erzielen lassen, auf

[751] Vgl. Rienhoff (2000), S. 588 sowie Mühlhauser/Müller (2009), S. 44 f.

die Bereiche beschränkt, für die Leitlinien existieren und wirksam implementiert wurden. Zur Erzielung einer hohen Qualität im Gesundheitswesen ist also die Kombination von evidenzbasierten Leitlinien mit weiteren Qualitätssicherungsinstrumenten erforderlich. Diese müssen insbesondere auch die Versorgungsprobleme berücksichtigen, zu denen keine Leitlinie entwickelt wurde. Werden Bereiche aus der Qualitätsmessung und -sicherung ausgeklammert, so besteht nämlich die Gefahr, dass die Qualität in diesen Bereichen systematisch vernachlässigt wird.[752]

7.2 Ausblick

Ein Nachteil von evidenzbasierten Leitlinien ist darin zu sehen, dass bei ihrer Erstellung die höchste Evidenzstufe randomisierten klinischen Studien zukommt, die zumeist durch ein selektives Patientenklientel und künstliche Studienbedingungen gekennzeichnet sind. Im Versorgungsalltag stellt sich deshalb die Frage, inwieweit die Studienergebnisse auf Patienten mit anderen Charakteristika, wie beispielsweise Begleiterkrankungen oder einer geringeren Compliance, übertragbar sind.[753] Gerade die Replizierbarkeit der Ergebnisse bei einem konkreten Patienten ist für die Therapieentscheidung jedoch ausschlaggebend. Diese Frage lässt sich aber nicht allein anhand von klinischen Studien klären, sondern erfordert zumeist eine Vielzahl von Studien und die Zusammenschau von quantitativen und qualitativen Verfahren.[754] Um die Übertragbarkeit der Leitlinienempfehlungen auf den individuellen Patienten zu beurteilen, müsste der Arzt neben seiner Berufserfahrung also oft noch weitere Literatur heranziehen, um den Patienten mit umfassenden entscheidungsrelevanten Informationen versorgen zu können.

Eine Lösung und sinnvolle Ergänzung zu evidenzbasierten Leitlinien stellen personalisierte, internetbasierte Informationsdienste für Patienten und Leistungserbringer dar. Diese basieren auf einer Datenbank, in der eine Vielzahl an Studien, die in renommierten Fachzeitschriften publiziert wurden, enthalten ist und die regelmäßig, in kurzen Abständen aktualisiert wird. Nach der Eingabe der Krankheitsdaten sowie der Präferenzen des Patienten für bestimmte Endpunkte erfolgt ein Abgleich mit den in der Datenbank enthaltenen Studien und es wird, bezogen auf den individuellen Fall, eine Auswahl an aktuell zur Verfügung stehenden Therapieoptionen mit den jeweiligen Vor- und Nachtei-

[752] Vgl. SVR-KAiG (2012), S. 67.
[753] Vgl. Hoppe (2003), S. 822.
[754] Vgl. Behrens (2010), S. 619.

len aufgelistet.[755] Allerdings besteht weiterhin das Problem des sog. Publikationsbias. Das bedeutet, dass viele Studien nicht veröffentlicht werden, da sie keine statistisch signifikanten Ergebnisse vorzuweisen haben.[756] Für den Patienten ist jedoch auch das Wissen über die Nichtwirksamkeit einer Maßnahme entscheidungsrelevant.[757]

Vielfach enthalten Studien auch keine Aussagen zu weiteren für den Patienten wichtigen Entscheidungskriterien, wie beispielsweise die Auswirkung einer Intervention auf die weitere Lebensführung und die Lebensqualität.[758] Der Patient möchte zudem nicht nur wissen, mit welcher Wahrscheinlichkeit bestimmte Ergebnisse infolge einer Intervention zu erwarten sind. Er interessiert sich vielmehr auch für die Erfahrungen anderer Betroffener, die eine in Betracht zu ziehende Therapieoption bereits in Anspruch genommen haben.[759] Dies trifft selbst dann zu, wenn diese Erfahrungen aufgrund des Problems der interpersonellen Vergleichbarkeit nur bedingt auf die eigene Situation übertragbar sind.[760]

Eine sinnvolle Informationsquelle kann in diesem Zusammenhang eine internetbasierte Datenbank darstellen, in der Patienteninterviews über ihre Krankheitserfahrungen enthalten sind und mit evidenzbasierten Gesundheitsinformationen (vgl. 6.2.2) verknüpft werden.[761] Dabei geht es in erster Linie nicht um eine Zusammenfassung der Patientenerfahrungen und Ableitung einer Handlungsempfehlung, sondern um eine repräsentative Sammlung und Bereitstellung möglichst vieler unterschiedlicher Erfahrungen.[762] Die Erfahrungsberichte beinhalten nicht nur Informationen zu den Effekten einer Therapie und den Auswirkungen einer Erkrankung auf die Lebensführung, sondern geben auch Einblick, wie andere Patienten und deren Angehörige mit einer Erkrankung umgehen und über die Krankheit sprechen.[763] Dem Patienten ist es somit möglich, sich aus der Zusammenschau der unterschiedlichsten Erfahrungen eine Meinung zu bilden und sich für eine medizinische Vorgehensweise zu entscheiden.

---

[755] Zu den personalisierten, internetbasierten Informationsdiensten vgl. Lenz (2004), S. 99.
[756] Vgl. Rogenhofer et al. (2012), S. 1077.
[757] Vgl. hierzu auch Bastian et al. (2009), S. 186, Steckelberg et al. (2005), S. 344 sowie Preuss (2001), S. 232.
[758] Vgl. Entwistle/O`Donnell (2001), S. 44 und 46 sowie Steckelberg et al. (2005), S. 344.
[759] Vgl. Herxheimer et al. (2000), S. 1540 sowie Oehlrich/Stroh (2001), S. 147.
[760] Vgl. Breyer et al. (2005), S. 182.
[761] Vgl. Herxheimer et al. (2000), S. 1540.
[762] Nichtsdestotrotz ist eine einführende Seite mit den Themen sowie mit Angaben über die Häufigkeit bestimmter Erfahrungen hilfreich zu erachten, um dem Patienten einen besseren Überblick über den Inhalt der Datenbank zu ermöglichen. Vgl. Herxheimer et al. (2000), S. 1542 sowie Herxheimer et al. (2001), S. 325.
[763] Vgl. Herxheimer/Ziebland (2003), S. 209.

Literaturverzeichnis

Ahlert (2004): Ahlert, M., „Im Prokrustesbett der Standardisierung?“, Kommentar zu Ferdinand Gerlach, in: Dietrich, F./Imhoff, M./Kliemt, H. (Hrsg.), Standardisierung in der Medizin. Qualitätssicherung oder Rationierung?, Stuttgart 2004, S. 104 - 108.

Ahrens/Wöllenstein (2005): Ahrens, H.-J./Wöllenstein, H., Stärkung der Eigenverantwortung und Kompetenz aus Sicht der gesetzlichen Krankenversicherung, in: Härter, M./Loh, A./Spies, C. (Hrsg.), Gemeinsam entscheiden – erfolgreich behandeln. Neue Wege für Ärzte und Patienten im Gesundheitswesen, Köln 2005, S. 79 - 87.

Akerlof (1970): Akerlof, G. A., The market for „lemons“: quality uncertainty and the market mechanism, in: Quarterly Journal of Economics (1970), 84 (3), S. 488 - 500.

Albert et al. (2004): Albert, U.-S./Koller, M./Lorenz, W./Doherty, J./Schulz, K.-D./Wagner, U./Kopp, I., Implementierung und Evaluation von Leitlinien auf nationaler Ebene: Entwicklung eines Konzeptes für die Stufe-3-Leitlinien „Brustkrebsfrüherkennung in Deutschland“, in: Zeitschrift für ärztliche Fortbildung und Qualität im Gesundheitswesen (2004), 98 (5), S. 347 - 359.

Amelung (2012): Amelung, V. E., Managed Care, Neue Wege im Gesundheitsmanagement, 5. Auflage, Wiesbaden 2012.

AQUA-Institut (2013): QUISA - das Qualitätsindikatorensystem für die ambulante Versorgung, URL: https://www.aqua-institut.de/de/projekte/qualitaetsindikatoren/entwicklung-der-aok-indikatoren-fr-arztnetze.html (Datum des letzten Zugriffs: 13.10.2013).

Arrow (1963): Arrow, K. J., Uncertainty and the welfare economics of medical care, in: The American Economic Review (1963), 53 (5), S. 941 - 973.

Arrow (2001): Arrow, K. J., Is bounded rationality unbounded rational? Some ruminations, in: Augier, M./March, J. G. (Hrsg.), Models of man. Essays in memory of Herbert A. Simon, Cambridge u. a. 2001, S. 47 - 55.

Ashcroft et al. (2001): Ashcroft, R./Hope, T./Parker, M., Ethical issues and evidence-based patient choice, in: Elwyn, G./Edwards, A. (Hrsg.), Evidence-based patient choice. Inevitable or impossible? Oxford 2001, S. 53 - 65.

ÄZQ (2009): Ärztliches Zentrum für Qualität in der Medizin (Hrsg.), Kompendium Q-M-A, Qualitätsmanagement in der ambulanten Versorgung, 3., überarbeitete und erweiterte Auflage, Köln 2009.

ÄZQ (2010): Ärztliches Zentrum für Qualität in der Medizin, Leitlinienglossar: Qualitätsindikator, erstellt am 05.05.2010, URL: http://www.leitlinien.de/leitlinienmethodik/leitlinien-glossar/glossar/qualitaetsindikator (Datum des letzten Zugriffs: 02.10.2013).

Bastian et al. (2009): Bastian, H./Bühler, D./Sawicki, P. T., Für Patienten und Bürger – Die evidenzbasierten Gesundheitsinformationen des IQWiG, in: Roski, R. (Hrsg.), Zielgruppengerechte Gesundheitskommunikation. Akteure – Audience Segmentation – Anwendungsfelder, Wiesbaden 2009, S. 183 - 197.

Behrens (2010): Behrens, J., EbM ist die aktuelle Selbstreflexion der individualisierten Medizin als Handlungswissenschaft. Zum wissenschaftstheoretischen Verständnis von EbM, in: Zeitschrift für Evidenz, Fortbildung und Qualität im Gesundheitswesen (2010), 104 (8-9), S. 617 - 624.

Bertelsmann Stiftung (2007): Bertelsmann Stiftung (Hrsg.), Unser Gesundheitswesen braucht Qualitätstransparenz: Transparenz für Bürger, Transparenz für Ärzte, Politik für Transparenz, Gütersloh 2007, URL: http://www.bertelsmann-stiftung.de/cps/rde/xbcr/SID-13859DB5-8827C71/bst/xcms_bst_dms_21439_21440_2.pdf (Datum des letzten Zugriffs: 08.01.2013).

Beske/Hallauer (1999): Beske, F./Hallauer, F. J., Das Gesundheitswesen in Deutschland. Struktur - Leistung - Weiterentwicklung, 3., völlig neu bearbeitete und erweiterte Auflage, Köln 1999.

Bitzer et al. (2012): Bitzer, E. A./Schwartz, F. W./Dörning, H./Walter, U., Evaluation und Qualitätssicherung im Gesundheitswesen, in: Hurrelmann, K./Razum, O. (Hrsg.) Handbuch Gesundheitswissenschaften, 5., vollständig überarbeitete Auflage, Weinheim u. a. 2012, S. 1123 - 1154.

Bloch et al. (1997): Bloch, R. E./Lauterbach, K./Oesingmann, U./Rienhoff, O./ Schirmer, H. D./ Schwartz, F.W., Bekanntmachungen: Leitlinien in der medizinischen Versorgung. Beschlüsse der Vorstände der Bundesärztekammer und Kassenärztlichen Vereinigung, Juni 1997, in: Deutsches Ärzteblatt (1997), 94 (33), S. A-2154 - A-2155.

Blomqvist (1991): Blomqvist, A., The doctor as double agent: information asymmetry, health insurance, and medical care, in: Journal of Health Economics (1991), 10 (4), S. 411 - 432.

BMG (2012): Bundesministerium für Gesundheit, Glossarbegriff: Kostenerstattung in der GKV, erstellt am 27.07.2012, URL: http://www.bmg.bund.de/glossarbegriffe/k/kostenerstattung-in-der-gkv.html (Datum des letzten Zugriffs: 12.02.2013).

BMGS (2003): Bundesministerium für Gesundheit und Soziale Sicherung (Hrsg.), Nachhaltigkeit in der Finanzierung der sozialen Sicherungssysteme, Bericht der Rürup-Kommission , Berlin 2003.

Böger (2002): Böger, R. H., Endpunkte klinischer Studien: Surrogatparameter oder „harte klinische Endpunkte"?, in: Der Internist (2002), 43 (4), S. 493 - 497.

Bollschweiler (2001): Bollschweiler, E., Nationale und klinikinterne Leitlinien: Definition und Problemlage, in: Lauterbach, K. W./Schrappe, M. (Hrsg.), Gesundheitsökonomie, Qualitätsmanagement und Evidence-based Medicine. Eine systematische Einführung, Stuttgart 2001, S. 457 - 463.

Bölter et al. (2010): Bölter, R./Kühlein, T./Ose, D./Götz, K./Freund, T./Szecsenyi, J./Miksch, A., Barrieren der Hausärzte gegen Evidenzbasierte Medizin – ein Verständnisproblem? Eine qualitative Studie mit Hausärzten, in: Zeitschrift für Evidenz, Fortbildung und Qualität im Gesundheitswesen (2010), 104 (8-9), S. 661 - 666.

BQS (2009): Institut für Qualität und Patientensicherheit, Leseanleitung für BQS-Indikatoren, erstellt am 28.05.2009, URL: http://www.bqs-outcome.de/2008/ergebnisse/leistungsbereiche/cholezystektomie/buaw/leseanleitung (Datum des letzten Zugriffs: 09.10.2013).

BQS (o. J.): Institut für Qualität und Patientensicherheit, Empfehlung zur Veröffentlichung, o. J., URL: http://www.bqs-qualify.com/online/public/bqsfp/auswqi/antw1 (Datum des letzten Zugriffs: 09.10.2013).

BQS (o. J.): Institut für Qualität und Patientensicherheit, Nutzung von Qualitätsindikatoren, o. J., URL: http://www.bqs-qualify.com/online/public/bqsfp/wasqi/antw1 (Datum des letzten Zugriffs: 11.10.2013).

BQS (o. J.): Institut für Qualität und Patientensicherheit, Qualitätsverbesserung, o. J., URL: http://www.bqs-qualify.com/online/public/bqsfp/bqsverf/antw4 (Datum des letzten Zugriffs: 09.10.2013).

BQS (o. J.): Institut für Qualität und Patientensicherheit, Referenzbereiche, o. J., URL: http://www.bqs-qualify.com/online/public/bqsfp/refber (Datum des letzten Zugriffs: 11.10.2013).

BQS (o. J.): Institut für Qualität und Patientensicherheit, Strukturierte Dialog, o. J., URL: http://www.bqs-qualify.com/online/public/bqsfp/glossar/Strukturierter_Dialog (Datum des letzten Zugriffs: 11.10.2013).

BQS (o. J.): Institut für Qualität und Patientensicherheit, Transparenz durch Qualitätsberichte, o. J., URL: http://www.bqs-qualify.com/online/public/bqsfp/qbkh/antw1 (Datum des letzten Zugriffs: 09.10.2013).

BQS (o. J.): Institut für Qualität und Patientensicherheit, Weiterentwicklung der Qualitätsindikatoren, o. J., URL: http://www.bqs-qualify.com/online/public/bqsfp/auswqi/antw3 (Datum des letzten Zugriffs: 09.10.2013).

BQS (o. J.): Institut für Qualität und Patientensicherheit, Zusammensetzung der Fachgruppen, o. J., URL: http://www.bqs-qualify.com/online/public/leistungen/exqual/fachgruppen (Datum des letzten Zugriffs: 11.10.2013).

Breyer et al. (2005): Breyer, F./Zweifel, P./Kifmann, M., Gesundheitsökonomik, 5., überarbeitete Auflage, Berlin u. a. 2005.

Breyer et al. (2013): Breyer, F./Zweifel, P./Kifmann, M., Gesundheitsökonomik, 6., vollständig erweiterte und überarbeitete Auflage, Berlin u. a. 2013.

Brinkmann (1989): Brinkmann, G., Analytische Wissenschaftstheorie. Einführung sowie Anwendung auf einige Stücke der Volkswirtschaftslehre, München 1989.

Büchi et al. (2000): Büchi M./Bachmann L. M./Fischer J. E./Peltenburg M./Steurer J., Alle Macht den Patienten? Vom ärztlichen Paternalismus zum Shared Decision Making, in: Schweizerische Ärztezeitung (2000), 81 (49), S. 2776 - 2780.

Bullinger (2006): Bullinger, M., Methodische Grundlagen und Aspekte der Lebensqualität, in: Deutsche Medizinische Wochenschrift (2006), 131(1), S. 5 - 7.

Bundesärztekammer (1994): Bundesärztekammer (Hrsg.), Gesundheitspolitisches Programm der Deutschen Ärzteschaft, Beschluss des 97. Deutschen Ärztetages vom 11. bis 14. Mai 1994 in Köln, in: Deutsches Ärzteblatt (1994), 24, Supplement 3, S. 3 - 42.

Bürger (2003): Bürger, C., Patientenorientierte Information und Kommunikation im Gesundheitswesen, Wiesbaden 2003, zgl. Diss. Univ. der Bundeswehr München 2003.

Buzzoni (2004): Buzzoni, M., Poppers methodologischer Individualismus und die Sozialwissenschaften, in: Journal for General Philosophy of Science (2004), 35 (1), S. 157 - 173.

Cabana et al. (1999): Cabana, M./Rand, C./Powe, N./Wu, A./Wilson, M./Abboud, P.-A./ Rubin, H., Why don`t physicians follow clinical practice guidelines? A framework for improvement, in: Journal of the American Medical Association (1999), 282 (15), S. 1458 - 1465.

Campbell et al. (1998): Campbell, H./Hotchkiss, R./Bradshaw, N./Porteous, M., Integrated care pathways, in: British Medical Journal (1998), 316 (7125), S. 133 - 137.

Chapple et al. (2002): Chapple, A./Ziebland, S./Herxheimer, A./McPherson, A./Shepperd, S./ Miller, R., Is "watchful waiting" a real choice for men with prostate cancer? A qualitative study, in: British Journal of Urology International (2002), 90 (3), S. 257 - 264.

Charles et al. (1999): Charles, C./Whelan, T./Gafni, A., What do we mean by partnership in making decisions about treatment?, in: British Medical Journal (1999), 319 (7212), S. 780 - 782.

Coffey et al. (2005): Coffey, R. J./Richards, J. S./Remmert, C. S./LeRoy, S. S./Schoville, R. R./Baldwin, P. J., An introduction to critical paths, in: Quality Management in Health Care (1992), 1 (1), S. 45 - 54, wieder abgedruckt in: Quality Management in Health Care (2005), 14 (1), S. 46 - 55.

Danner (2005): Danner, M., Leitlinien aus Patientensicht, in: Hart, D. (Hrsg.), Klinische Leitlinien und Recht, Baden-Baden 2005, S. 223 - 229.

Darby/Karny (1973): Darby, M. R./Karni, E., Free competition and the optimal amount of fraud, in: Journal of Law and Economics (1973), 16 (1), S. 67 - 88.

Daugs (2002): Daugs, A., Die elektronische Gesundheitsakte. Einsatzmöglichkeiten im patientenorientierten Disease Management und als zentrales Steuerungselement der integrierten Versorgung, unveröffentlichte Diplomarbeit Univ. Bayreuth 2002.

de Brantes/Camillus (2007): de Brantes, F./Camillus, J. A., Evidence-Informed Case Rates: An New Health Care Payment Model, Commonwealth Fund publication no. 22, New York 2007, URL: http://www.commonwealthfund.org/~/media/Files/Publications/Fund%20Report/2007/Apr/Evidence%20Informed%20Case%20Rates%20%20A%20New%20Health%20Care%20Payment%20Model/deBrantes_evidence%20informedcaserates_1022%20pdf.pdf (Datum des letzten Zugriffs: 04.10.2013).

Deming (1986): Deming, W. E., Out of the crisis, Cambridge 1986.

Deutscher Bundestag (2003): Deutscher Bundestag, 15. Wahlperiode, Gesetzentwurf der Fraktionen SPD, CDU/CSU und Bündnis 90/Die Grünen. Entwurf eines Gesetzes zur Modernisierung der gesetzlichen Krankenversicherung (GKV-Modernisierungsgesetz – GMG), Drucksache 15/1525 vom 08.09.2003, Berlin 2003.

Deutsches Institut für Normung (2005): Deutsches Institut für Normung, DIN EN ISO 9000:2005-12. Qualitätsmanagementsysteme - Grundlagen und Begriffe (ISO 9000:2005), Berlin 2005.

DGU (2009): Deutsche Gesellschaft für Unfallchirurgie, Endoprothese bei Gonarthrose, AWMF-Leitlinien-Register Nr. 012/008, Berlin 2009, URL: http://www.awmf.org/uploads/tx_szleitlinien/012-008l_S1_Endoprothese_bei_Gonarthrose_2009.pdf (Datum des letzten Zugriffs: 12.10.2013).

Dierks et al. (2001): Dierks, M.-L./Siebeneick, S./Röseler, S., Patienten, Versicherte, Kunden - eine neue Definition des Patienten?, in: Dierks, M.-L./Bitzer, E.-M./Lerch, M./ Martin, S./Röseler, S./Schienkiewitz, A./Siebeneick, S./Schwartz, F.-W. (Hrsg.), Patientensouveränität - Der autonome Patient im Mittelpunkt, Stuttgart 2001, S. 4 - 26.

Dierks/Schwartz (2001): Dierks, M.-L./Schwartz, F.-W., Einführung, in: Dierks, M.-L./Bitzer, E.-M./Lerch, M./Martin, S./Röseler, S./ Schienkiewitz, A./Siebeneick, S./Schwartz, F.-W. (Hrsg.), Patientensouveränität - Der autonome Patient im Mittelpunkt, Stuttgart 2001, S. 1 - 3.

Dierks/Schwartz (2003): Dierks, M.-L./Schwartz, F. W., Patienten, Versicherte, Bürger - die Nutzer des Gesundheitswesens, in: Schwartz, F. W./Badura, B./Busse, R./Leidl, R./ Raspe, H./Siegrist, J./Walter, U. (Hrsg.), Das Public Health Buch. Gesundheit und Gesundheitswesen, 2., völlig neu bearbeitete und erweiterte Auflage, München u. a. 2003, S. 314 - 321.

Dierks/Seidel (2005): Dierks, M.-L./Seidel, G., Gleichberechtigte Beziehungsgestaltung zwischen Ärzten und Patienten - wollen Patienten wirklich Partner sein?, in: Härter, M./Loh, A./Spies, C. (Hrsg.), Gemeinsam entscheiden - erfolgreich behandeln. Neue Wege für Ärzte und Patienten im Gesundheitswesen, Köln 2005, S. 35 - 43.

Dietrich (2004): Dietrich F., Konkurrenz der Leitlinien - eine Chance für die Patientenautonomie?, in: Dietrich, F./Imhoff, M./Kliemt, H. (Hrsg.), Standardisierung in der Medizin. Qualitätssicherung oder Rationierung?, Stuttgart 2004, S. 17- 24.

Donabedian (1966, 2005): Donabedian, A., Evaluating the quality of care, in: The Milbank Memorial Fund Quarterly (1966), 44 (3), S. 166 - 203, zitiert nach dem unveränderten Nachdruck in: The Milbank Quarterly (2005), 83 (4), S. 691 - 729.

Donabedian (1990): Donabedian, A., The seven pillars of quality, in: Archives of Pathology and Laboratory Medicine (1990), 114 (11), S. 1115 - 1118.

Donabedian (1992): Donabedian, A., Quality assurance in health care: consumers` role, The Lichfield Lecture, in: Quality in Health Care (1992), 1 (4), S. 247 - 251.

Dressler (2000): Dressler, W.-D., Die Bedeutung von ärztlichen Leitlinien im Rechtsstreit, in: Hart, D. (Hrsg.), Ärztliche Leitlinien. Empirie und Recht professioneller Normsetzung, Baden-Baden 2000, S. 161 - 169.

Dütz (1971): Dütz, W. Gefährdungshaftung für Ärzte?, in: Deutsches Ärzteblatt (1971), 68 (11), S. 828 - 833.

Eddy (1990): Eddy, D. M., Clinical decision making: from theory to practice. Anatomy of a decision, in: Journal of the American Medical Association (1990), 263 (3), S. 441 - 443.

Ehlers/Weizel (2005): Ehlers, A./Weizel, I., Clinical Pathways und das ärztliche Berufsrecht, in: Oberender, P. (Hrsg.), Clinical Pathways. Facetten eines neuen Versorgungsmodells, Stuttgart 2005, S. 192 - 201.

Elwyn et al. (2005): Elwyn, G./Edwards, A./Rhydderch, M., Shared Decision Making: das Konzept und seine Anwendung in der klinischen Praxis, in: Härter, M./Loh, A./Spies, C. (Hrsg.), Gemeinsam entscheiden - erfolgreich behandeln. Neue Wege für Ärzte und Patienten im Gesundheitswesen, Köln 2005, S. 3 - 12.

Elwyn/Edwards (2001): Elwyn, G./Edwards, A., Evidence-based patient choice?, in: Elwyn, G./Edwards, A. (Hrsg.), Evidence-based patient choice. Inevitable or impossible?, Oxford 2001, S. 3 - 18.

Engelmann (2000): Engelmann, K., Das Rechtskonkretisierungskonzept des SGB V und seine dogmatische Einordnung durch das Bundessozialgericht, in: Hart, D. (Hrsg.), Ärztliche Leitlinien. Empirie und Recht professioneller Normsetzung, Baden-Baden 2000, S. 199 - 219.

Entwistle/O`Donnell (2001): Entwistle, V./O`Donnell, M., Evidence-based health care: what roles for patients?, in: Elwyn, G./Edwards, A. (Hrsg.), Evidence-based patient choice. Inevitable or impossible? Oxford 2001, S. 34 - 49.

Erlei et al. (1999): Erlei, M./Leschke, M./Sauerland, D., Neue Institutionenökonomik, Stuttgart 1999.

Evans (1974): Evans, R., Supplier-induced demand: some empirical evidence and implications, in: Perlman, M. (Hrsg.), The Economics of Health and Medical Care, New York 1974, S. 162 - 173.

Evans (1984): Evans, R., Strained mercy - the economics of the Canadian health care, Toronto 1984.

Farin et al. (2011): Farin, E./Glattacker, M./JäckelW. H., Leitlinien und Leitlinienforschung. Übersicht und Stand der Leitlinienimplementierung in der Rehabilitation, in: Bundesgesundheitsblatt (2011), 54 (4), S. 429 - 435.

Farny (2000): Farny, D. (2000), Versicherungsbetriebslehre, 3., überarbeitete Auflage, Karlsruhe 2000.

Ferber (2001): Ferber, C. von, Kommunales Gesundheitswesen - eine historische Erinnerung oder ein zukunftsfähiges Konzept?, in: Das Gesundheitswesen (2001), 63 (11), S. 651 - 657.

Field/Lohr (1990): Field, M. J./Lohr, K. N. (Hrsg.), Institute of Medicine. Clinical practice guidelines: directions for a new program, Washington 1990.

Fischer (2003): Fischer, G. C., Versorgungsforschung - Ziele, Ansätze und Anwendungsfelder: Anwendungsfeld ambulante Versorgung, in: Pfaff, H./Schrappe, M./Lauterbach, K. W./Engelmann, U./Halber, M. (Hrsg.), Gesundheitsversorgung und Disease Management. Grundlagen und Anwendungen der Versorgungsforschung, 1. Auflage, Bern u. a. 2003, S. 29 - 33.

Fischer (2006): Fischer, G., Die Sicht von Arzt und Patient, in: Deutsche Medizinische Wochenschrift (2006), 131(1), S. 8 - 11.

Fleßa/Weber (2010): Informationsmanagement und Controlling in Krankenhäusern, in: Busse, R./Schreyögg, J./Tiemann, O. (Hrsg.), Management im Gesundheitswesen, 2. Auflage, Berlin u. a. 2010, S. 356 - 372.

Fuchs (2000): Fuchs, V. R., The future of health economics, in: Journal of Health Economics (2000), 19 (2), S. 141 - 157.

Gafni et al. (1998): Gafni, A./Charles, C./Whelan, T., The physician-patient encounter: the physician as a perfect agent for the patient versus the informed decision-making model, in: Social Sciences and Medicine (1998), 47 (3), S. 347 - 354.

Geisler (1987): Arzt und Patient - Begegnung im Gespräch. Wirklichkeit und Wege, Frankfurt am Main 1987.

Gerlach (2004): Gerlach F. M., Im Prokrustesbett der Standardisierung? - Medizinische Leitlinien und Standards im Dienste angemessener Entscheidungsfindung, in: Dietrich, F./ Imhoff, M./Kliemt, H. (Hrsg.), Standardisierung in der Medizin. Qualitätssicherung oder Rationierung?, Stuttgart 2004, S. 89 - 103.

Ginneken et al. (1997): Ginneken, M. A. van/Moormann, P. W./Becht, A. A., The Patient Record, in: van Bemmel, J. H./Musen, M. A. (Hrsg.), Handbook of Medical Informatics, Houten u. a.1997, S. 99 - 115.

Godman (2004): Godman, J. C., Amerikanische Erfahrungen mit Managed Care, in: Dietrich, F./Imhoff, M./Kliemt, H. (Hrsg.), Standardisierung in der Medizin. Qualitätssicherung oder Rationierung?, Stuttgart 2004, S. 163 - 218.

Gray (2001): Gray, M., Evidence-based medicine for professionals, in: Elwyn, G./Edwards, A. (Hrsg.), Evidence-based patient choice. Inevitable or impossible? Oxford 2001, S. 19 - 33.

Hart (2000a): Hart, D., Einleitung und Kommentar, in: Hart, D. (Hrsg.), Ärztliche Leitlinien. Empirie und Recht professioneller Normsetzung, Baden-Baden 2000, S. 9 - 21.

Hart (2000b): Hart, D., Ärztliche Leitlinien und Haftungsrecht, in: Hart, D. (Hrsg.), Ärztliche Leitlinien. Empirie und Recht professioneller Normsetzung, Baden-Baden 2000, S. 137 - 159.

Hart (2003): Hart, D., Einbeziehung des Patienten in das Gesundheitssystem: Patientenrechte und Bürgerbeteiligung - Bestand und Perspektiven, in: Schwartz, F. W./Badura, B./ Busse, R./Leidl, R./Raspe, H./Siegrist, J./Walter, U. (Hrsg.), Das Public Health Buch. Gesundheit und Gesundheitswesen, 2., völlig neu bearbeitete und erweiterte Auflage, München u. a. 2003, S. 333 - 339.

Hart (2005): Hart, D., Einleitung und Kommentar, in: Hart, D. (Hrsg.), Klinische Leitlinien und Recht, Baden-Baden 2005, S. 7 - 16.

Härter (2004): Härter, M., Partizipative Entscheidungsfindung (Shared Decision Making) - ein von Patienten, Ärzten und der Gesundheitspolitik geforderter Ansatz setzt sich durch, in: Zeitschrift für ärztliche Fortbildung und Qualität im Gesundheitswesen (2004), 98 (2), S. 89 - 92.

Hasenbein et al. (2003): Hasenbein, U./Wallesch, C.-W./Räbiger, J., Ärztliche Compliance mit Leitlinien. Ein Überblick vor dem Hintergrund der Einführung von Disease-Management-Programmen, in: Gesundheitsökonomie und Qualitätsmanagement (2003), 8 (6), S. 363 - 375.

Haubrock/Schär (2002): Haubrock, M./Schär, W. (Hrsg.), Betriebswirtschaft und Management im Krankenhaus, 3., vollständig überarbeitete und erweiterte Auflage, Bern 2002.

Hayek (1967, 1996): Hayek, F. A. von, Die Theorie komplexer Phänomene (1967), in: Kerber, W. (Hrsg.), Die Anmaßung von Wissen. Neue Freiburger Studien von F. A. von Hayek, Tübingen 1996, S. 281 - 306.

Hayek (1969): Hayek, F. A. von, Freiburger Studien, Tübingen 1969.

Hayek (1974, 1996): Hayek, F. A. von, Die Anmaßung von Wissen (1974), in: Kerber, W. (Hrsg.), Die Anmaßung von Wissen. Neue Freiburger Studien von F. A. von Hayek, Tübingen 1996, S. 3 - 15.

Hayek (1996): Hayek, F. A. von, Zur Bewältigung von Unwissenheit, in: Kerber, W. (Hrsg.), Die Anmaßung von Wissen. Neue Freiburger Studien von F. A. von Hayek, Tübingen 1996, S. 307 - 316.

Haynes (2002): Haynes, R. B., What kind of evidence is it that Evidence-Based Medicine advocates want health care providers and consumers to pay attention to?, in: BMC Health Services Research (2002), 2:3, URL: http://www.biomedcentral.com/1472-6963/2/3 (Datum des letzten Zugriffs: 02.10.2007).

Hebenstreit/Prümel-Philippsen (2004): Hebenstreit, S./Prümel-Philippsen, U., Qualitätssicherung im WWW, in: Jähn, K./Nagel, E. (Hrsg.), e-Health, Berlin, Heidelberg 2004, S. 91 - 98.

Helou et al. (2002): Helou, A./Schwartz, F. W./Ollenschläger, G., Qualitätsmanagement und Qualitätssicherung in Deutschland, Übersicht auf der Grundlage des Gutachtens „Bedarfsgerechtigkeit und Wirtschaftlichkeit“ des Sachverständigenrates für die Konzertierte Aktion im Gesundheitswesen 2000/2001, in: Bundesgesundheitsblatt - Gesundheitsforschung - Gesundheitsschutz (2002), 45 (3), S. 205 - 214.

Herxheimer et al. (2000): Herxheimer, A./Mc Pherson, A./Miller, R./ Shepperd, S./Yaphe, J./Ziebland, S., Database of patients` experiences (DIPEx): a multi-media approach to sharing experiences and information, in: The Lancet (2000), 355 (9214), S. 1540 - 1543.

Herxheimer et al. (2001): Herxheimer, A./McPherson, A./Miller, R./Chapple, A./Shepperd, S./Kochen, M. M./Ziebland, S., A database of patients` experiences: Patienten berichten von ihren Krankheitserfahrungen, in: Zeitschrift für Allgemeinmedizin (2001), 77 (7-8), S. 323 - 327.

Herxheimer/Ziebland (2003): Herxheimer, A./Ziebland, S., DIPEx: fresh insights for medical practice, in: Journal of the Royal Society of Medicine (2003), 96 (5), S. 209 - 210.

Homann (1994): Homann, K., Homo oeconomicus und Dilemmastrukturen, in: Sautter, H. (Hrsg.), Wirtschaftspolitik in offenen Volkswirtschaften, Göttingen 1994, S. 387 - 411.

Homann/Suchanek (2005): Homann, K./Suchanek, A., Ökonomik. Eine Einführung, 2., überarbeitete Auflage, Tübingen 2005.

Hoppe (2003): Hoppe, U., Warum werden Leitlinien nicht befolgt?, in: Deutsche Medizinische Wochenschrift (2003), 128 (15), S. 820 - 824.

Hurrelmann et al. (2006): Hurrelmann, K./Laaser, U./Razum, O., Entwicklung und Perspektiven der Gesundheitswissenschaften in Deutschland, in: Hurrelmann, K./Laaser, U. (Hrsg.), Handbuch Gesundheitswissenschaften, Weinheim u. a. 2006, S. 11 - 48.

IC-NHS (2012): Health and Social Care Information Center - National Health Service (Hrsg.), Quality and outcome framework, achievement, prevalence and exceptions data, 2011/12, Leeds 2012, URL: https://catalogue.ic.nhs.uk/publications/primary-care/qof/qual-outc-fram-11-12/qof-11-12-rep.pdf (Datum des letzten Zugriffs: 31.01.2013).

IHA (2006): Integrated Healthcare Association (Hrsg.), Advancing quality through collaboration: The California Pay for Performance Program. A report on the first five years and a strategic plan for the next five years, Oakland 2006, URL: http://www.iha.org/pdfs_documents/p4p_california/P4PWhitePaper1_February2009.pdf (Datum des letzten Zugriffs: 31.01.2013).

Imhoff (2004): Imhoff, M., Standardisierung in der Akutmedizin, in: Dietrich, F./Imhoff, M./ Kliemt, H. (Hrsg.), Standardisierung in der Medizin. Qualitätssicherung oder Rationierung?, Stuttgart 2004, S. 108 - 131.

KBV (2007): Kassenärztliche Bundesvereinigung, Ambulante Qualitätsindikatoren und Kennzahlen (AQUIK), Ergebnisse der Organisationsbefragung 2007, Berlin 2007, URL: http://www.kbv.de/media/sp/ AQUIK_ Ergebnisse_der_Organisationsbefragung_ 2007.pdf (Datum des letzten Zugriffs: 11.10.2013).

KBV (2009): Kassenärztliche Bundesvereinigung, KBV entwickelt Starter-Set ambulanter Qualitätsindikatoren, Ergebnisse des Projekts "AQUIK® - Ambulante Qualitätsindikatoren und Kennzahlen", Berlin 2009, URL: https://www.kbv.de/media/sp/ Aquik_projektbericht.pdf (Datum des letzten Zugriffs: 09.10.2013).

Kern/Richter (2009): Kern, B.-J./Richter, I., Haftung für den Erfolgseintritt? - Die garantierte ärztliche Leistung, in: Wienke, A./Eberbach, W./ Kramer, H.-J./Janke, K. (Hrsg), Die Verbesserung des Menschen, Schriftenreihe Medizinrecht, Berlin u. a. 2009, S. 129 - 144.

Keuth (2004): Keuth, H., Zur Methodologie des kritischen Rationalismus, in: Neck, R./Salamun, K. (Hrsg.), Karl R. Popper - Plädoyer für kritisch-rationale Wissenschaft, Frankfurt am Main 2004, S. 43 - 62.

Kirchgässner (1991): Kirchgässner, G., Homo oeconomicus. Das ökonomische Modell individuellen Verhaltens und seine Anwendung in den Wirtschafts- und Sozialwissenschaften, Tübingen 1991.

Klauber et al. (2012): Klauber, J./Geraedts, M./Friedrich, J./Wasem, J. (Hrsg.), Krankenhaus-Report 2012, Schwerpunkt: Regionalität, Stuttgart 2012.

Klein-Lange (2000): Klein-Lange, M., Krankenversorgung, in: Schwartz, F. W./Badura, B./Leidl, R./Raspe, H./Siegrist, J. (Hrsg.), Das Public Health Buch, Gesundheit und Gesundheitswesen, München u. a. 2000, S. 213 - 244.

Klemperer (2005): Klemperer, D., Partizipative Entscheidungsfindung in Deutschland - Handlungsfelder zur Verbesserung der Entscheidungsqualität, in: Härter, M./Loh, A./Spies, C. (Hrsg.), Gemeinsam entscheiden - erfolgreich behandeln. Neue Wege für Ärzte und Patienten im Gesundheitswesen, Köln 2005, S. 25 - 33.

Klemperer (2009): Klemperer, D., Qualitätssicherung durch informierte Patienten, in: Klusen, N./Fließgarten, A./Nebling, T. (Hrsg.), Informiert und selbstbestimmt. Der mündige Bürger als mündiger Patient, Baden-Baden 2009, S. 139 - 155.

Klemperer/Rosenwirth (2005): Klemperer, D./Rosenwirth, M., Shared Decision Making: Konzept, Voraussetzung und politische Implikationen, 2. Auflage, Gütersloh u. a. 2005.

Kleudgen et al. (2011): Kleudgen, S./Diel, F./Burgdorf, F./Quasdorf, I./de Cruppé, W., Geraedts, M., KBV entwickelt Starter-Set ambulanter Qualitätsindikatoren - AQUIK®-Set, in: Zeitschrift für Evidenz, Fortbildung und Qualität im Gesundheitswesen (2011), 105 (1), S. 54 - 63.

Kolkmann (2000): Kolkmann, F.-W., Leitlinien und Qualitätssicherung, in: Hart D. (Hrsg.), Ärztliche Leitlinien. Empirie und Recht professioneller Normsetzung, Baden-Baden 2000, S. 49 - 60.

Kolkmann (2004): Kolkmann, F. W., Zur qualitätssichernden und rationierenden Wirkung der Leitlinien als Grundlage von Standards, in: Dietrich, F./Imhoff, M./Kliemt, H. (Hrsg.), Standardisierung in der Medizin. Qualitätssicherung oder Rationierung?, Stuttgart 2004, S. 25 - 33.

Kopp et al. (2001): Kopp, I./Koller, M./Stinner, B./Hainbach, S./Rothmund, M./Lorenz, W., Chirurgische Therapie des Rectumcarcinoms. Abbildung der realen Versorgungssituation im Rahmen einer kreisbezogenen Qualitätssicherungsstudie, in: Der Chirurg (2001), 72 (12), S. 1467 - 1477.

Küchle, S. (2012): Küchle, S., Dilemmastrukturen in Wirtschaftsethik und Sozialpsychologie - ein Vergleich, Berlin 2012, zgl. Diss. TU München 2012.

KV Berlin (2012a): Kassenärztliche Vereinigung Berlin, Honorarverteilung, Berlin 2012, o. S., URL: http://www.kvberlin.de/20praxis/30abrechnung_ honorar/90honorarverteilung (Datum des letzten Zugriffs: 26.11.2012).

KV Berlin (2012b): Kassenärztliche Vereinigung Berlin, Vergütung von Leistungen außerhalb des Regelleistungsvolumens - Quartal 4/2012, Berlin 2012, URL: http://www.kvberlin.de/20praxis/30abrechnung_ honorar/90honorarverteilung/erlaeuterung_exrlv.pdf (Datum des letzten Zugriffs: 26.11.2012).

Labelle et al. (1994): Labelle, R./Stoddart, G./Rice, T., A re-examination of the meaning and importance of supplier induced demand, in: Journal of Health Economics (1994), 13 (3), S. 347 - 368.

Lauterbach/Stock (2001): Lauterbach, K. W./Stock, S., Disease Management wird aktiviert, in: Deutsches Ärzteblatt (2001), 98 (30), S. A1935 - A1937.

Leidl (2003): Leidl, R., Die Ausgaben für Gesundheit und ihre Finanzierung, in: Schwartz, F. W./Badura, B./Busse, R./Leidl, R./Raspe, H./Siegrist, J./Walter, U. (Hrsg.), Das Public Health Buch, Gesundheit und Gesundheitswesen, 2., völlig neu bearbeitete und erweiterte Auflage, München u. a. 2003, S. 349 - 366.

Lenz (2004): Lenz, C., Cancerfacts.com, in: Jähn, K./Nagel, E. (Hrsg.), e-Health, Berlin u. a. 2004, S. 99 - 103.

Leschke (1999): Leschke, M., Die Aufgabe der Ökonomik als Sozialwissenschaft, in: Pies, I./ Leschke, M. (Hrsg.), Karl Poppers kritischer Rationalismus, Tübingen 1999, S. 105 - 107.

Loh/Härter (2005): Loh, A./Härter, M., Modellentwicklung zur Partizipativen Entscheidungsfindung, in: Härter, M./Loh, A./Spies, C. (Hrsg.), Gemeinsam entscheiden - erfolgreich behandeln. Neue Wege für Ärzte und Patienten im Gesundheitswesen, Köln 2005, S. 13 - 24.

Loss/Nagel (2005): Loss, J./Nagel, E., Ärztliches Handeln im Spannungsfeld zwischen Leitlinien und Therapiefreiheit, in: Oberender, P. (Hrsg.), Clinical Pathways. Facetten eines neuen Versorgungsmodells, Stuttgart 2005, S. 158 - 173.

Lüngen/Schrappe (2010): Lüngen, M./Schrappe, M., Evidence-based Policy Making, in: Lauterbach, K. W./Lüngen, M./Schrappe, M. (Hrsg.), Gesundheitsökonomie, Management und Evidence-based Medicine, Handbuch für Praxis, Politik und Studium, 3., völlig neu bearbeitete und erweiterte Auflage, Stuttgart 2010, S. 39 - 59.

Lütge (2001): Lütge, C., Ökonomische Wissenschaftstheorie, Würzburg 2001.

Marckmann (2004): Marckmann, G., Leitlinien zwischen Qualitätsverbesserung und Kostenkontrolle, in: Dietrich, F./Imhoff, M./Kliemt, H. (Hrsg.), Standardisierung in der Medizin. Qualitätssicherung oder Rationierung?, Stuttgart 2004, S. 237- 252.

Marckmann (2010): Marckmann, G., Kann Rationierung im Gesundheitswesen ethisch vertretbar sein?, in: Wissenschaftsforum in Gesundheit und Gesellschaft (2010), 10 (1), S. 8 - 15.

Mast/Thate-Waschke (1999): Mast, O./Thate-Waschke, I.-M., Kleines Bayer-Lexikon Gesundheitsökonomie, Leverkusen 1999.

Mayer (2004): Mayer, J., Arzt-Patienten-Beziehung im Wandel, in: Jähn, K./Nagel, E. (Hrsg.), e-Health, Berlin u. a. 2004, S. 320 - 325.

McGuire (2000): McGuire, Th., Physician Agency, in: Culyer, A./Newhouse, J. (Hrsg.), Handbook of Health Economics, Amsterdam 2000, S. 461 - 536.

McGuire et al. (1988): McGuire, A./Henderson, J./Mooney, G., The Economics of Health Care. An introductory text, London u. a. 1988.

Mengel (2004): Mengel, C., Sozialrechtliche Rezeption ärztlicher Leitlinien, Baden-Baden 2004, zugl. Diss. Univ. Hamburg 2004.

Meusch (2011): Meusch, A., Moral Hazard in der gesetzlichen Krankenversicherung in politikwissenschaftlicher Perspektive, Baden-Baden 2011, zugl. Diss. Techn. Univ. Chemnitz 2011.

Meyer (2003): Meyer, S., Zählt die Zufriedenheit des Patienten? Zur Berücksichtigung der Präferenzen des Patienten bei der Vergütung ambulanter ärztlicher Leistungen im System der GKV, Frankfurt am Main 2003, zugl. Diss. Techn. Univ. Berlin 2002.

Mooney/Ryan (1993): Mooney, G./Ryan, M., Agency in health care: getting beyond first principles, in: Journal of Health Economics (1993), 12 (2), S. 125 - 135.

Mühlhauser/Lenz (2008): Mühlhauser, I./Lenz, M., Verbesserung der Therapieergebnisse durch Patientenwissen?, in: Zeitschrift für Evidenz, Fortbildung und Qualität im Gesundheitswesen (2008), 102 (4), S. 223 - 230.

Mühlhauser/Müller (2009): Mühlhauser, I./Müller, H., Patientenrelevante Endpunkte und patient-reported outcomes in klinischer Forschung und medizinischer Praxis, in: Klusen, N./Fließgarten, A./Nebling, T. (Hrsg.), Informiert und selbstbestimmt. Der mündige Bürger als mündiger Patient, Baden-Baden 2009, S. 34 - 65.

Musil (2003): Musil, A., Stärkere Eigenverantwortung in der Gesetzlichen Krankenversicherung. Eine agency-theoretische Betrachtung. Wiesbaden 2003, zugl. Diss. Univ. Freiberg 2002.

Nebling (2008): Nebling, T., Strategische Interdependenz bei selektiven Verträgen. Neue Herausforderungen für das Krankenkassen-Management, in: Sozialer Fortschritt (2008), 57 (5), S. 118 - 125.

Nebling (2010): Nebling, T., Wahrscheinlichkeiten richtig deuten, erstellt am 12.02.2010, zuletzt aktualisiert am 25.09.2013, URL: http://www.tk.de/tk/kompetent-als-patient/iinformationen-bewerten/wahrscheinlichkeiten/225974, (Datum des letzten Zugriffs: 01.10.2013).

Nebling (2012): Nebling, T., Strategisches Verhalten bei selektiven Verträgen. Eine interaktionsökonomische Analyse der Austauschbeziehungen zwischen Krankenkassen und Leistungserbringern, Baden-Baden 2012, zugl. Diss. Univ. Bayreuth 2011.

Nelson (1970): Nelson, P., Information and consumer behavior, in: Journal of Political Economy (1970), 78 (2), S. 311 - 329.

Neubourg (2002): Neubourg, Th., Disease Management in der Diabetikerversorgung, Schriften zur Gesundheitsökonomie, Bd. 27, Bayreuth 2002, zugl. Diss. Univ. Bayreuth 2002.

Neuffer (1997): Neuffer, A. B., Managed Care, Umsetzbarkeit des Konzepts im deutschen Gesundheitssystem, Schriften zur Gesundheitsökonomie, Bd. 21, Bayreuth 1997, zugl. Diss. Univ. St. Gallen 1997.

Niechzial/Nagel (2000): Niechzial, M./Nagel, E., Diagnose- und Therapiemanagement, in: Eichhorn, P./Seelos, H.-J./Schulenburg, J.-M. von der (Hrsg.), Krankenhausmanagement, München u. a. 2000, S. 269 - 286.

Oberender et al. (2002): Oberender, P./Hebborn, A./Zerth, J., Wachstumsmarkt Gesundheit, Stuttgart 2002.

Oberender/Daumann (1997a): Oberender, P./Daumann, F., Probleme einer administrierten Qualitätssicherung in der medizinischen Versorgung, in: Schulenburg, J.-M. von der/ Balleer, M./Hanekopf, S. (Hrsg.), Allokation von Ressourcen bei Sicherheit und Unsicherheit, Baden-Baden 1997, S. 169 - 194.

Oberender/Daumann (1997b): Oberender, P./Daumann, F., Ökonomische Aspekte der Qualitätssicherung, in: Jaster, H.-J. (Hrsg.), Qualitätssicherung im Gesundheitswesen, Stuttgart 1997, S. 210 - 248.

Oberender/Zerth (2003): Oberender, P./Zerth, J., Bayreuther Manifest: Der Weg in ein freiheitliches Gesundheitswesen, Bayreuth 2003.

Oberender/Zerth (2005): Oberender, P./Zerth, J., Clinical Pathways als eine Zukunftsstrategie des Krankenhauses: eine gesundheitsökonomische Einführung, in: Oberender, P. (Hrsg.), Clinical Pathways. Facetten eines neuen Versorgungsmodells, Stuttgart 2005, S. 15 - 27.

Oberender/Zerth (2006): Oberender, P./Zerth, J., Gesundheitsökonomie: Nutzen, Gerechtigkeit und Rationierung: ein (un-)lösbares Dilemma?, in: Rebscher, H. (Hrsg.), Gesundheitsökonomie und Gesundheitspolitik. Im Spannungsfeld zwischen Wissenschaft und Politikberatung, Heidelberg 2006, S. 67 - 81.

Oehlrich/Stroh (2001): Oehlrich, M./Stroh, N., Internetkompass Krebs, Berlin u. a. 2001.

Ollenschläger (2003): Ollenschläger, G., Evidenzbasierte Leitlinien - Chancen und Risiken, in: Arbeitsgemeinschaft für Rechtsanwälte im Medizinrecht (Hrsg.), Leitlinien, Richtlinien und Gesetz. Wieviel Reglementierung verträgt das Arzt-Patientenverhältnis?, Berlin 2003, S. 48 - 64.

Ollenschläger (2008): Ollenschläger, G., Stellenwert ärztlicher Leitlinien in der Arzthaftungsbegutachtung, in: Forum Medizinische Begutachtung (2008), 1, S. 17 - 22.

Ollenschläger et al. (1998): Ollenschläger, G./Oesingmann, U./Thomeczek, C./Kolkmann, F. W., Ärztliche Leitlinien in Deutschland - aktueller Stand und zukünftige Entwicklung, in: Zeitschrift für ärztliche Fortbildung und Qualität im Gesundheitswesen (1998), 92 (4), S. 273 - 280.

Ollenschläger et al. (2002): Ollenschläger, G./Kirchner, H./Berenbeck, C./Thole, H./ Weingart, O./Sonntag, D./Fiene, M./Thomeczek, C., Aktuelle Initiativen zur Realisierung nationaler Leitlinien in Deutschland - eine Übersicht, in: Das Gesundheitswesen (2002), 64 (10), S. 513 - 520.

Ollenschläger et al. (2005a): Ollenschläger, G./Thomeczek, C./Thalau, F./ Heymans, L./ Thole, H./Trapp, H./Sänger, S./Lelgemann, M., Medizinische Leitlinien in Deutschland, 1994 bis 2004. Von der Leitlinienmethodik zur Leitlinienimplementierung, in: Zeitschrift für ärztliche Fortbildung und Qualität im Gesundheitswesen (2005), 99 (1), S. 7 - 13.

Ollenschläger et al. (2005b): Ollenschläger, G./Kirchner, H./Sänger, S./ Thomeczek, C./ Jonitz, G./Gramsch, E., Qualität und Akzeptanz medizinischer Leitlinien in Deutschland - Bestandsaufnahme Mai 2004, in: Hart, D. (Hrsg.), Klinische Leitlinien und Recht, Baden-Baden 2005, S. 17 - 39.

Ollenschläger et al. (2005c): Ollenschläger, G./Kirchner, H./Kirchner, A., Standards und Richtlinien in Behandlungspfaden: Standardisierbarkeit ärztlicher Leistung, in: Oberender, P. (Hrsg.), Clinical Pathways. Facetten eines neuen Versorgungsmodells, Stuttgart 2005, S. 118 - 145.

Øvretveit (1994): Øvretveit, J., A comparison of approaches to health services quality in the UK, USA & Sweden and of the use of organizational audit frameworks, in: European Journal of Public Health (1994), 4 (1), S. 46 - 54.

Passon/Siegel (2010): Passon, A./Siegel, M., Das Marktmodell im Gesundheitssystem, in: Lauterbach, K. W./Lüngen, M./Schrappe, M. (Hrsg.), Gesundheitsökonomie, Management und Evidence-based Medicine, Handbuch für Praxis, Politik und Studium, 3., völlig neu bearbeitete und erweiterte Auflage, Stuttgart 2010, S. 112 - 133.

Pauly (1978): Pauly, M. V., Is medical care different?, in: Greenberrg, W. (Hrsg.), Competition in the health care sector: past, present, and future. Proceedings of a conference sponsored by the Bureau of Economics, Federal Trade Commission, Germantown 1978, S. 19 - 48.

Pauly (1988): Pauly, M. V., Is medical care different? Old questions, new answers, in: Journal of Health Politics, Policy and Law (1988), 13 (2), S. 227 - 237.

Petermann/Mühlig (1998): Petermann, F./Mühlig, S., Grundlagen und Möglichkeiten der Compliance-Verbesserung, in: Petermann, F. (Hrsg.), Compliance und Selbstmanagement, Göttingen 1998, S. 73 - 102.

Pfaff (2003): Pfaff, H., Versorgungsforschung - Begriffsbestimmung, Gegenstand und Aufgaben, in: Pfaff, H./Schrappe, M./Lauterbach, K. W./Engelmann, U./Halber, M., (Hrsg.), Gesundheitsversorgung und Disease Management. Grundlagen und Anwendungen der Versorgungsforschung, 1. Auflage, Bern u. a. 2003, S. 13 - 23.

Pfaff/Schrappe (2011): Pfaff, H./Schrappe, M., Einführung in die Versorgungsforschung, in: Pfaff, H./Neugebauer, E./Glaeske, G./Schrappe, M. (Hrsg.), Lehrbuch Versorgungsforschung. Systematik - Methodik - Anwendung, Stuttgart 2011, S. 2 - 39.

Picot (1991): Picot, A., Ökonomische Theorien der Organisation - Ein Überblick über neuere Ansätze und deren betriebswirtschaftliches Anwendungspotential, in: Ordelheide, D./ Rudolph, B./Büsselmann, E. (Hrsg.), Betriebswirtschaftslehre und Ökonomische Theorie, Stuttgart 1991, S. 143 - 170.

Picot et al. (2005): Picot, A./Dietl, H./Franck, E., Organisation. Eine ökonomische Perspektive, 4. Auflage, Stuttgart 2005.

Pies (1993): Pies, I., Normative Institutionenökonomik. Zur Rationalisierung des politischen Liberalismus, Tübingen 1993.

Pies (1996): Pies, I., Theoretische Grundlagen demokratischer Wirtschafts- und Gesellschaftspolitik - Der Beitrag James Buchanans, in: Pies, I./Leschke, M. (Hrsg.), James Buchanans konstitutionelle Ökonomik, Tübingen 1996, S. 1 - 18.

Pies (1999): Pies, I., Theoretische Grundlagen demokratischer Wirtschafts- und Gesellschaftspolitik - Der Beitrag Karl Poppers, in: Pies, I./Leschke, M. (Hrsg.), Karl Poppers kritischer Rationalismus, Tübingen 1999, S. 1 - 38.

Popp (1997): Popp, E., Ökonomie und Versicherungstechnik in der Managed-care-Versorgung, Untersuchungen zur Effektivität, Effizienz und Chancengleichheit integrierter Versorgungs- und Vergütungsmodelle in der gesetzlichen Krankenversicherung bei Honorierung mit „Kopfbudgets und kombinierten Budgets“, Schriften zur Gesundheitsökonomie, Bd. 19, Bayreuth 1997, zugl. Diss. Univ. Göttingen 1996.

Popper (1934, 1995): Popper, K. R., Die wissenschaftliche Methode (1934), in: Miller, D. (Hrsg.), Karl Popper Lesebuch, Ausgewählte Texte zu Erkenntnistheorie, Philosophie der Naturwissenschaften, Metaphysik, Sozialphilosophie, Tübingen 1995, S. 118

Popper (1953/1974, 1995): Popper, K. R., Das Problem der Induktion (1953, 1974), in: Miller, D. (Hrsg.), Karl Popper Lesebuch, Ausgewählte Texte zu Erkenntnistheorie, Philosophie der Naturwissenschaften, Metaphysik, Sozialphilosophie, Tübingen 1995, S. 85 - 102.

Popper (1960a, 1995): Popper, K. R., Das Wachstum der wissenschaftlichen Erkenntnis (1960), in: Miller, D. (Hrsg.), Karl Popper Lesebuch, Ausgewählte Texte zu Erkenntnistheorie, Philosophie der Naturwissenschaften, Metaphysik, Sozialphilosophie, Tübingen 1995, S. 154 - 163.

Popper (1960b, 1995): Popper, K. R., Wahrheit und Annäherung an die Wahrheit (1960), in: Miller, D. (Hrsg.), Karl Popper Lesebuch, Ausgewählte Texte zu Erkenntnistheorie, Philosophie der Naturwissenschaften, Metaphysik, Sozialphilosophie, Tübingen 1995, S. 164 - 184.

Popper (1967, 1995): Popper, K. R., Das Rationalitätsprinzip (1967), in: Miller, D. (Hrsg.), Karl Popper Lesebuch, Ausgewählte Texte zu Erkenntnistheorie, Philosophie der Naturwissenschaften, Metaphysik, Sozialphilosophie, Tübingen 1995, S. 350 - 359.

Popper (1979): Popper, K. R., Das Elend des Historizismus, 5., verbesserte Auflage, Tübingen 1979.

Popper (1980): Popper, K. R., Die offene Gesellschaft und ihre Feinde, Bd. 2: Falsche Propheten. Hegel, Marx und die Folgen, 6. Auflage, Bern u. a. 1980.

Popper (1994): Popper, K. R., Logik der Forschung, 10., verbesserte und vermehrte Auflage, Tübingen 1994.

Porzsolt (1999): Porzsolt, F., Leitlinien: Zunehmende oder abnehmende Bedeutung?, Ulm 1999, URL: http://www.uni-ulm.de/cebm/Publikationen/ Leitlinien_Bedeutung/leitlinien_bedeutung.html (Datum des letzten Zugriffs: 29.11.2004).

Preuss (2001): Preuss, K.-J., Gesundheitsökonomie und Managed Care, in: Lauterbach, K. W./ Schrappe, M. (Hrsg.), Gesundheitsökonomie, Qualitätsmanagement und Evidence-based Medicine. Eine systematische Einführung, Stuttgart 2001, S. 220 - 238.

Reimers (2009): Reimers, L., Wie kommen Innovationen in den Gesundheitsmarkt?, in: Wissenschaftsforum in Gesundheit und Gesellschaft (2009), 9 (1), S. 22 - 30.

Reiter et al. (2007): Reiter, A./Fischer, B./Kötting, J./Geraedts, M./Jäckel, W. H./ Döbler, K., QUALIFY: Ein Instrument zur Bewertung von Qualitätsindikatoren, in: Zeitschrift für ärztliche Fortbildung und Qualität im Gesundheitswesen (2008), 101 (10), S. 683 - 688.

Reiter et al. (2007): Reiter, A./Fischer, B./Kötting, J./Geraedts, M./Jäckel, W. H./Barlag, H./Döbler, K., QUALIFY: Ein Instrument zur Bewertung von Qualitätsindikatoren, Düsseldorf 2007.

Richter/Furubotn (2003): Richter, R./Furubotn, E. G., Neue Institutionenökonomik. Eine Einführung und kritische Würdigung, 3., überarbeitete und erweiterte Auflage, Tübingen 2003.

Ridder (2005): Ridder, M. de, Der Arzt zwischen Leitlinie und Patientenindividualität, in: Zeitschrift für ärztliche Fortbildung und Qualität im Gesundheitswesen (2005), 99 (4-5), S. 313 - 316.

Rienhoff (2000): Rienhoff, O., Qualitätsmanagement, in: Schwartz, F. W./Badura, B./Leidl, R./ Raspe, H./Siegrist, J. (Hrsg.), Das Public Health Buch. Gesundheit und Gesundheitswesen, München u. a. 2000, S. 585 - 598.

Ripperger (1998): Ripperger, T., Ökonomik des Vertrauens: Analyse eines Organisationsprinzips, Tübingen 1998, teilweise zugl. Diss. Univ. München 1997.

Rochaix (1998): Rochaix, L., The physician as perfect agent: a comment, in: Social Science and Medicine (1998), 47 (3), S. 355 - 356.

Rogenhofer et al. (2012): Rogenhofer, S./Zengerling, F./Schrader, M./Müller, S. C., Leitlinien: Realität und Qualität, in: Der Urologe (2012), 51 (8), S. 1074 - 1077.

Romano/Stafford (2011): Romano, M. J./Stafford, R. S., Electronic health records and clinical decision support systems: impact on national ambulatory care quality, in: Archives of Internal Medicine (2011), 171 (10), S. 897 - 903.

Rupp (2013): Rupp, K., Innovative Formen im Versorgungs- und Vertragsmanagement - Erfahrungen aus der Praxis, Vortrag anlässlich der WINEG Summer School 2013, Hamburg 2013, URL: http://www.tk.de/centaurus/servlet/contentblob/575608/Datei/114065/WINEG-Summer-School-2013-Vortrag%20Versorgung.pdf (Datum des letzten Zugriffs: 01.10.2013).

Rürup/Wille (2007): Rürup, B./Wille, E., Finanzielle Effekte des vorgesehenen Gesundheitsfonds auf die Bundesländer. Gutachten im Auftrage des Bundesministeriums für Gesundheit, Darmstadt u. a. 2007, URL: http://www.dergesundheitsfonds.de/fileadmin/redaktion/Dokumente/gutachten-ruerup-wile.pdf (Datum des letzten Zugriffs: 22.11.2012).

Rüther/Dauben (2010): Health Technology Assessment (HTA) und seine Rolle in der Versorgungsforschung, in: Lauterbach, K. W./Lüngen, M./Schrappe, M. (Hrsg.), Gesundheitsökonomie, Management und

Evidence-based Medicine, Handbuch für Praxis, Politik und Studium, 3., völlig neu bearbeitete und erweiterte Auflage, Stuttgart 2010, S. 528 - 536.

Ryan/Mooney (1992): Ryan, M./Mooney, G., Supplier-induced demand: where are we and where should we go?, Health Economics Research Unit, University of Aberdeen, Discussion paper 5/1992.

Sackett et al. (1996): Sackett, D. L./Rosenberg, W. M. C./Gray, J. A. M./ Haynes, R. B./Richardson, W. S., Evidence based medicine: what it is and what it isn`t, in. British Medical Journal (1996), 312, S. 71 - 72.

Sänger et al. (2008): Sänger, S./Brunsmann, F./Englert, G./Quadder, B./ Ollenschläger, G., Handbuch Patientenbeteiligung: Beteiligung am Programm für Nationale Versorgungsleitlinien. ÄZQ Schriftenreihe Bd. 33, Berlin 2008. URL: http://www.leitlinien.de/mdb/edocs/pdf/ schriftenreihe/schriftenreihe33.pdf (Datum des letzten Zugriffs: 26.02.2012).

Sänger et al. (2009): Sänger, S./Kirschning, S./Schäfer, C./Follmann, M./ Ollenschläger G., Prozesse in der onkologischen Versorgung, PatientenLeitlinien, in: Der Onkologe (2009), 15 (11), S. 1101 - 1109.

Sawicki (2006): Sawicki, P. T., Patientenrelevante Endpunkte - Stand der Diskussion im Institut für Qualität und Wirtschaftlichkeit im Gesundheitswesen (IQWiG), in: Deutsche Medizinische Wochenschrift (2006), 131(1), S. 16 - 20.

Schaeffer (1995): Schaeffer, D., Prävention und Gesundheitsförderung chronisch Kranker als Aufgabe kurativer Institutionen, in: Das Gesundheitswesen (1995), 57 (3), S. 145 - 150.

Schäfer et al. (2012): Schäfer, T./Jeszenszky, C./Günther, K.-P./Mahlzahn, J./Niethard, F. U., Regionale Unterschiede in der Anspruchnahme von Hüft- und Knieendoprothesen, in: Klauber, J./Geraedts, M./ Friedrich, J./Wasem, J. (Hrsg.), Krankenhaus-Report 2012, Schwerpunkt: Regionalität, Stuttgart 2012, S. 45 - 62.

Scheibler et al. (2008): Scheibler, F./Scheike I. M./Dintsios, C.-M., Patientenpartizipation bei Festlegung und Gewichtung von Behandlungszielen - Status quo und Entwicklungspotenziale, in: Zeitschrift für Evidenz, Fortbildung und Qualität im Gesundheitswesen (2008), 102 (6), S. 373 - 377.

Schlüchtermann et al. (2005): Schlüchtermann, J./Sibbel, R./Prill, M.-A., Clinical Pathways als Prozesssteuerungsinstrument im Krankenhaus, in: Oberender, P. (Hrsg.), Clinical Pathways. Facetten eines neuen Versorgungsmodells, Stuttgart 2005, S. 43 - 58.

Schmidt-Rettig (2008): Schmidt-Rettig, B., Betriebskostenfinanzierung und Vergütungssystem, in: Schmidt-Rettig, B./Eichhorn, S. (Hrsg.), Krankenhaus-Managementlehre. Theorie und Praxis eines integrierten Konzepts, Stuttgart 2008, S. 401 - 426.

Schneider (1998): Schneider, U., Der Arzt als Agent des Patienten. Zur Übertragbarkeit der Principal-Agent-Theorie auf die Arzt-Patient-Beziehung. Wirtschaftswissenschaftliche Diskussionspapiere, Nr. 2/98, Rechts- und Staatswissenschaftliche Fakultät, Ernst-Moritz-Arndt-Universität Greifswald, Greifswald 1998, URL: http://www.fiwi.uni-bayreuth.de/de/download/WP_02-98.pdf (Datum des letzten Zugriffs. 31.01.2013).

Schneider (2002a): Schneider U., Theorie und Empirie der Arzt-Patient-Beziehung: zur Anwendung der Principal-Agent-Theorie auf die Gesundheitsnachfrage, Frankfurt am Main u. a. 2002, zugl. Diss. Univ. Greifswald 2002.

Schneider (2002b): Schneider, U., Beidseitige Informationsasymmetrien in der Arzt-Patienten-Beziehung: Implikationen für die GKV, in: Vierteljahreshefte zur Wirtschaftsforschung (2002), 71 (4), S. 447 - 458.

Schneider (2002c): Schneider, U., Principal-Agent-Beziehungen im Gesundheitswesen, in: Burchert, H./Hering, Th. (Hrsg.), Gesundheitswirtschaft. Aufgaben und Lösungen, Studien- und Übungsbücher der Wirtschafts- und Sozialwissenschaften, München 2002, S. 122 - 131.

Schneider (2013): Schneider, U., Routinedaten als Abbild der Versorgungswirklichkeit?, Vortrag anlässlich der WINEG Summer School 2013, Hamburg 2013, URL: http://www.tk.de/centaurus/servlet/contentblob/575612/Datei/114067/WINEG-Summer-School-2013-Vortrag%20Routinedaten.pdf (Datum des letzten Zugriffs: 01.10.2013).

Schneider et al. (2001): Schneider, C./Hagemeister, J./Pfaff, H./Mager, G./Höpp, H., Leitlinienadäquate Kenntnisse von Internisten und Allgemeinmedizinern am Beispiel der arteriellen Hypertonie, in: Zeitschrift für ärztliche Fortbildung und Qualität im Gesundheitswesen (2001), 95 (5), S. 339 - 344.

Schöffski (1998): Schöffski, O., Einführung, in: Schöffski, O./Glaser, P./Schulenburg, J.-M. von der (Hrsg.), Gesundheitsökonomische Evaluationen. Grundlagen und Standortbestimmung, Berlin u. a. 1998, S. 3 - 13.

Schrappe (2001a): Schrappe, M., Indikatoren - Definition, Entwicklung und Validierung, in: Lauterbach, K. W./Schrappe, M. (Hrsg.), Gesundheitsökonomie, Qualitätsmanagement und Evidence-based Medicine. Eine systematische Einführung, Stuttgart 2001, S. 387 - 398.

Schrappe (2001b): Schrappe M., Krankhaus-interne Leitlinien am Beispiel der Kölner Leitlinien-Konferenz, in: Lauterbach, K. W./Schrappe, M. (Hrsg.), Gesundheitsökonomie, Qualitätsmanagement und Evidence-based Medicine. Eine systematische Einführung, Stuttgart 2001, S. 485 - 493.

Schrappe (2010a): Schrappe, M., Qualitätsmanagement, Terminologie, Verständnis und gesetzliche Grundlagen, in: Lauterbach, K. W./Lüngen, M./Schrappe, M. (Hrsg.), Gesundheitsökonomie, Management und Evidence-based Medicine, Handbuch für Praxis, Politik und Studium, 3., völlig neu bearbeitete und erweiterte Auflage, Stuttgart 2010, S. 259 - 291.

Schrappe (2010b): Schrappe, M., Institutionelle Leitlinien, in: Lauterbach, K. W./Lüngen, M./Schrappe, M. (Hrsg.), Gesundheitsökonomie, Management und Evidence-based Medicine, Handbuch für Praxis, Politik und Studium, 3., völlig neu bearbeitete und erweiterte Auflage, Stuttgart 2010, S. 512 - 527.

Schrappe (2010c): Schrappe, M., Indikatoren, in: Lauterbach, K. W./Lüngen, M./Schrappe, M. (Hrsg.), Gesundheitsökonomie, Management und Evidence-based Medicine, Handbuch für Praxis, Politik und Studium, 3., völlig neu bearbeitete und erweiterte Auflage, Stuttgart 2010, S. 329 - 349.

Schrappe (2010d): Schrappe, M., Qualitätswettbewerb, in: Lauterbach, K. W./ Lüngen, M./Schrappe, M. (Hrsg.), Gesundheitsökonomie, Management und Evidence-based Medicine, Handbuch für Praxis, Politik und Studium, 3., völlig neu bearbeitete und erweiterte Auflage, Stuttgart 2010, S. 349 - 355.

Schrappe (2011): Schrappe, M., Qualitätswettbewerb, in: Pfaff, H./ Neugebauer, E./Glaeske, G./Schrappe, M. (Hrsg.), Lehrbuch Versorgungsforschung. Systematik - Methodik - Anwendung, Stuttgart 2011, S. 203 - 207.

Schrappe/Lauterbach (2001): Schrappe, M./Lauterbach, K. W., Evidence-based Medicine: Einführung und Begründung, in: Lauterbach, K. W./Schrappe, M. (Hrsg.), Gesundheitsökonomie, Qualitätsmanagement und Evidence-based Medicine. Eine systematische Einführung, Stuttgart 2001, S. 57 - 66.

Schulenburg (2005): Schulenburg, J.-M. von der, Versicherungsökonomik. Ein Leitfaden für Studium und Praxis, Karlsruhe 2005.

Schulenburg/Greiner (2000): Schulenburg, J.-M. von der/Greiner, W., Gesundheitsökonomik, Tübingen 2000.

Schumacher et al. (2007): Schumacher, C./Lordick, F./Bumm, R./Tepe, J./Siewert, J. R., „Guter Rat ist teuer". Die Zweitmeinung aus Sicht eines interdisziplinären Tumortherapiezentrums, in: Deutsche Medizinische Wochenschrift (2007), 132 (17), S. 921 - 926.

Schumpeter (1908, 1998): Schumpeter, J. A., Das Wesen und der Hauptinhalt der theoretischen Nationalökonomie, 3., unveränderte Auflage, Berlin 1998.

Schwartz (1997): Schwartz, A., Informations- und Anreizprobleme im Krankenhaussektor. Eine institutionenökonomische Analyse, Wiesbaden 1997, zugl. Diss. Univ. München 1996.

Schwartz et al. (2003): Schwartz, F. W./Siegrist, J./von Troschke, J.,/Schlaud, M., Wer ist gesund? Wer ist krank? Wie gesund bzw. krank sind Bevölkerungen?, in: Schwartz, F. W./Badura, B./Busse, R./Leidl, R./Raspe, H./Siegrist, J./Walter, U. (Hrsg.), Das Public Health Buch, Gesundheit und Gesundheitswesen, 2., völlig neu bearbeitete und erweiterte Auflage, München u. a. 2003, S. 23 - 47.

Schwartz/Busse (2003): Schwartz, F. W./Busse, R., Denken in Zusammenhängen: Gesundheitssystemforschung, in: Schwartz, F. W./Badura, B./ Busse, R./Leidl, R./ Raspe, H./Siegrist, J./Walter, U. (Hrsg.), Das Public Health Buch, Gesundheit und Gesundheitswesen, 2., völlig neu bearbeitete und erweiterte Auflage, München u. a. 2003, S. 518 - 545.

Schwartz/Scriba (2004): Schwartz, F. W./Scriba, P. C., Versorgungsforschung und Politikberatung, in: Gesundheitsökonomie und Qualitätsmanagement (2004), 9 (3), S. 161 - 166.

Scott/Vick (1999): Scott, A./Vick, S., Patients, doctors and contracts: an application of principal-agent theory to the doctor-patient relationship, in: Scottish Journal of Political Economy (1999), 46 (2), S. 111 - 134.

Seelos (2012): Seelos, H.-J., Medizinmanagement, Gesamtausgabe, Wiesbaden 2012.

Selbmann (2001): Selbmann, H.-K., Qualitätssicherung, in: Lauterbach, K. W./Schrappe, M. (Hrsg.), Gesundheitsökonomie, Qualitätsmanagement und Evidence-based Medicine. Eine systematische Einführung, Stuttgart 2001, S. 273 - 281.

Selbmann (2007): Selbmann, H.-K., Hohe Qualität und restriktive Ressourcen - ein Widerspruch?, in: Zeitschrift für ärztliche Fortbildung und Qualität im Gesundheitswesen (2007), 101 (6), S. 391 - 396.

Selbmann/Kopp (2005): Selbmann, H. K./Kopp, I., Implementierung von Leitlinien in den Versorgungsalltag, in: Die Psychiatrie (2005), 2, S. 33 - 38.

Sens et al. (2007): Sens, B./Fischer, B./Bastek, A./Eckardt, J./Kaczmarek, D./Paschen, U./ Pietsch, B./Rath, S./Ruprecht, T./Thomeczek, C./Veit, C./Wenzlaff, P., Begriffe und Konzepte des Qualitätsmanagements - 3. Auflage, in: GMS Medizinische Informatik, Biometrie und Epidemiologie (2007); 3 (1): Doc05.

SGB V: Sozialgesetzbuch. Fünftes Buch. Gesetzliche Krankenversicherung, vom 20. Dezember 1988 (BGBl. I S. 2477, 2482), zuletzt geändert durch Artikel 3a des Gesetzes vom 29. August 2005 (BGBl. I S. 2570), URL: http://www.bmgs.bund.de/download/gesetze_web/sgb05/ sgb05xinhalt.htm (Datum des letzten Zugriffs: 25.10.2005).

Shojania et al. (2007): Shojania, K.G./Sampson, M./Ansari, M.T./Ji, J./Doucette, S./Moher, D., How quickly do systematic reviews go out of date? A survival analysis, in: Annals of Internal Medicine (2007), 147 (4), S. 224 - 233.

Simon (1957): Simon, H. A., Models of man. Social and rational. Mathematical essays on rational human behaviour in a social setting, London 1957.

Simon (1972): Simon, H. A., Theories of bounded rationality, in: McGuire, C. B./Radner, R. (Hrsg.), Decision and organization, Amsterdam u. a. 1972, S. 161 - 176.

Simon (2005): Simon, M., Das Gesundheitssystem in Deutschland. Eine Einführung in Struktur und Funktionsweise, Bern 2005.

Sinioris/Najafi (1995): Sinioris, M. E./Najafi, K. L., Epidemiology and health care quality management, in: Oleske, D. M. (Hrsg.), Epidemiology and the delivery of health care services. Methods and applications, New York u. a. 1995, S. 149 - 170.

Snyder/Neubauer (2007): Snyder, L./Neubauer, R. L., Pay-for-performance principles that promote patient-centered care: an ethics manifesto, in: Annals of Internal Medicine (2007), 147 (11), S. 792 - 794.

Spitzley (2004): Spitzley, T., Standardisierung und Rationierung - Kommentar zu Michael Imhoff, in: Dietrich, F./Imhoff, M./Kliemt, H. (Hrsg.), Standardisierung in der Medizin. Qualitätssicherung oder Rationierung?, Stuttgart 2004, S. 131 - 135.

Stange (2004): Stange, E., Klinische Erfahrung, in: Dietrich, F./Imhoff, M./Kliemt, H. (Hrsg.), Standardisierung in der Medizin. Qualitätssicherung oder Rationierung?, Stuttgart 2004, S. 135 - 149.

Statistisches Bundesamt (1998): Statistisches Bundesamt (Hrsg.), Gesundheitsbericht für Deutschland, Wiesbaden 1998.

StBA (2013a): Statistisches Bundesamt (Hrsg.), Gesundheitsberichterstattung des Bundes, Tabelle „GKV-Mitglieder und mitversicherte Familienangehörige am 1.7. eines Jahres“, Bonn 2013, URL: http://www.gbe-bund.de (Datum des letzten Zugriffs: 03.01.2013).

StBA (2013b): Statistisches Bundesamt (Hrsg.), Gesundheitsberichterstattung des Bundes, Tabelle „Bevölkerung zum Stichtag 31.12. des jeweiligen Jahres“, Bonn 2013, URL: http://www.gbe-bund.de (Datum des letzten Zugriffs: 03.01.2013).

Steckelberg et al. (2005): Steckelberg, A./Berger, B./Köpke, S./Heesen, C./Mühlhauser,I., Kriterien für evidenzbasierte Patienteninformationen, in: Zeitschrift für ärztliche Fortbildung und Qualität im Gesundheitswesen (2005), 99 (6), S. 343 - 351.

Strech (2007): Strech, D., Vier Ebenen von Werturteilen in der medizinischen Nutzenevaluation. Eine Systematik zur impliziten Normativität in der Evidenz-basierten Medizin, in: Zeitschrift für ärztliche Fortbildung und Qualität im Gesundheitswesen (2007), 101 (7), S. 473 - 480.

Suchanek (1993): Suchanek, A., Der homo oeconomicus als Heuristik, Diskussionsbeiträge der wirtschaftswissenschaftlichen Fakultät Ingolstadt der Katholischen Universität Eichstätt, Nr. 38, Ingolstadt 1993, URL: http://www.hhl.de/fileadmin/LS/Sustain/Publication/1993_dp_ homo _oeconomicus.pdf (Datum des letzten Zugriffs: 1.12.2005).

Suchanek (1999): Suchanek, A., Kritischer Rationalismus und die Methode der Sozialwissenschaften, in: Pies, I./Leschke, M. (Hrsg.), Karl Poppers kritischer Rationalismus, Tübingen 1999, S. 85 - 104.

SVR-KAiG (1995): Sachverständigenrat für die Konzertierte Aktion im Gesundheitswesen, Gesundheitsversorgung und Krankenversicherung 2000. Mehr Ergebnisorientierung, mehr Qualität und mehr Wirtschaftlichkeit. Sondergutachten 1995, Baden-Baden 1995.

SVR-KAiG (1998): Sachverständigenrat für die Konzertierte Aktion im Gesundheitswesen, Gesundheitswesen in Deutschland: Kostenfaktor und Zukunftsbranche. Bd. II: Fortschritt und Wachstumsmärkte, Finanzierung und Vergütung. Sondergutachten 1997, Baden-Baden 1998.

SVR-KAiG (2000): Sachverständigenrat für die Konzertierte Aktion im Gesundheitswesen, Bedarfsgerechtigkeit und Wirtschaftlichkeit, Bd. II, Qualitätsentwicklung in Medizin und Pflege, Gutachten 2000/2001 (Bundesdrucksache 14/5661 vom 31.3.2001), Bonn 2000.

SVR-KAiG (2001): Sachverständigenrat für die Konzertierte Aktion im Gesundheitswesen, Bedarfsgerechtigkeit und Wirtschaftlichkeit, Bd. III, Über-, Unter- und Fehlversorgung, III.1: Grundlagen, Übersichten, Versorgung chronisch Kranker, Gutachten 2000/2001, Bonn 2001.

SVR-KAiG (2012): Sachverständigenrat für die Konzertierte Aktion im Gesundheitswesen, Wettbewerb an der Schnittstelle zwischen ambulanter und stationärer Gesundheitsversorgung, Sondergutachten 2012, Kurzfassung, Bonn 2012.

Szathmary (1999): Szathmary, B., Neue Versorgungskonzepte im deutschen Gesundheitswesen: Disease- und Case-Management, Neuwied u. a. 1999, zugl. Diss. Univ. Bielefeld 1999.

Thomas (2005): Thomas, V., Erfahrungen und Überlegungen eines Patienten zum Patienten-Arzt-Verhältnis - Die Froschperspektive, in: Härter, M./Loh, A./Spies, C. (Hrsg.), Gemeinsam entscheiden - erfolgreich behandeln. Neue Wege für Ärzte und Patienten im Gesundheitswesen, Köln 2005, S. 89 - 95.

Thompson (2001): Thompson, T. L., Die Beziehung zwischen Patienten und professionellen Dienstleistern des Gesundheitswesens, in: Hurrelmann, K./Leppin, A. (Hrsg.), Moderne Gesundheitskommunikation. Vom Aufklärungsgespräch zur E-Health, Bern u. a. 2001, S. 73 - 93.

Timmermans/Veld (2001): Timmermans, A. E./Veld, C. J. in`t, The implementation of guidelines in the Netherlands, in: Zeitschrift für ärztliche Fortbildung und Qualität im Gesundheitswesen (2001), 95 (10), S. 719 - 724.

Toepffer (1997): Toepffer, J., Krankenversicherung im Spannungsfeld von Markt und Staat: das Beispiel der USA und seine Implikationen für Funktion und Gestaltung eines marktwirtschaftlich orientierten Krankenversicherungssystems, Bayreuth 1996, zugl. Diss. Univ. Erlangen-Nürnberg 1996.

Turner et al. (1996): Turner, S./Maher, E./Young, T/Vaughan, H., What are the information priorities for cancer patients involved in treatment decisions? An experienced surrogate study in Hodgkin's disease, in: British Journal of Cancer (1996), 73 (2), S. 222 - 227.

Ulsenheimer/Biermann (2008): Ulsenheimer, K./Biermann, E., Leitlinien - medico-legale Aspekte, in: Anästhesiologie & Intensivmedizin (2008), 49, S. 105 - 106.

USG (1972): Bundesverband der Ortskrankenkassen (Hrsg.), Urteilssammlung für die gesetzliche Krankenversicherung, Nr. 12, Bonn u. a. 1972.

Veit et al. (2012): Veit, C./Hertle, D./Bungard, S./Trümner, A./Ganske, V./ Meyer-Hofmann, B., Pay-for-Performance im Gesundheitswesen: Sachstandsbericht zu Evidenz und Realisierung sowie Darlegung der Grundlage für eine künftige Weiterentwicklung. Ein Gutachten im Auftrag des Bundesministeriums für Gesundheit, Institut für Qualität und Patientensicherheit, Berlin 2012, URL: http://www.bmg.bund.de/ fileadmin/dateien/Pressemitteilungen/2012/120817_PM_58_AAnlag_ Gutachten_BQS_01.pdf (Datum des letzten Zugriffs: 31.01.2013).

Verbraucherzentrale NRW (2007): Verbraucherzentrale Nordrhein-Westfalen e. V., Patiententipps zu IGel-Leistungen. Wenn Sie beim Arzt extra bezahlen sollen. Düsseldorf 2007.

Vick/Scott (1998): Agency in health care. Examining patients` preferences for attributes of the doctor-patient relationship, in: Journal of Health Economics (1998), 17 (5), S. 587 - 605.

Waegemann (1996): Waegemann, C. P., The five levels of electronic patient records, in: M. D. Computing (1996), 13 (3), S. 199 - 203.

Whitney (2003): Whitney, S. N., A new model of medical decisions: exploring the limits of shared decision making, in; Medical Decision Making (2003), 23 (4), S. 275 - 280.

WHO (1946/1948): Preamble to the Constitution of the World Health Organization as adopted by the International Health Conference, New York, 19 - 22 June, 1946; signed on 22 July 1946 by the representatives of 61 States (Official Records of the World Health Organization, no. 2, p. 100) and entered into force on 7 April 1948, URL: http://www.who.int/about/definition/en/print.html (Datum des letzten Zugriffs: 31.01.2013).

Williams (1988): Williams, A., Priority setting in public and private health care. A guide through the ideological jungle, in: Journal of Health Economics (1988), 7 (2), S. 173 - 183.

Williamson (1985): Williamson, O. E., The Economic Institutions of Capitalism: Firms, Markets, Relational Contracting, New York 1985.

Windeler (2003): Windeler, J., Medizinische Versorgung gestalten - evidenzbasierte Medizin als Chance, in: Das Gesundheitswesen (2003), 65 (3), S. 149 - 154.

Woolf et al. (1999): Woolf, S./Grol, R./Hutchinson, A./Eccles, M./Grimshaw, J., Clinical guidelines: Potential benefits, limitations, and harms of clinical guidelines, in: British Medical Journal (1999), 318 (7182), S. 527 - 530.

Zeidler/Neubauer (2013): Zeidler, J./Neubauer, S., Unter welchen Voraussetzungen eignen sich GKV-Routinedaten zur Überprüfung von Leitlinien im Versorgungsalltag? Eine Analyse anhand der Indikation Herzinsuffizienz, Projektbeschreibung (Stand 11.01.2013), URL: http://www.versorgungsforschung-deutschland.de/show.php?pid=994 (Datum des letzten Zugriffs: 20.09.2013).

Zintl (1989): Zintl, R., Der Homo Oeconomicus: Ausnahmeerscheinung in jeder Situation oder Jedermann in Ausnahmesituationen?, in: Analyse & Kritik (1989), 11, S. 52 - 69.